GUIDE DU MONTAGE PHOTO

avec Photoshop

Matt Kloskowski

PEARSON

Publié par les éditions Pearson France
47 bis, rue des Vinaigriers
75010 PARIS
Tél. : 01 72 74 90 00
www.pearson.fr

Traduction : Philip Escarlin
Réalisation p.a.o. : Véronique Imbault

ISBN : 978-2-7440-9433-0

Traduction d'après l'édition originale : *Photoshop compositing secrets*

ISBN : 978-0-321-80823-3

Published by Pearson Education, Inc, Peachpit Press.

www.kelbytraining.com
www.peachpit.com

À propos de l'auteur

Matt Kloskowski est formateur et développeur de programmes à la National Association of Photoshop Professionals. Il est l'auteur de nombreux livres consacrés à Photoshop et du blog *Lightroom Killer Tips*. Matt enseigne les techniques de la photo numérique et de Photoshop partout dans le monde. Il coprésente les vidéocasts *Photoshop User TV* et *The Grid*, une émission diffusée en direct consacrée à la photographie. Il a conçu une gigantesque vidéothèque disponible en DVD et sous la forme de cours en ligne. Matt est également l'auteur de nombreux articles publiés dans le magazine *Photoshop User*. Vous retrouverez l'enseignement de Matt au Training Live Seminar Tour de Scott Kelby, ainsi qu'au plus grand événement Photoshop du monde, c'est-à-dire la Photoshop World Conference & Expo. Matt vit à Tampa en Floride, et il travaille pour la National Association of Photoshop Professionals.

Matt Kloskowski

Les livres sur Photoshop aux éditions Pearson

Le guide des calques avec Photoshop de Matt Kloskowski, mars 2011

Le Livre Adobe Photoshop CS5 pour les photographes du numérique de Scott Kelby, décembre 2010

Ma méthode en 7 points avec Photoshop de Scott Kelby, août 2011

Retouche de portrait pour les photographes utilisant Photoshop de Scott Kelby, août 2011

Classroom in a book Adobe Photoshop CS5, octobre 2010

L'Art du bluff avec Photoshop CS5 de Steve Caplin, novembre 2010

Adobe Photoshop CS4, astuces et secrets inédits de Scott Kelby, septembre 2009

Remerciements

Un livre ne se crée pas seul. De nombreuses personnes œuvrent plus ou moins dans l'ombre de son auteur. L'une de mes phases d'écriture préférées est le moment où je peux remercier publiquement tous ceux qui m'ont aidé dans ce travail de longue haleine.

Je tiens tout d'abord à remercier mon épouse, Diana, qui garde toujours le sourire quels que soient les événements qui surviennent au quotidien. Je ne te remercierai jamais assez pour tout le bonheur que tu apportes à notre famille.

Je remercie mon fils aîné, Ryan, que j'adore regarder grandir, et qui est devenu un assistant photographe compétent sur plusieurs images de ce livre. Partager avec toi l'une de mes passions est un véritable trésor.

Merci à mon fils cadet, Justin, qui est sans conteste le plus grand clown de la planète. Quelles que soient les circonstances, tu trouves toujours un moyen de me faire rire, ce qui relativise la gravité de certains événements.

Mes pensées vont aussi à mes parents qui ont mis toutes les chances de mon côté pour que je réussisse dans mes projets.

Merci à Ed, Kerry, Kristine et Scott (mes frères et sœurs) pour leur soutien.

Je tiens à remercier Scott Kelby, mon mentor et mon meilleur ami. Tes conseils et ton aide m'ont permis de réaliser un magnifique livre. Pour cela, je ne te remercierai jamais assez.

Merci également à tous ceux qui ont permis à ce livre d'exister : Felix Nelson, Jessica Maldonado et Dave Damstra.

Tout le monde devrait posséder un Corey Baker dans son arsenal créatif. Corey est indispensable dès qu'il s'agit d'élever le niveau artistique d'un travail. Je lui soumets chacun de mes montages. En quelques petits réglages, il en fait de magnifiques compositions qui améliorent la qualité intrinsèque de ce livre.

Merci à RC Concepcion, l'autre grand spécialiste de Photoshop ici, au quartier général de NAPP. Tu as su préparer le studio de prise de vue, régler l'éclairage, et assurer la direction de plusieurs photographies utilisées dans ce livre. Ton aide m'a été des plus précieuses.

Je tiens à remercier Margie Rosenstein, Nicole Procunier, Calvin Hollywood, Eric Doggett et Russ Robinson pour m'avoir inspiré de temps à autres de superbes idées et images.

Enfin, merci à mes éditeurs préférés, Cindy Snyder et Kim Doty, pour avoir su me canaliser afin d'améliorer la qualité de mon travail.

Je remercie chaleureusement Dave Moser, ce puissant manager qui œuvre à Kelby Media Group. Tes commentaires pertinents m'ont aidé bien plus que tu ne l'imagines. Merci de m'avoir permis de devenir un meilleur monteur de jour en jour.

J'adresse un remerciement spécial à Joel Grimes, qui est devenu mon ami pendant la production de ce livre. Tu es l'un des meilleurs monteurs photo ici-bas. Tu as partagé ton expérience, tes techniques, tes réflexions, tes idées et l'expression de ta créativité avec une gentillesse incommensurable.

Merci à tous mes amis de Peachpit Press : Ted Waitt, Scott Cowlin, Gary-Paul Prince et Sara Jane Todd. C'est parce que vous excellez dans vos domaines respectifs que je me sens capable d'aller jusqu'au bout de mon travail et de ma passion.

Je remercie également tous mes amis d'Adobe qui ont conçu ce fabuleux logiciel dont l'utilisation quotidienne fait de mon travail une aventure onirique. Merci à toute l'équipe qui a mis au point la fonction Améliorer le contour de Photoshop CS5 : Sarah Kong, Alan Erickson, Jeff Chien, Gregg Wilensky, Scott Cohen et Jue Wang. Il paraît singulier de louer l'existence d'une fonctionnalité, mais j'avoue que, sans elle, ce livre n'aurait probablement jamais vu le jour. Les sélections ont toujours été, pour les artistes numériques, une hantise qui n'a plus lieu d'être grâce à la commande Améliorer le contour de Photoshop CS5. Des sélections autrefois impossibles sont aujourd'hui réalisées en quelques minutes sans l'ajout de modules d'extension tierce partie. Merci les gars !

Merci à tous les lecteurs. Sans vous, ce livre n'existerait pas. Merci pour la constance de votre soutien, pour vos e-mails, vos appels téléphoniques, et merci de venir à ma rencontre lorsque je fais des formations sur Photoshop et sur la photographie.

Matt Kloskowski

À mes grands-parents, Catherine et Carl Zumbano, que je bénis pour l'éducation qu'ils m'ont donnée et que j'ai pu transmettre à mes enfants. La force, la sagesse, et cet amour inconditionnel dont vous avez fait preuve à mon égard sont des trésors enfouis en moi pour toujours. Je vous adore !

Sommaire

THE
FIRST
FALL 2011 SPORTS

Introduction

Ces dernières années, le montage photo avec Photoshop a connu un essor extraordinaire. Les compositions photographiques sont omniprésentes dans les magazines, les publicités, les couvertures de livres, les affiches de films, les portraits, en un mot partout. Comme les clients et acheteurs connaissent les possibilités de Photoshop, ils exigent toujours plus d'exploits de la part des photographes et des designers. Les limites de l'art photographique sont repoussées au point que le niveau de notre jugement et de nos goûts créatifs est de plus en plus élevé. Aujourd'hui, il est rassurant de savoir que cette recherche de l'excellence est de plus en plus facile à satisfaire.

Les débutants se réjouiront d'apprendre que l'aspect purement photographique et les techniques d'éclairage du montage ont été considérablement simplifiés. De ce fait, l'expérimentation est illimitée dès lors que vous disposez d'un appareil photo, d'un objectif et d'une carte mémoire. Vous pouvez capturer toutes les images nécessaires à la réalisation d'un futur montage. De son côté, Photoshop n'est pas en reste. Nous savons tous qu'un excellent montage repose sur la précision des sélections que nous sommes capables de réaliser. Avant la version CS5 de Photoshop, les sélections pouvaient se transformer en un véritable cauchemar. La fonction Améliorer le contour de cette nouvelle version permet d'effectuer, en quelques minutes, des sélections autrefois impossibles. Il s'agit là de l'outil le plus extraordinaire mis au service du montage photo avec Photoshop.

La phase de créativité est la plus complexe du processus global de composition d'images à partir de photos disparates. Dans ce domaine, la technique n'est pas d'un grand secours. J'espère qu'à la lecture de ce livre, la phase de créativité vous semblera particulièrement enthousiasmante. Toutefois, sachez que j'adore réaliser de superbes photographies dès la prise de vue. Qu'il s'agisse de paysages ou de portraits, il est toujours valorisant de ressentir une émotion lorsque vous les affichez pour la première fois sur l'écran de votre ordinateur. Mais voilà, je suis également un fanatique de Photoshop, car il permet d'entrer dans un processus créatif informatique qui élève mes images à un haut niveau artistique. Ainsi, le montage me permet de combiner mes deux passions en les fusionnant avec Photoshop pour créer des images impossibles à réaliser à la prise de vue.

Ce livre couvre toutes les notions du montage, qui est un art perçu différemment par chaque utilisateur de Photoshop. Par conséquent, j'ai réalisé des projets qui répondent aux besoins de chacun d'entre vous, quel que soit le type de photographies et d'images que vous produisez. Je traite de toutes les compositions d'images, depuis les montages aux contours crénelés et aux éclairages extrêmes jusqu'au portrait de famille et institutionnel, en passant par les effets spéciaux de Photoshop. L'idée maîtresse est une constante recherche de la perfection, dans laquelle on ne peut déceler aucun trucage. Vous découvrirez toute la préparation, la mise en place des arrière-plans de studio, la procédure de sélection et les techniques d'affinement du montage final.

Au fil des ans, le montage photo avec Photoshop est devenu ma grande passion. Mon objectif est de vous en faire partager tous les plaisirs pour qu'il devienne aussi la vôtre.

Comment organiser votre apprentissage

Nous lirons de manière chronologique en suivant l'ordre des pages. Toutefois, avant de vous lancer dans cette lecture, prenez connaissance des quelques points suivants qui faciliteront votre apprentissage du montage photo.

Téléchargez les images des projets

Toutes les images utilisées dans les projets de ce livre sont disponibles à l'adresse suivante : **www.kelbytraining.com/books/compositing**.

Ne respectez pas la chronologie du livre

La majorité des projets sont indépendants les uns des autres. Par conséquent, n'hésitez pas à étudier les techniques qui peuvent répondre à un vos besoins créatifs immédiats. Malgré cette liberté, commencez par lire la section « Dix choses à connaître sur le montage photo », puis le Chapitre 1 qui lève le voile sur le mystère des sélections. Une dernière contrainte concerne le Chapitre 16. Il présente un certain nombre de techniques avancées qui supposent une bonne connaissance des sélections, de l'éclairage et de la gestion des ombres, que vous acquerrez dans les chapitres précédents.

Chaque chapitre contient plusieurs didacticiels

Le montage photo ne se limite pas à copier et à coller des personnes sur un nouvel arrière-plan. En effet, la lumière, les ombres, les sélections, les arrière-plans et les effets spéciaux y jouent un rôle primordial. Ainsi, la majorité des projets contient un didacticiel sur :

1. l'arrière-plan de la photo
2. la procédure de sélection
3. le montage global

Chaque élément a son importance. La détermination d'un arrière-plan est aussi fondamentale qu'un portrait, dans la mesure où notre objectif est d'insérer une personne dans un lieu où elle n'est pas. Dans ce cas, traiter l'arrière-plan à la légère altérerait la qualité du montage.

Consultez le chapitre de votre choix

J'ai voulu faire de ce livre un guide utile au plus grand nombre, sans pour autant rédiger un ouvrage trop générique. La singularité de chaque projet permet au lecteur de consulter le chapitre ou le didacticiel qui répond à ses besoins immédiats. Par exemple, si vous êtes un photographe qui réalise toute sa post-production dans Photoshop, vous prendrez connaissance de la totalité d'un chapitre qui couvre la procédure de montage, depuis la mise en place des éclairages jusqu'aux sélections les plus délicates. En revanche, si vous êtes un designer ou un retoucheur, vous occulterez probablement tout ce qui a trait à la prise de vue. Dans ce cas, consultez les didacticiels consacrés aux sélections et au montage proprement dit. Ou bien encore, vous n'êtes intéressé que par le montage. Oubliez alors la phase de préparation des prises de vues et de réalisation des sélections et concentrez-vous sur les didacticiels consacrés au montage pur et simple.

Maintenant, si vous piaffez d'impatience et que vous désiriez approfondir le montage, ne perdez pas de temps sur les arrière-plans et découvrez un didacticiel sur le montage photo. Si vous n'êtes pas intéressé par l'apprentissage des sélections de personnes photographiées devant un fond uni, sachez que vous disposez de fichiers PSD où les sujets sont extraits de leur environnement d'origine. Passez alors directement au didacticiel de chaque chapitre et travaillez sur les images contenant un portrait et un arrière-plan parfaitement individualisés. Enfin, si vous aimez mener un projet du début à la fin, toutes les images d'origine sont mises à votre disposition. Ce livre est maintenant le vôtre. Je l'ai écrit dans un esprit de convivialité et de simplicité d'utilisation.

Voilà ! J'en ai terminé avec les considérations de surface. L'heure est venue d'approfondir le sujet. Amusez-vous !

Dix choses à connaître sur le montage photo

Avant de commencer, je souhaite communiquer au lecteur dix astuces – ou secrets – et quelques généralités sur le montage photo.

1. Faut-il d'abord photographier le fond ou le sujet ?

Cette question n'a pas de réponse absolue. Je dirais que dans 75 % des cas, la personne ou l'objet doit être photographié en premier. Donnez-moi un sujet intéressant et je lui trouverai un arrière-plan adéquat. En règle générale, je ne connais pas l'arrière-plan sur lequel sera placée la personne photographiée. Toutefois, dans 25 % des cas, je sais sur quel type d'arrière-plan le sujet sera incrusté. Parfois, j'effectue un rapide montage dans Photoshop quelques secondes après la prise de vue.

2. Les collections d'images

Il est rare que les photographes achètent des photos sur les sites de collections d'images pour la simple et bonne raison qu'ils réalisent eux-mêmes leurs prises de vues. Cependant, en matière de montage photo, les collections d'images s'utilisent de bien des manières. En effet, tôt ou tard vos compositions nécessiteront des éléments dont vous n'avez aucune trace photographique et que vous trouverez probablement sur des sites de collections d'images. Imaginons que vous ayez besoin d'une photo d'un hélicoptère. Rares sont les photographes qui peuvent accéder à un héliport. Dans ce cas, comment vous la procurer ? Rendez-vous sur un site comme **istockphoto.com**. Dans le champ de recherche de sa page d'accueil, tapez le mot-clé anglais « helicopter ». Bien entendu, vous ne trouverez pas un hélicoptère isolé sur un fond blanc qui facilite l'extraction des objets. Toutefois, après la lecture du Chapitre 1 consacré aux secrets des sélections, ce type de difficulté ne vous posera plus aucun problème.

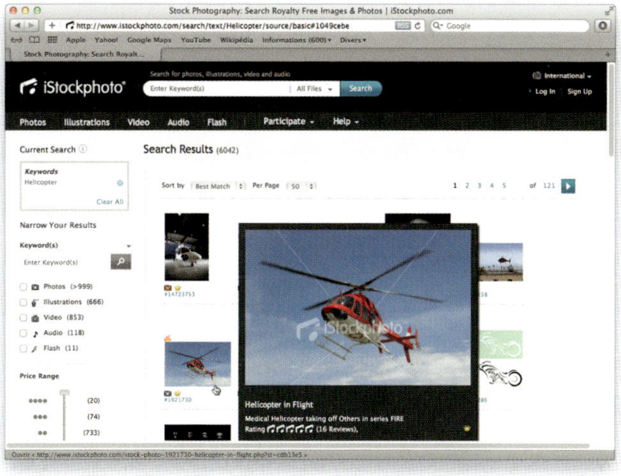

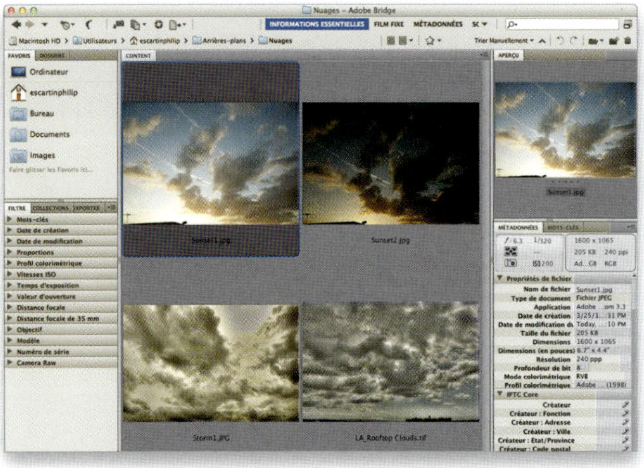

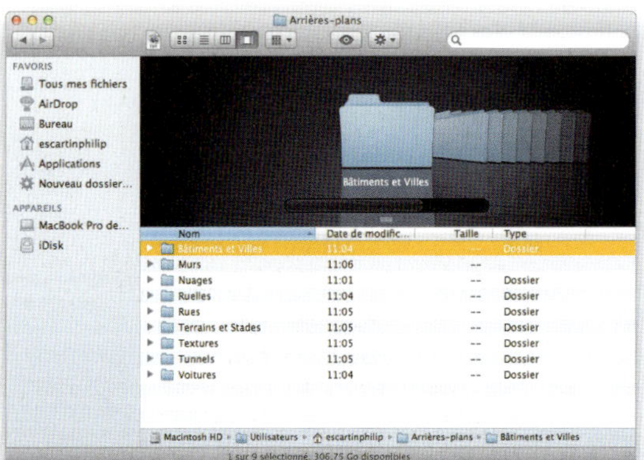

3. Créer une bibliothèque d'arrière-plans

En montage photographique, les arrière-plans sont des éléments aussi importants que les autres. Pour se constituer une collection d'images sans recourir aux services d'un site spécialisé, il est recommandé d'avoir constamment un appareil photographique avec vous. Dès que j'ai commencé à travailler le montage photo, j'ai pris l'habitude de me promener avec mon appareil. J'ai pu alors me constituer un stock d'images composé de nuages, de terrains de baseball, d'éclairages urbains, de voitures, de portes, de bateaux, de vieux entrepôts, de ruelles, etc. Photographiez aussi les choses dont vous pensez ne jamais avoir besoin. Il serait dommage de ne pas profiter de la gratuité des prises de vue numériques.

Ensuite, vous devez organiser tous les arrière-plans photographiés. J'ai créé un dossier Arrière-plans contenant des sous-dossiers thématiques. L'utilisation d'un logiciel de catalogage n'est pas indispensable au début de votre carrière de monteur photo. En revanche, lorsque vous aurez accumulé des centaines, voire des milliers d'images, envisagez l'achat d'un programme comme Adobe Photoshop Lightroom. Je l'utilise pour répertorier la plupart de mes photographies. Il permet d'assigner des mots-clés aux fichiers et de répartir les images dans des collections.

4. Les sélections avec Photoshop !

La qualité d'un montage photo repose en grande partie sur votre capacité à réaliser des sélections précises avec Photoshop pour aboutir à un résultat professionnel. Heureusement, vous constaterez tout au long de ce livre que la sélection dans Photoshop CS5 est vraiment béton ! Ce programme permet de créer facilement des sélections, qui exigeaient autrefois beaucoup de patience et de temps. Le premier point consiste donc à savoir si vous utilisez la version CS5 de Photoshop. Les nouvelles fonctionnalités de ce programme permettent de sélectionner des éléments sans recourir à des techniques aussi complexes que les Couches, la fonction Opérations, ou l'application de l'outil Plume. Mais, parallèlement à Photoshop, il existe des plug-ins tierce partie très onéreux qui facilitent également la création de sélections. Le Chapitre 1 montre que Photoshop CS5 possède désormais les outils et commandes nécessaires à la réalisation de superbes sélections.

5. L'éclairage

L'éclairage est la clé du montage photo, car il facilite les sélections et permet d'obtenir une image réaliste. Vous devez comprendre que les sélections les plus précises n'aboutiront jamais à des montages de qualité professionnelle sans un éclairage cohérent des divers éléments qui les composent. Éclairer correctement un arrière-plan comme sur l'illustration ci-dessus offre, par la suite, de nombreuses possibilités dans Photoshop. J'utilise généralement trois éclairages : le premier est un éclairage principal frontal qui illumine pleinement le visage et les vêtements ; ensuite, je positionne deux éclairages latéraux qui ajoutent un léger contour lumineux sur les bords du sujet. Plus l'arrière-plan est clair, et plus ce dispositif permet de bien faire ressortir le sujet.

Éclairage principal. La source d'éclairage principale illumine totalement le visage et le devant du sujet. Pour contrôler la qualité de la lumière, j'utilise deux modificateurs :

- Le premier est un bol de beauté équipé d'un dispositif qui diffuse la lumière. Il contraste davantage le sujet photographié en produisant des ombres plus dures sur le visage.
- L'autre source d'éclairage consiste en une boîte à lumière Rotalux Deep Octa de taille moyenne (comme sur l'illustration de la page suivante), que j'emploie généralement pour les enfants et les photos de famille. Elle adoucit la lumière, limitant

ainsi les reliefs, contrairement à ce que j'obtiens avec un bol de beauté.

Éclairages des contours. Voici la source de lumière clé du dispositif d'éclairage pour un futur montage photo. En éclairant le contour des sujets, vous détachez sensiblement la silhouette de l'arrière-plan. Il est donc important de ne pas négliger cette partie de votre travail. Personnellement, je positionne verticalement une grande boîte à lumière qui couvre toute la hauteur des personnes photographiées. Toutefois, une boîte à lumière de taille moyenne fera l'affaire si vous n'avez pas les

moyens d'employer un striplight. Vous constatez que j'applique une grille sur les éclairages de contour pour mieux contrôler la zone éclairée. N'oubliez pas que nous cherchons à détacher la silhouette sans créer obligatoirement un éclairage homogène entre les contours ciblés et la lumière venant de face. Grâce à une grille, nous dirigeons précisément la lumière et obtenons l'effet recherché. Tous les montages photo ne commencent pas par une séance en studio. Les différents didacticiels de ce livre et certaines compositions sont créés à partir d'images éclairées par une lumière naturelle. Dans ce cas, vous subissez l'éclairage bien plus que vous ne le maîtrisez. Ainsi, une personne photographiée en plein soleil ne pourra prendre place que sur un arrière-plan lui-même éclairé par une lumière identique.

6. Ne perdez pas de temps sur des détails superflus

Les images ci-contre montrent Jessica photographiée devant un arrière-plan gris foncé. Une fois la sélection effectuée, elle a été insérée sur un fond blanc où le contour des cheveux devient quasiment inexploitable. Je dois corriger ce problème si mon intention est de placer Jessica sur un fond clair, comme cela est expliqué au Chapitre 1. En revanche, si je l'insère sur un arrière-plan foncé, le montage est absolument parfait. Dans ce cas, il est inutile de corriger préalablement le contour des cheveux. Conclusion : évaluez le travail à effectuer en fonction de l'arrière-plan de destination de votre image.

7. Assombrissez les pieds

Voici l'un des secrets les mieux gardés du montage photo. Si vous insérez tout le corps d'une personne dont les pieds doivent reposer sur le sol, la zone de contact entre ces deux éléments est révélatrice d'un photomontage. Il est en effet difficile d'obtenir une homogénéité d'éclairage lorsque le sujet n'est pas photographié dans le décor où il figure. Quelques astuces rendent l'illusion absolument parfaite. La plus géniale consiste à assombrir la partie révélatrice du montage, en l'occurrence les pieds. Le public n'y voit alors que du feu, puisque son regard est attiré par les zones les plus claires de l'image. Désormais, regardez attentivement les pieds des personnes figurant sur des affiches de films ou des publicités. Vous saurez immédiatement si vous avez affaire ou non à des images composites, c'est-à-dire des photomontages. Dans 90 % des cas, cette zone spécifique de l'image sera bien plus sombre que les autres.

8. Excluez les pieds

Voici un autre grand secret du montage photo. Autant que faire se peut, excluez les pieds de vos travaux. Vous serez surpris de l'impact que cela peut produire sur les sensations, le mouvement et l'atmosphère véhiculés par votre image. Une fois encore, vous constaterez que la majorité des affiches de films et des publicités excluent les pieds des personnes qu'elles mettent en scène.

9. La couleur harmonise le montage

La phase la plus complexe d'un montage photo n'est pas l'assemblage de différentes images. Vous verrez qu'il est assez facile d'extraire une personne d'un arrière-plan et de la placer sur un autre. Le plus compliqué est d'uniformiser l'ambiance générale et la température de la couleur. La couleur harmonise les montages, donnant ainsi l'impression que les éléments mis en place proviennent d'une seule et même source. Pour obtenir cette harmonisation, nous utiliserons différentes techniques, comme des calques de réglage, des modes de fusion et des plug-ins.

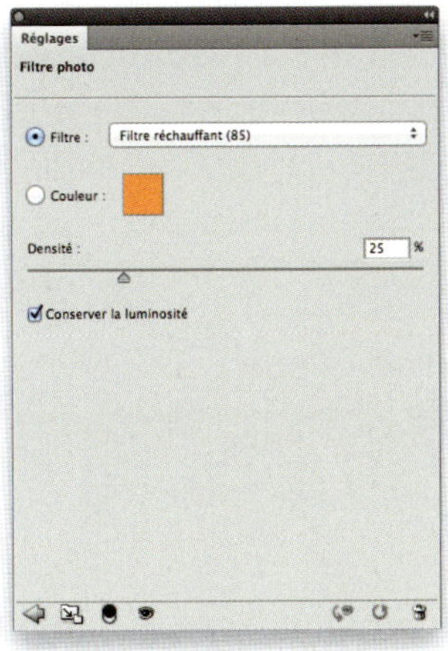

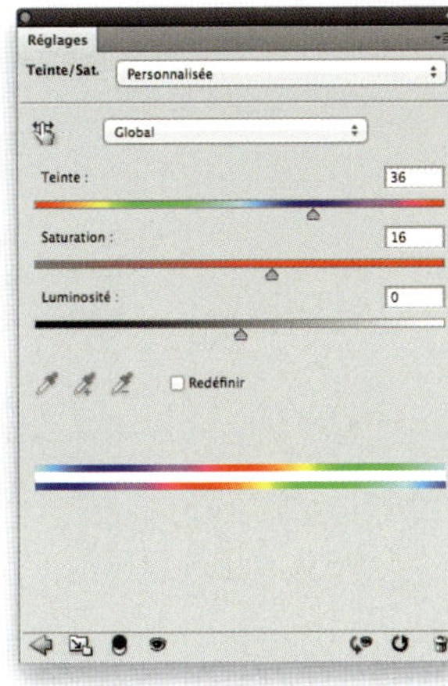

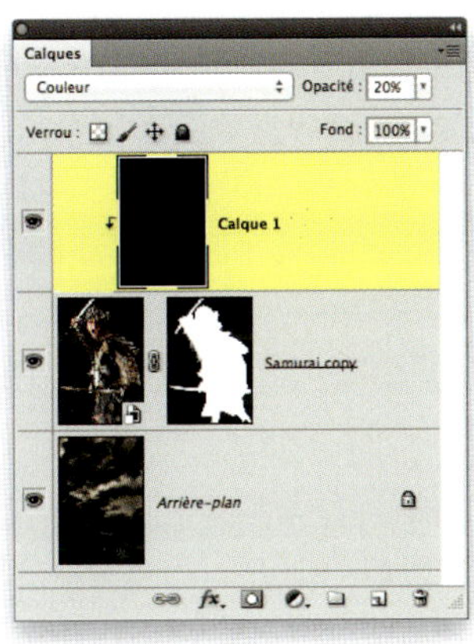

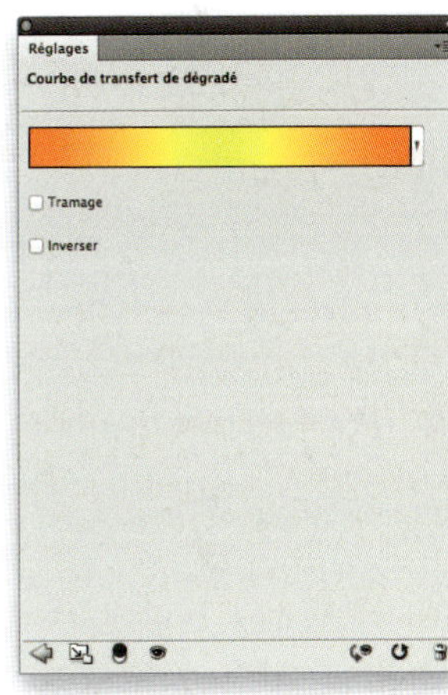

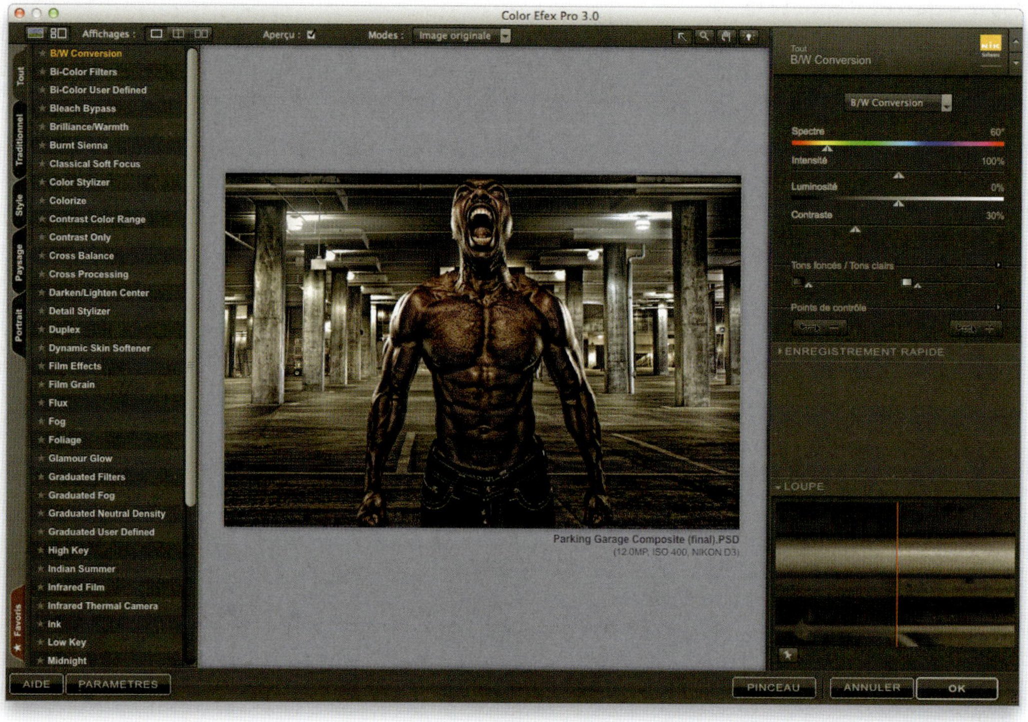

10. L'arme secrète du photo monteur

Je suis le premier à dire que les modules additionnels ou plug-ins sont extrêmement chers. Par conséquent, je trouve anormal de faire reposer la totalité d'un didacticiel sur leur utilisation, surtout quand on connaît le prix de Photoshop et du matériel photographique. C'est pourquoi j'ai décidé de procéder comme ceci : chaque fois que j'emploie un plug-in tierce partie, je commence par expliquer comment parvenir à un résultat approchant avec les outils et fonctions de Photoshop. Toutefois, cela induit deux problèmes :

1. La qualité de l'effet est moindre que celle obtenue avec le plug-in.
2. Le travail est beaucoup plus long à réaliser.

Lorsque le photomontage devient une véritable activité, l'utilisation de plug-ins améliore la productivité et la qualité du travail. Voici les modules que j'utilise :

Color Efex Pro Complete de Nik Software's. J'applique ce plug-in sur tous types de travaux photographiques. Toutefois, il permet de finaliser efficacement mes montages photo. Je ne jure que par son filtre Tonal Contrast, que j'applique pour harmoniser mes éléments composites et mes arrière-plans. De son côté, le filtre Bi-Color ajoute de superbes couleurs aux photos. J'utilise le filtre Brilliance/Warmth sur les photos de paysages, tandis que Bleach By pass est idéal pour les portraits, et la liste est encore longue. Je pense sincèrement que ces effets seraient dignes de figurer dans Photoshop, mais ce n'est pas le cas. Certes, vous pouvez les simuler dans ce programme, ou bien investir 199,95 euros dans Color Efex Complete.

Topaz Adjust par Topaz Labs. Ce plug-in m'est devenu indispensable. Je l'applique pour donner à mes images un aspect granuleux. De plus, si je souhaite simuler la nuit sur une photo de jour, il me suffit de cliquer sur le préréglage Dark – Night, comme je l'explique au Chapitre 10. Ce plug-in est proposé au prix raisonnable de 50 dollars (soit environ 37 euros).

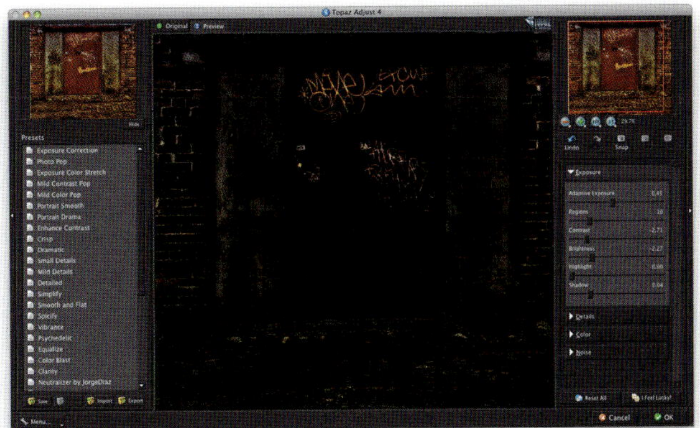

Knoll Light Factory pour Photoshop de Red Giant Software. J'applique de nombreux effets d'éclairage dans les divers exercices de ce livre. Les halos et les rayons de lumière ajoutent une dimension professionnelle aux montages. Il s'agit, par exemple, d'amplifier les phares d'une voiture ou l'éclairage d'un bâtiment, ou bien encore d'ajouter une source de lumière à un éclairage ambiant de manière à illuminer davantage le sujet. Tous ces effets peuvent être obtenus avec des calques, des styles de calque et des filtres Photoshop. Cependant, la technique la plus efficace et la plus simple consiste à appliquer le filtre Knoll Light Factory. Malgré son prix de 149 dollars (110 euros), ce plug-in n'est pas indispensable. Testez-le pour savoir s'il répond à des besoins récurrents dans la création de vos montages.

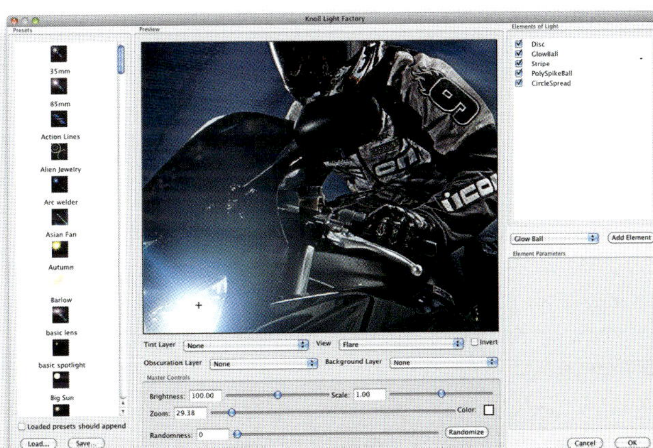

LE SECRET DES SÉLECTIONS 1

Après la sortie de Photoshop CS5 en 2010, les utilisateurs me posèrent fréquemment la question suivante : « Quelle fonction de CS5 préférez-vous ? » Comme je m'intéresse de près à la photo HDR, tout le monde s'attendait à une réponse louant la nouvelle fonctionnalité de CS5 dans ce domaine. Pourtant, c'est la fonction Améliorer le contour qui m'a littéralement enthousiasmé, car elle permet d'effectuer des sélections complexes en un minimum de temps.

Désormais, en alliant l'outil Sélection rapide à la fonction Améliorer le contour, nous pouvons réaliser des sélections que les anciennes versions de Photoshop n'auraient jamais pu nous permettre, comme vous le montreront la plupart des sélections étudiées dans ce livre.

Les meilleurs amis du monteur photo

Les meilleurs amis du monteur photo sont l'outil Sélection rapide et la fonction Améliorer le contour. Dès la sortie de Photoshop CS5, j'ai fait état de leurs performances dans mes formations, emportant l'admiration d'élèves subjugués. Leur mise en œuvre est d'une facilité enfantine. L'outil Sélection rapide est un pinceau aussi simple à utiliser que l'outil éponyme de Photoshop. De son côté, la fonction Améliorer le contour ne dispose que de quelques réglages qui ne doivent pas vous intimider. Faites-moi confiance. Jamais vous n'effectuerez aussi rapidement des sélections complexes.

Étape 1

Ouvrez la photo d'une personne à extraire d'un arrière-plan. Dans cet exemple, les contours du boxeur sont clairement définis, mais ses cheveux contiennent quelques détails. Ne vous en inquiétez pas, puisque cet exercice explique les bases de la sélection. La gestion des mèches de cheveux est expliquée plus loin dans ce chapitre.

Étape 2

Cliquez sur l'outil Sélection directe dans la boîte à outils (ou appuyez sur **W**) et commencez à le glisser sur le boxeur. Cet outil se comporte comme le pinceau standard de Photoshop. Vous définissez son Épaisseur et sa Dureté dans sa barre d'options. Pour sélectionner de vastes zones, augmentez rapidement l'Épaisseur de l'outil en appuyant sur la touche (**!**).

Étape 3

Comme son nom l'indique, l'outil Sélection rapide est fait pour réaliser vos sélections le plus vite possible. Ici, définissez une épaisseur de forme relativement élevée et essayez de sélectionner la plus grande surface possible du boxeur, même si vous oubliez de petites zones. Réalisez la sélection par clics successifs. Une série d'icônes est accessible sur le bord gauche de la barre d'options : un pinceau sur un ovale en pointillés, puis deux icônes quasiment identiques, mais arborant respectivement les signes + et -. Vous travaillez par défaut en mode Ajouter, comme l'indique le signe + visible au centre de l'outil placé sur l'image. Ainsi, il suffit de cliquer sur une partie du boxeur pour l'ajouter à la sélection existante.

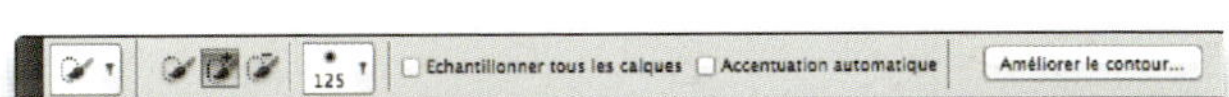

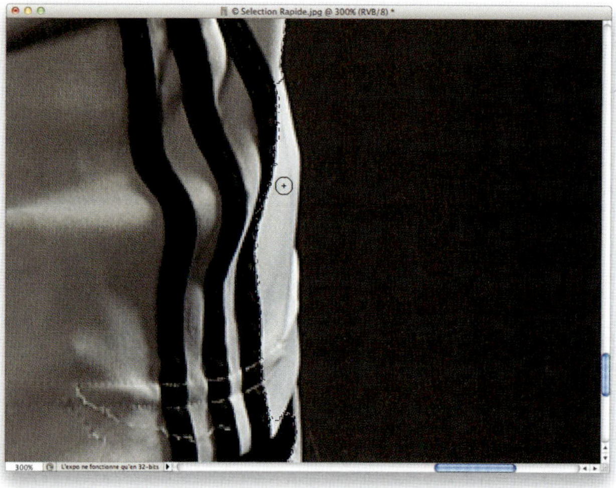

Étape 4

J'observe une petite zone non sélectionnée sur le côté droit du maillot. Je zoome dessus en appuyant plusieurs fois sur **Cmd++** (**Ctrl++**). Ensuite, je réduis l'Épaisseur de l'outil *via* le raccourci clavier (**:**). Comme la Sélection directe est en mode Ajouter, cliquez dans la zone. Elle s'ajoute à la sélection existante.

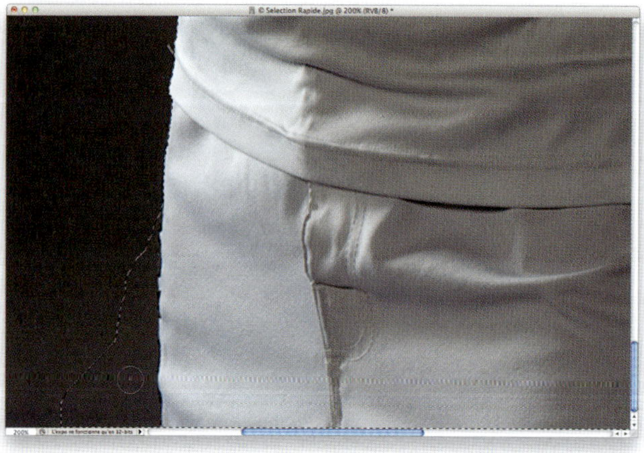

Étape 5

Je constate que l'outil Sélection rapide a inclus une partie de l'arrière-plan située dans le coin inférieur gauche de l'image. Pas de problème ! Il suffit d'appuyer sur la touche **Option** (**Alt**) pour basculer en mode Soustraction. Un signe – (moins) apparaît au centre du curseur. Pour retirer cette zone de la sélection existante, cliquez plusieurs fois dessus, ou bien glissez l'outil à l'intérieur sans relâcher la touche **Option** (**Alt**)

Étape 6

Essayez de sélectionner la totalité du sujet. Profitez du zoom pour explorer des zones difficiles d'accès, comme celle illustrée ci-contre. Vous constatez la présence d'un espace sélectionné par erreur. Réduisez l'épaisseur de l'outil, appuyez sur la touche **Option** (**Alt**) pour basculer en mode Soustraction, et cliquez dans cette zone. Ne cherchez pas à peaufiner la sélection, mais à couvrir au maximum le sujet que vous devez extraire de l'arrière-plan.

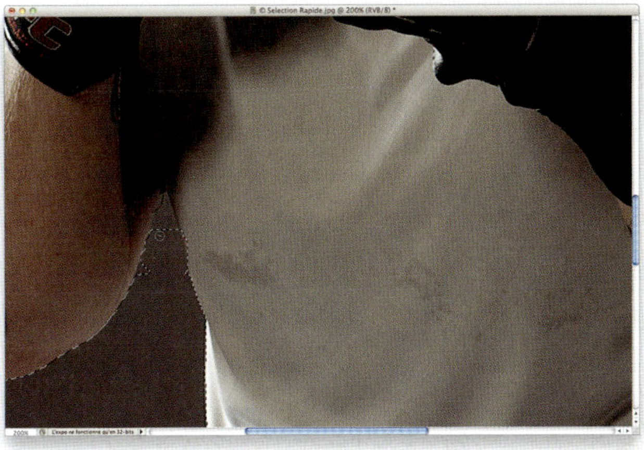

Étape 7

Maintenant que la sélection entoure le sujet, découvrons la puissance de la fonction Améliorer le contour. Certes, votre sélection semble correcte, mais elle reste imparfaite. Or, dès qu'une sélection est créée sur une image, la barre d'options des outils de sélection active un bouton libellé Améliorer le contour. Cliquez dessus pour ouvrir la boîte de dialogue éponyme.

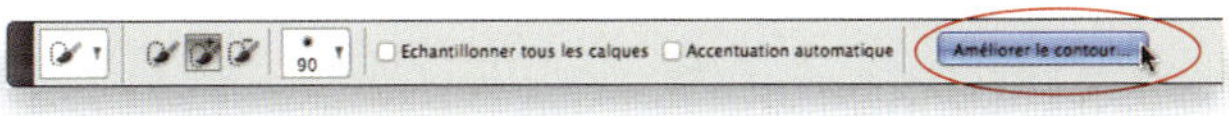

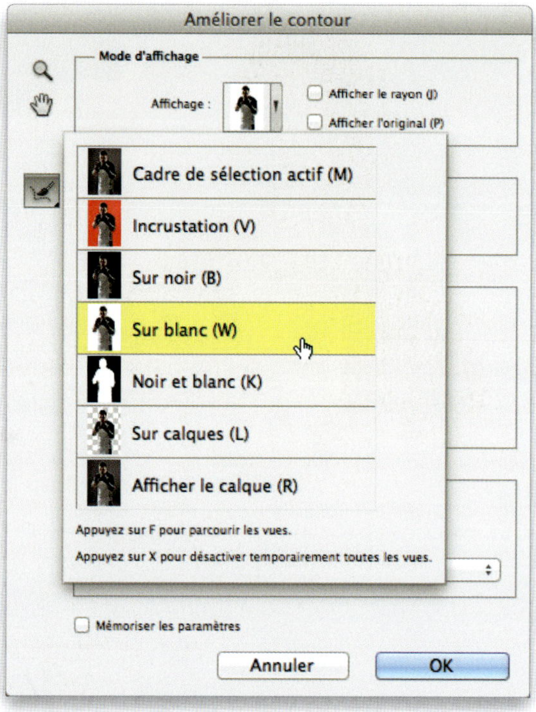

Étape 8

La partie supérieure de la boîte de dialogue contient le menu local Affichage. Ses options permettent d'apprécier votre sélection sur divers arrière-plans unis. J'opte généralement pour un fond dont la luminosité se rapproche de celle de l'arrière-plan de destination. Je profite ainsi d'un aperçu assez précis du comportement de ma sélection dans le montage final. Dans cet exemple, Sur blanc permet de bien analyser le contour du sujet, car ses vêtements sont plus foncés qu'un blanc pur.

Astuce : Tester différents arrière-plans

Il est judicieux d'expérimenter différents arrière-plans. Si vous choisissez souvent Sur noir, essayez Sur blanc. Ainsi, vous apprécierez la qualité de votre sélection et détecterez tous les problèmes que vous devrez régler si vous destinez l'image à un fond clair.

Étape 9

Le contour du boxeur est quelque peu crénelé. Pour corriger ce problème, focalisez votre attention sur la nouvelle section Détection des contours de la boîte de dialogue Améliorer le contour. Elle détecte automatiquement les parties du contour de la sélection à conserver et à éliminer. Donc, je commence par augmenter la valeur du Rayon. Elle indique à Photoshop l'épaisseur du contour à éliminer de la sélection existante. Ainsi, lorsque vous n'avez pas de détails spécifiques à conserver, comme des mèches de cheveux, n'hésitez pas à définir un Rayon de 10 à 15 pixels, comme ci-contre.

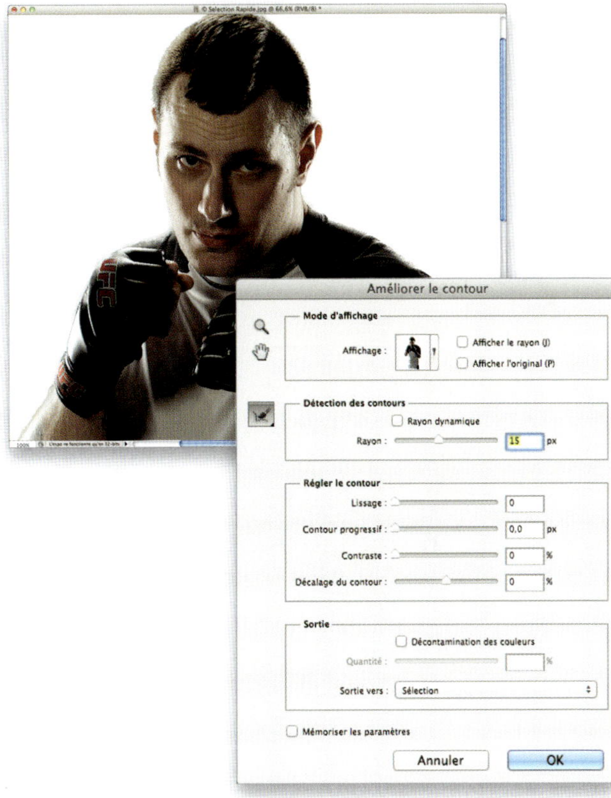

Étape 10

Cochez l'option Afficher le rayon de la section Mode d'affichage pour apprécier le contour qui sera éliminé de la sélection. Ajustez-le si nécessaire en agissant de nouveau sur le curseur Rayon. Augmentez sa valeur pour accentuer l'épaisseur de ce contour, et réduisez-la pour la diminuer.

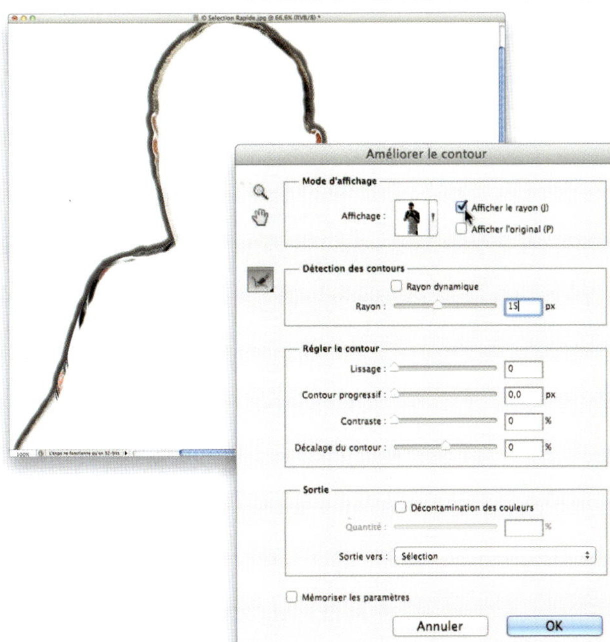

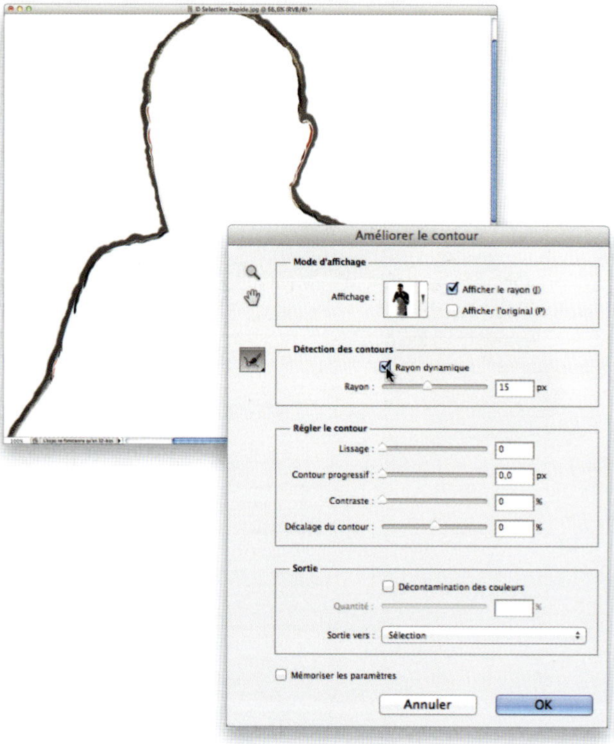

Étape 11

Un Rayon de 15 signifie que Photoshop préserve 15 pixels de part et d'autre du contour de la sélection, dans le but de conserver les détails. Avez-vous remarqué la présence de l'option Rayon dynamique au-dessus du curseur Rayon ? Cochez-la pour que Photoshop effectue une sélection plus intelligente. Ainsi, il modifie automatiquement la valeur du rayon dès qu'il détecte un contour crénelé. Cela évite de préserver des zones inutiles. En revanche, s'il identifie des détails comme des cheveux, il ajuste le rayon sur une valeur proche de celle que vous avez définie. Vous observez alors une réduction du contour intérieur de la sélection.

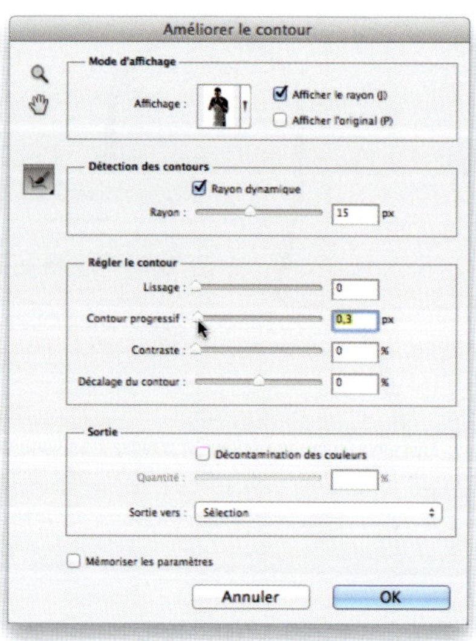

Étape 12

Les autres paramètres de la boîte de dialogue Améliorer le contour ne sont pas des nouveautés de CS5. Je modifie rarement la valeur du paramètre Lissage, qui qui adoucit les contours. En effet, j'ai besoin de préserver des détails comme les poils de bras et les cheveux. En cas de contours particulièrement crénelés, je fixe sa valeur entre 5 et 10 pixels. Le paramètre Contour progressif, comme son nom l'indique, adoucit les bords de la sélection. Cela permet d'obtenir une sélection réaliste. Toutefois, dans ce domaine, il est préférable d'agir sur le paramètre Rayon et de cocher l'option Rayon dynamique. Dans cet exemple, j'assigne un Contour progressif de 0,3 pixel pour harmoniser le lissage du contour de ma sélection.

Étape 13

Le paramètre Contraste renforce les contours progressifs. Nous l'utilisons rarement, dans la mesure où le réglage Rayon donne de meilleurs résultats dans ce domaine. La position du curseur Décalage du contour indique indique à Photoshop de décaler la totalité de la sélection vers l'intérieur ou l'extérieur. Comme nous y avons déjà procédé, ce paramètre n'est d'aucune utilité à cet instant de la procédure. L'option Décontamination des couleurs facilite l'extraction d'une personne photographiée devant un arrière-plan coloré, comme cela est expliqué plus loin dans ce livre. Ne cochez pas ce réglage, puisque le boxeur repose sur un fond uni.

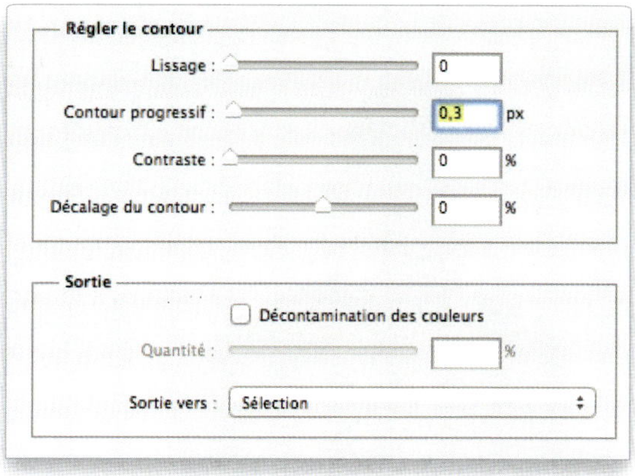

Étape 14

Une fois la sélection améliorée, ouvrez le menu local Sortie vers situé dans la partie inférieure droite de la boîte de dialogue. Choisissez l'option Masque de fusion pour pour extraire le boxeur sans éliminer l'arrière-plan. La présence d'un masque de fusion permettra, si besoin, de retoucher les contours du sujet. Validez votre choix par un clic sur le bouton OK.

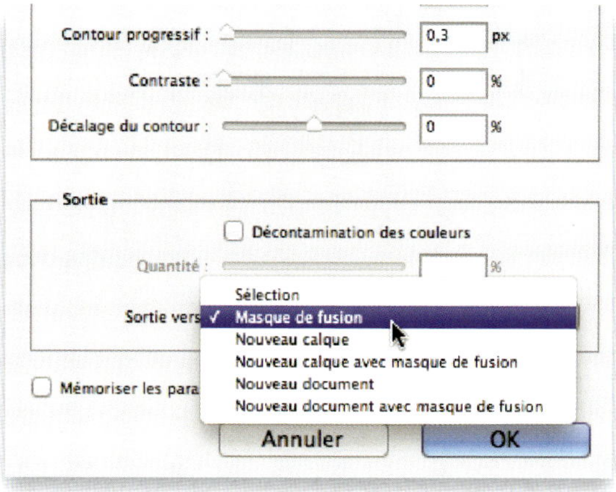

Étape 15

Bravo ! Le boxeur est désolidarisé de son arrière-plan d'origine. Le panneau Calques montre que l'image d'origine n'a subi aucune modification et que l'extraction a été exécutée *via* un masque de fusion. À cet instant de la procédure, soit la sélection est parfaite, soit elle nécessite quelques ajustements, comme cela est expliqué dans le didacticiel suivant.

La durée de cette procédure est toute relative, dans la mesure où j'en ai détaillé les principes et les concepts. Dans la pratique quotidienne du montage photo, vous agirez avec beaucoup plus de spontanéité en conservant quasiment toujours les même réglages de la boîte de dialogue Améliorer le contour. Ainsi, vous effectuerez la sélection et l'extraction d'un élément d'une image en quelques minutes.

Ajuster la sélection

La boîte de dialogue Améliorer le contour nous a permis d'extraire une personne d'un arrière-plan uni. Comme il est rare que la sélection obtenue soit parfaite, voici comment l'améliorer en appliquant l'outil Pinceau sur le masque de fusion.

Étape 1

L'extraction que nous venons d'effectuer place le boxeur sur un calque auquel est appliqué un masque de fusion, qui rend l'arrière-plan original totalement transparent. (Si vous n'avez pas suivi le précédent didacticiel, téléchargez et ouvrez le fichier d'exemple pour commencer votre apprentissage maintenant.)

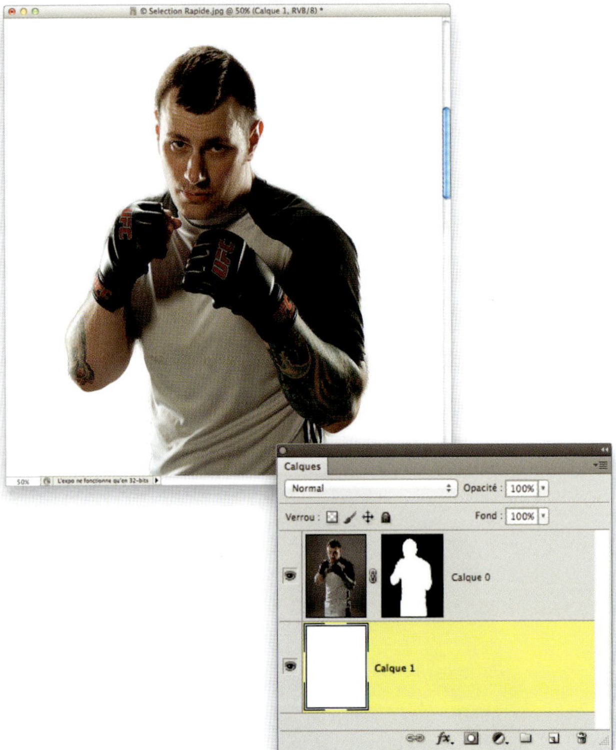

Étape 2

Il est recommandé d'ajuster le contour du sujet en fonction de l'arrière-plan sur lequel il va reposer. Par conséquent, commencez par ajouter un fond à votre montage. Pour cela, maintenez la touche **Cmd** (**Ctrl**) enfoncée et cliquez sur l'icône Créer un calque, située dans la partie inférieure droite du panneau Calques. Un calque vide apparaît sous le *Calque 0*. Ce nouveau calque étant actif, cliquez sur Édition > Remplir. Dans le menu local Avec, choisissez Blanc et cliquez sur le bouton OK. Le boxeur repose maintenant sur un arrière-plan blanc.

Étape 3

Activez l'outil Zoom (**Z**) pour zoomer sur l'image afin de mieux analyser les contours du sujet. Il est rare que vous ne détectiez pas de petits problèmes. Dans mon exemple, je constate que le maillot a été mal sélectionné au niveau de l'épaule, comme le montre l'illustration ci-contre.

Étape 4

Pour corriger ce type de problème, intervenez sur le masque de fusion créé par la fonction Améliorer le contour. Les parties blanches d'un masque de fusion révèlent l'image, alors que les parties noires la dissimulent. Par conséquent, la correction d'un masque de fusion se fait par application des couleurs noire et blanche avec l'outil Pinceau. Comme il s'agit de restaurer une partie de l'image du boxeur, vous devez appliquer la couleur blanche sur cette zone du masque de fusion. Un masque de fusion permet également de récupérer une sélection, c'est-à-dire d'afficher ses contours en pointillés animés. Pour cela, maintenez la touche **Cmd** (**Ctrl**) enfoncée et cliquez sur la vignette du masque de fusion du panneau Calques. Une sélection entoure alors le boxeur. Pour poursuivre cet exercice, faites disparaître cette sélection *via* Sélection > Désélectionner, ou en appuyant sur **Cmd+D** (**Ctrl+D**).

Étape 5

Dans cet exemple, je dois restaurer une partie du boxeur. En d'autres termes, ses pixels doivent être visibles. Pour les récupérer, il faut que je peigne sur la zone avec la couleur blanche. Appuyez sur **D** pour faire du blanc la couleur de premier plan. Ensuite, appuyez sur **B** pour activer l'outil Pinceau, ou bien cliquez sur son icône dans la boîte à outils. Fixez une Épaisseur d'environ 20 pixels. Zoomez sur l'épaule et peignez sur la zone à restaurer.

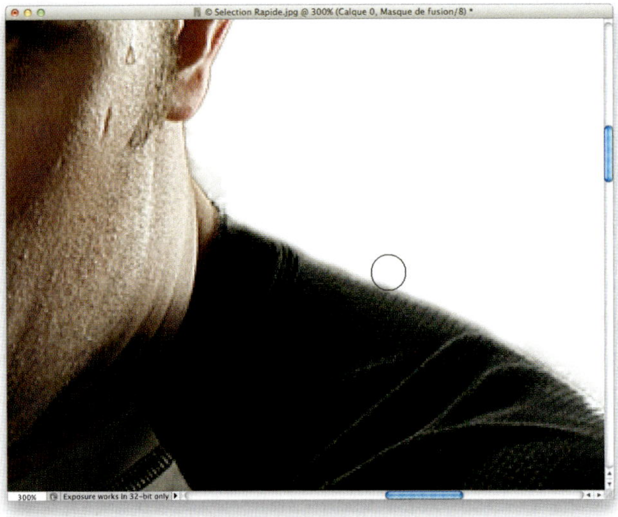

Étape 6

Si vous restaurez une partie de l'arrière-plan, appuyez sur la touche **X** pour permuter les couleurs de la boîte à outils. Le noir devient alors la couleur de premier plan. Appliquez-la sur l'arrière-plan afin de l'éliminer. Si besoin, modifiez la taille et la dureté du pinceau pour ne pas affecter des pixels du maillot.

Étape 7

Prêt pour une astuce vraiment cool ? Zoomez sur le côté gauche du visage et du poing. Vous observez la présence d'une frange de la couleur de l'arrière-plan. Sa présence tient au fait que le fond d'origine était trop sombre. Pour l'éliminer, je vous soumets une technique plus facile que celle consistant à peindre en noir sur le masque de fusion.

Étape 8

Le masque de fusion et l'outil Pinceau étant actifs, ouvrez le menu local Mode de la barre d'options et choisissez Incrustation. Ensuite, définissez une Épaisseur sensiblement équivalente à celle de la frange. Choisissez la couleur noire comme couleur de premier plan qui, je le rappelle, dissimule les pixels de l'image. Appliquez le Pinceau sur la frange.

Étape 9

Comme le Pinceau est en mode Incrustation, Photoshop masque la frange sans altérer les autres pixels de l'image. Attention : si vous insistez sur une zone de cette frange, vous risquez cette fois d'altérer les pixels du maillot. Par conséquent, contentez-vous d'un seul passage de l'outil Pinceau sur la frange parasite. Testez cette technique sur d'autres parties de l'image contenant une frange identique.

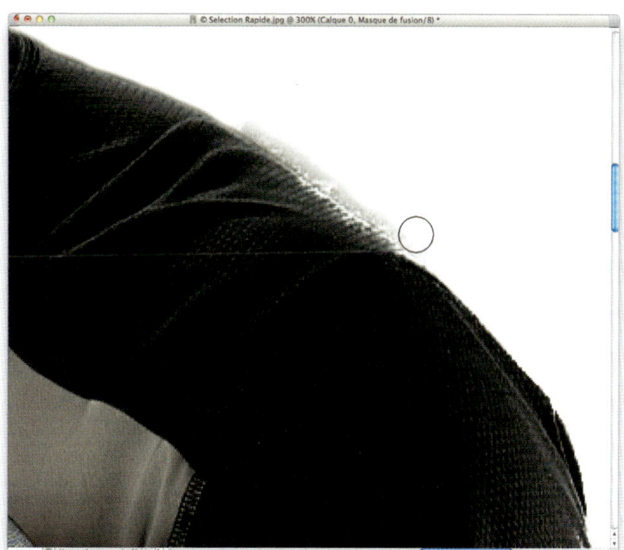

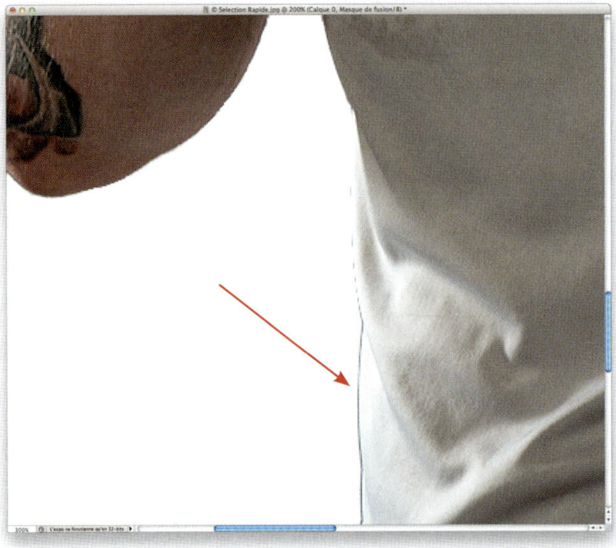

Étape 10

Voici une dernière astuce pour parfaire une sélection : zoomez sur le bord gauche du maillot juste au-dessus du short. Une mince frange sombre est nettement visible.

Étape 11

Pour l'éliminer, placez votre sélection sur un calque en appuyant sur la touche **Cmd** (**Ctrl**), puis en cliquant sur la vignette du masque de fusion. Dans le jargon de Photoshop, vous venez de récupérer la sélection.

Étape 12

Pour placer le contenu de la sélection, c'est-à-dire le boxeur, sur un calque indépendant, veillez à activer la vignette du *Calque 0* (et non pas celle de son masque de fusion). Ensuite, exécutez le raccourci clavier **Cmd+J** (**Ctrl+J**). Le boxeur est dupliqué sur le *Calque 2*. Cliquez sur l'icône de visibilité (œil) du *Calque 0*. Vous voyez désormais une image composée du boxeur dupliqué sur le *Calque 2* et de l'arrière-plan blanc du *Calque 1*. Aucun masque de fusion n'est actif.

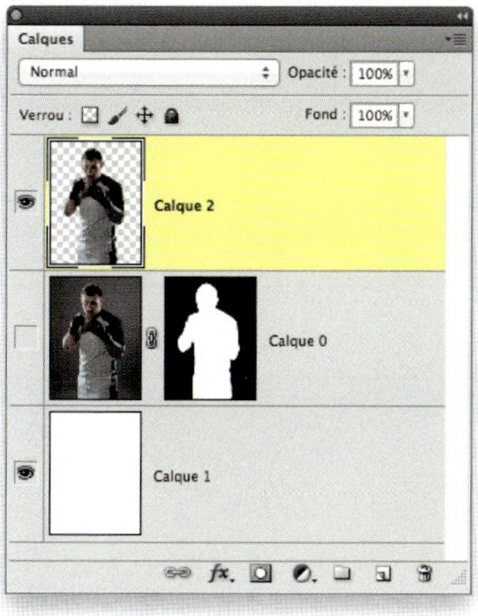

Étape 13

Cliquez sur Calque > Cache > Supprimer la frange. Appliquez une Largeur de 1 pixel et cliquez sur OK. La frange disparaît. Si ce n'est pas le cas, cliquez sur Édition > Annuler, et appliquez de nouveau la commande Supprimer la frange, mais avec une Largeur de 2 pixels. Vous savez désormais comment éliminer une frange qui parasite le contour d'une sélection.

Astuce : Comparer Avant/Après

Après l'exécution de la commande Supprimer la frange, zoomez sur la zone qui contenait cette imperfection et appuyez sur **Cmd+Z** (**Ctrl+Z**) pour Annuler votre modification. La frange réapparaît. Appuyez de nouveau sur ce raccourci pour la faire disparaître. Cette répétition du raccourci permet de comparer une image avant et après sa dernière modification.

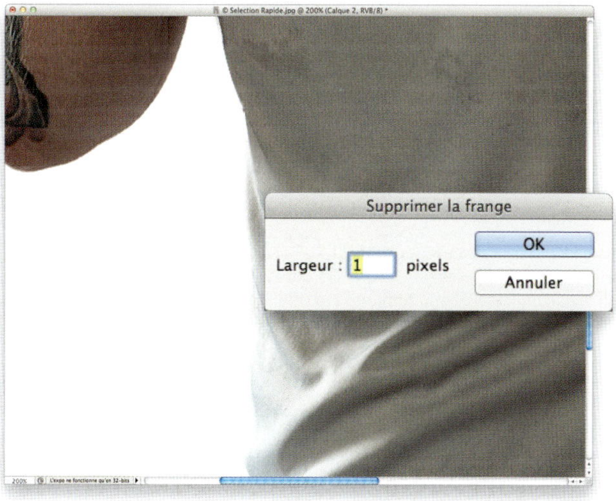

Extraire les cheveux

Les utilisateurs de Photoshop sont obsédés par la sélection des cheveux d'une personne. En effet, comment est-il possible de préserver la chevelure d'un sujet reposant sur un fond uni ? Le précédent didacticiel donne la première partie de la réponse, tandis que la seconde tient dans un petit outil dont la manipulation vous est expliquée dans la procédure suivante.

Étape 1

Ouvrez une photo où la sélection des mèches de cheveux est problématique, comme sur l'illustration ci-contre.

Étape 2

Avec l'outil Sélection rapide (**W**), sélectionnez le contour du modèle photographié. Passez une ou deux minutes à parfaire ce travail comme au précédent exercice, de manière à bien épouser les contours de la jeune femme, mais sans vous soucier de ses cheveux.

Étape 3

Dès que la sélection paraît globalement correcte, cliquez sur le bouton Améliorer le contour de la barre d'options. Pour tester rapidement les différents modes d'affichage de la boîte de dialogue, appuyez sur la touche **F** de votre clavier. L'ajustement de la sélection des mèches de cheveux nécessite un arrière-plan noir.

Attention

Si le sujet apparaît complètement noir, cela tient au fait que vous avez sélectionné l'arrière-plan de la photo et non pas la personne. Pour corriger ce problème, cliquez sur le bouton Annuler de la boîte de dialogue Améliorer le contour. Ensuite, soit vous appuyez sur **Cmd+D** (**Ctrl+D**) pour désélectionner, puis sélectionner cette fois la femme, soit vous gardez la sélection et vous cliquez sur Sélection > Intervertir.

Astuce : Les raccourcis des modes d'affichage

Une lettre figure entre parenthèses à droite du nom des modes d'affichage. Il suffit d'appuyer sur la touche de votre clavier pour activer le mode correspondant. Essayez de mémoriser les trois plus importants, c'est-à-dire **B** pour noir (Black), **W** pour blanc (White), et **K** pour noir et blanc.

Étape 4

En fixant la valeur du paramètre Rayon à 10 pixels, vous constatez une importante amélioration de la sélection des cheveux. Si vous doutez de la puissance des paramètres de la section Détection des contours, zoomez sur la tête du sujet et appuyez sur la touche **P** pour afficher l'image d'origine. Appuyez de nouveau sur cette touche pour afficher l'image modifiée. La différence est évidente, alors que nous n'avons que fait glisser un curseur.

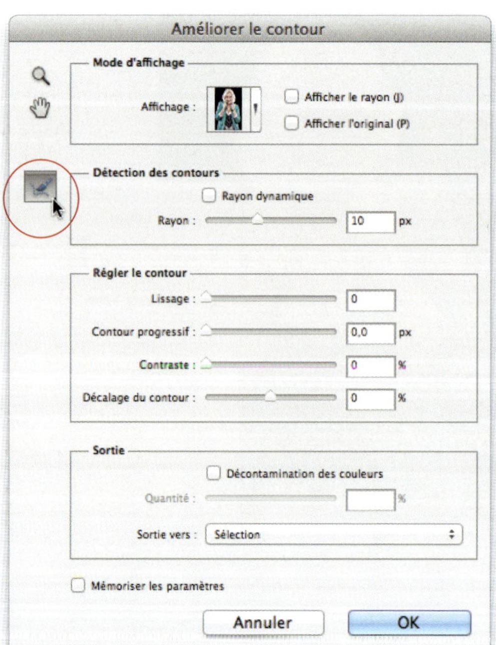

Étape 5

Nous devons procéder à quelques ajustements. En effet, l'arrière-plan gris est visible à travers les mèches de cheveux situées au niveau des épaules. Pour corriger ce problème, appliquez l'outil Amélioration du rayon de la section Détection des contours. Il se situe dans la colonne gauche de la boîte de dialogue sous les outils Zoom et Main.

Étape 6

Augmentez la taille de cet outil en modifiant le paramètre Épaisseur de sa barre d'options, de manière à couvrir toutes les mèches. Ensuite, appliquez l'outil sur le contour de la chevelure. Vous révélez ainsi l'arrière-plan noir et restaurez des mèches que le précédent réglage avait estompées. Relâchez le bouton de la souris et admirez le travail. Les cheveux sont préservés, l'ancien arrière-plan disparaît et le nouveau s'affiche entre les mèches. Vous comprenez maintenant pourquoi j'admire autant la fonction Améliorer le contour.

Étape 7

Appliquez l'outil tout autour de la tête pour révéler les mèches et l'arrière-plan noir. Procédez en une seule application, ou bien par petites touches successives concentrées dans des zones spécifiques du bord de la chevelure. Dans les deux cas, le résultat obtenu est époustouflant.

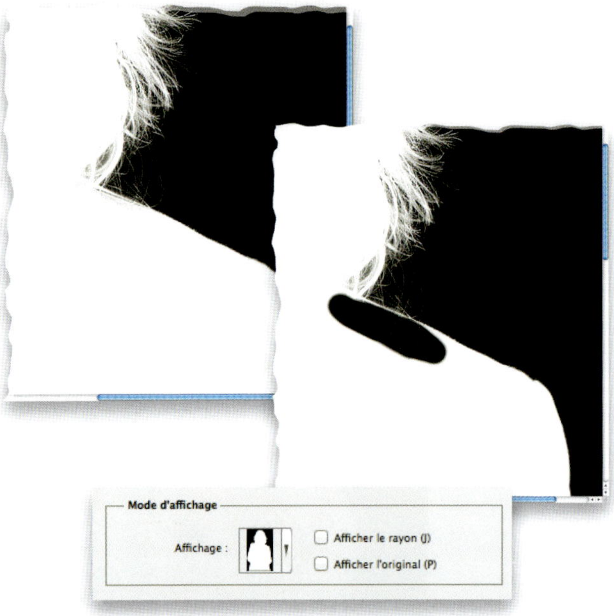

Étape 8

Pour vérifier la précision et le perfectionnement du contour avec l'outil Amélioration du rayon, basculez en mode d'affichage Noir et blanc en appuyant sur la touche **K** de votre clavier. Vous localiserez alors les zones oubliées et celles où vous n'auriez pas dû appliquer l'outil, comme le montre l'illustration ci-contre. Pour corriger ce problème, appuyez sur la touche **Option** (**Alt**) et peignez sur la zone à restaurer.

Étape 9

Dès que la sélection semble correcte, choisissez l'option Masque de fusion du menu local Sortie vers. Appliquez vos réglages par un clic sur le bouton OK. Voilà ! Le sujet a été extrait de son arrière-plan grâce à l'application d'un masque de fusion.

Étape 10

Ouvrez l'image contenant l'arrière-plan sur lequel vous allez placer la jeune femme. Comme le sujet est très clair, j'utilise un arrière-plan lumineux. Activez la fenêtre du document contenant le sujet, puis choisissez l'outil Déplacement (**V**). Glissez-déposez la photo de la femme sur celle de l'arrière-plan, puis repositionnez-la correctement. Si la personne est plus grande que le fond, appuyez sur **Cmd+T** (**Ctrl+T**) pour activer la fonction Transformation manuelle. Maintenez la touche **Maj** enfoncée, et faites glisser une des poignées d'angle vers l'intérieur. Le sujet est alors redimensionné proportionnellement. Validez le redimensionnement en appuyant sur la touche **Retour** (**Entrée**).

©ISTOCKPHOTO/EVIRGEN

Info

Lorsque vous redimensionnez le sujet, la bordure du masque de fusion peut apparaître dans le montage. Pour la supprimer, activez la vignette du masque dans le panneau Calques et peignez dessus avec du noir.

Étape 11

Le résultat est encourageant. Nous avons sélectionné notre sujet et les détails de sa chevelure. Toutefois, un zoom sur les bords des cheveux montre qu'il reste une espèce de frange grise qui trahit notre montage. Il s'agit de traces de l'arrière-plan d'origine. Le prochain didacticiel explique comment corriger ce type de problème.

Améliorer la sélection des cheveux

Au précédent didacticiel, nous avons prévisualisé la sélection sur un fond noir. Après quelques réglages effectués dans la boîte de dialogue Améliorer le contour, la sélection de la jeune femme semblait tout à fait correcte, dans la mesure où l'arrière-plan gris d'origine n'était visible ni sur son contour, ni à travers ses mèches de cheveux. Si la personne est placée sur un nouvel arrière-plan sombre, le montage semblera parfait. Les choses se compliquent lorsque le fond de destination est relativement clair. Voyons comment améliorer le contour d'une personne placée sur un arrière-plan lumineux.

Méthode 1 : le style de calque Lueur interne

Étape 1

Cette méthode est l'une de mes préférées. Elle consiste à choisir Lueur interne dans le menu local Style de calque du panneau Calques.

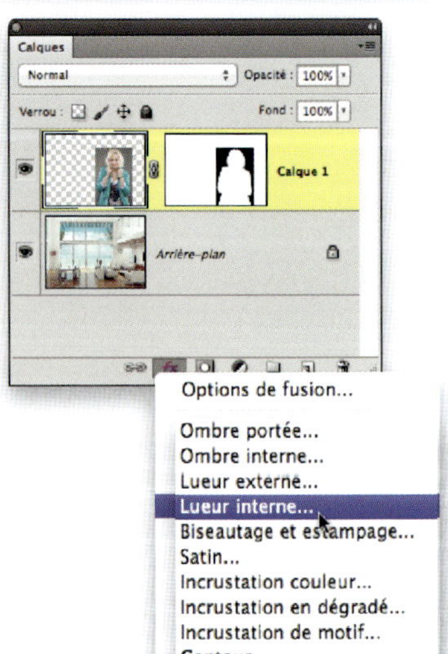

Étape 2

Dans la boîte de dialogue Style de calque, cliquez sur l'indicateur de couleur situé dans la partie inférieure de la section Structure. Vous accédez au Sélecteur de couleur. Placez le pointeur de la souris sur l'image. Il prend la forme d'une pipette. Avec cet outil, cliquez sur une zone représentant la couleur dominante des cheveux de la jeune femme. Par conséquent, ne cliquez pas sur une partie sombre. Une fois la couleur prélevée, cliquez sur le bouton OK pour valider votre choix et fermer la boîte de dialogue Sélecteur de couleur. Vous venez de déterminer la couleur de la lueur interne.

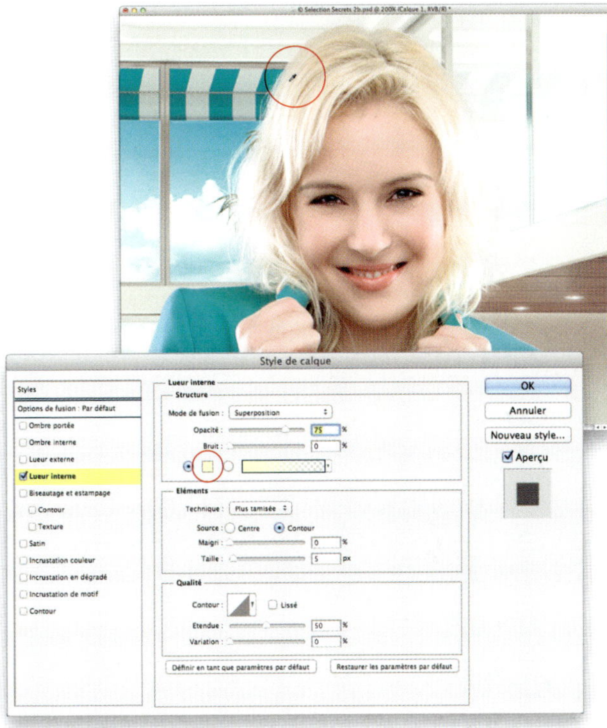

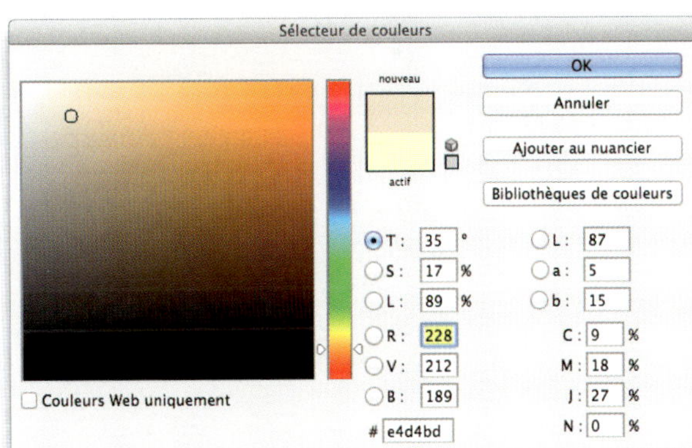

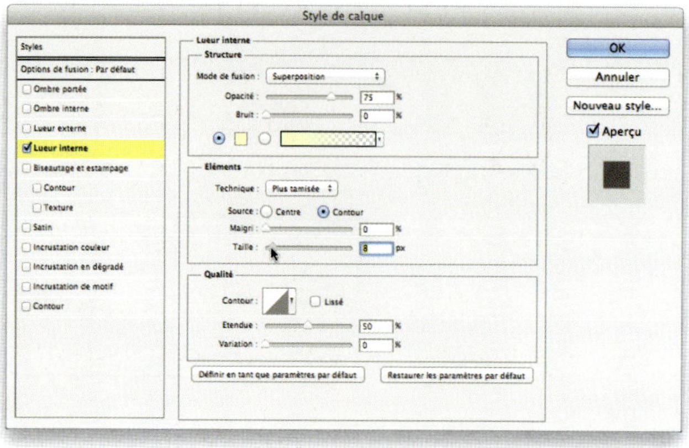

Étape 3

Adaptez la Taille de la lueur à la densité de gris présente sur le contour des cheveux. Ensuite, réglez l'Opacité pour que la correction de l'image soit plus claire ou plus sombre, selon la luminosité de l'arrière-plan. Une fois vos paramètres définis, cliquez sur le bouton OK.

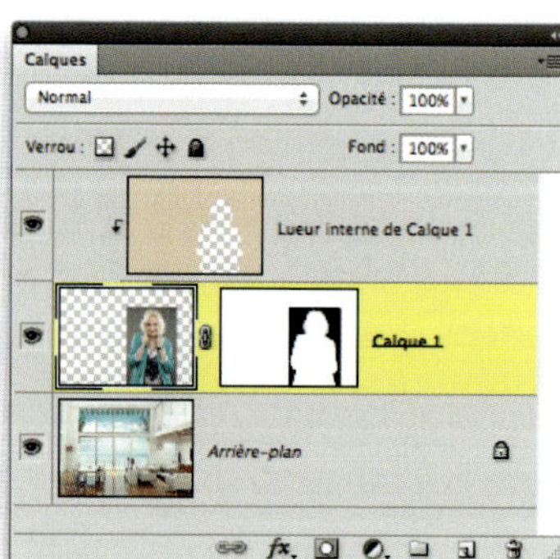

Étape 4

Le résultat obtenu est étonnant, mais il reste quelques petits problèmes. L'effet Lueur interne affecte la totalité de l'image, y compris la veste de la jeune femme. Nous pourrions nous en satisfaire sur cette image où la lumière globale est particulièrement claire. Toutefois, quand vous travaillez sur une image ne remplissant pas les mêmes conditions d'éclairage, vous devez éliminer l'effet sur certaines zones du sujet principal. Pour cela, cliquez sur Calque > Style de calque > Créer un calque pour que la lueur interne s'applique sous la forme d'un calque standard.

Étape 5

Cliquez sur la vignette de ce nouveau calque pour l'activer dans le panneau Calques. Ensuite, cliquez sur l'icône Ajouter un masque de fusion. Activez l'outil Pinceau (**B**) et définissez le noir comme couleur de premier plan. Appliquez-le sur les contours qui ne doivent pas être affectés par la Lueur interne. Comme cette technique est ma préférée, je l'applique généralement pour sélectionner les détails des cheveux.

Étape 6

Voyons comment appliquer cette technique sur des cheveux foncés en effectuant quelques ajustements élémentaires. La photo ci-contre montre une jeune femme à la chevelure complètement folle. Pour la sélectionner en quelques minutes, répétez les étapes du précédent didacticiel. Le sujet se retrouve alors isolé sur un calque dont vous avez rendu le fond transparent grâce à un masque de fusion. Ensuite, ajoutez un arrière-plan blanc *via* un calque que vous placez sous celui de la jeune femme. L'extraction semble parfaite.

Étape 7

Maintenant, observez les cheveux lorsque vous placez le sujet sur un fond noir. L'arrière-plan d'origine est visible sur les contours et entre les mèches. Sincèrement, comme le visage de cette femme est lumineux, je ne l'insérerai jamais sur un fond sombre, car le montage ne semblerait pas réaliste. Mais pour les besoins de ma démonstration, appliquons un style de calque Lueur interne.

Étape 8

Ajoutez un style de calque Lueur interne. Comme nous travaillons sur des cheveux bruns, appliquez le mode de fusion Produit au lieu de Superposition. Ensuite, cliquez sur l'indicateur de couleur pour afficher le Sélecteur de couleur. Avec la pipette, prélevez une teinte représentative de la couleur dominante des cheveux du sujet. Réglez la Taille et l'Opacité, puis appliquez le style de calque par un clic sur le bouton OK.

Vous comprenez que les cheveux clairs exigent le mode Superposition, et les cheveux foncés le mode Produit.

Méthode 2 : Le cache noir

Étape 1

Les options de Cache des calques permettent également de supprimer les franges créées par les arrière-plans d'origine. Comme il est impossible de les appliquer sur un calque disposant d'un masque de fusion, vous devez créer une sélection aussi précise que possible. Voyons comment procéder sur l'image de la jeune femme blonde. Appuyez sur la touche **Cmd** (**Ctrl**) et cliquez sur la vignette du masque de fusion pour récupérer la sélection. Ensuite, cliquez sur la vignette du calque lui-même et appuyez sur **Cmd+J** (**Ctrl+J**) pour copier le contenu de la sélection sur un nouveau calque. Cliquez sur l'icône de visibilité (œil) du calque d'origine pour n'afficher que le contenu du calque dupliqué.

Étape 2

Cliquez sur Calque > Cache > Retirer le cache noir. Cette action supprime le contour gris. Le résultat est spectaculaire, mais il introduit deux effets dommageables sur cette photo :

1. les contours les plus sombres des cheveux deviennent excessivement clairs
2. parfois les contours deviennent crénelés.

Lorsque les contours paraissent trop clairs, n'annulez pas votre correction, mais cliquez sur Calque > Cache > Retirer le cache blanc.

Méthode 3 : Densité – et Densité +

Étape 1

J'utilise habituellement la densification comme une suite logique de la précédente technique. Elle permet de corriger l'imperfection de quelques mèches de cheveux. Dans notre exemple de cette femme blonde aux mèches parfois trop sombres, activez l'outil Densité – (**O**). Dans le menu local Gamme de la barre d'options, choisissez Tons moyens, fixez l'Exposition à 10 % et cochez la case Protéger les tons.

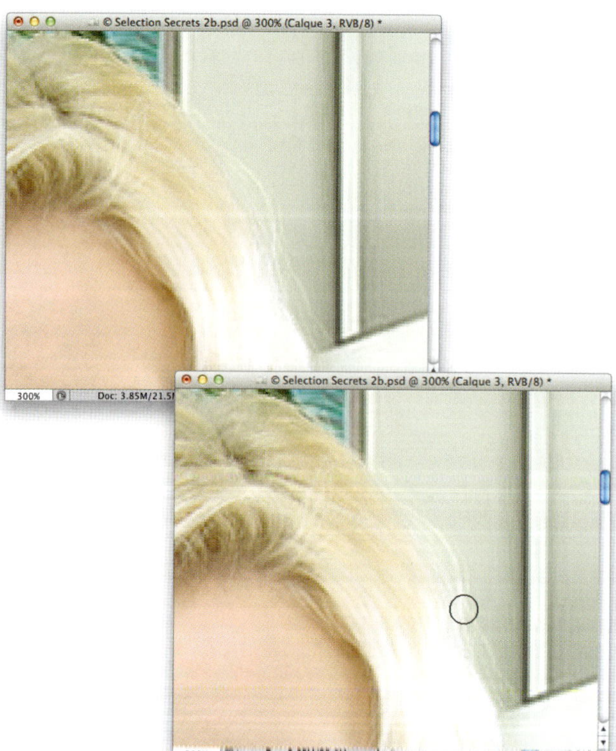

Étape 2

Créez un calque vide qui contiendra ainsi vos modifications sans altérer le calque d'origine. Appliquez l'outil sur les contours des cheveux trop sombres. Chaque coup de pinceau les éclaircit très légèrement, car l'Exposition est de 10 %. Pour assombrir des cheveux trop clairs, procédez de la même manière, mais en appliquant l'outil Densité + avec des réglages identiques.

La meilleure couleur de fond pour sélectionner et extraire

Nous n'allons pas débattre inutilement sur le fait de savoir quelle est la meilleure couleur d'arrière-plan pour sélectionner et extraire une personne. Avec l'expérience, vous constaterez que plus le contraste entre le sujet et l'arrière-plan est élevé, plus la sélection et l'extraction sont faciles à réaliser. Plus loin dans ce livre, vous verrez qu'il est possible d'extraire des personnes d'un fond non uniforme. Toutefois, lorsque vous contrôlez l'environnement de prise de vue, utilisez une couleur d'arrière-plan unie.

Gris

Commençons par ma couleur d'arrière-plan préférée, le gris clair. Voici la photo d'une femme installée devant un arrière-plan blanc uni qui ne subit pas l'influence d'une source de lumière spécifique. La configuration de l'éclairage est analogue à celle décrite dans la section « Dix choses à connaître sur le montage photo » – une lumière frontale et une latérale pour accentuer les contours du corps, du visage et des cheveux. Comme l'arrière-plan n'est pas spécifiquement éclairé, il devient gris clair. C'est la couleur idéale pour effectuer mes sélections avec les outils de Photoshop. Dans ce cas, lorsque le sujet porte des vêtements gris, certains bords peuvent échapper à la sélection. Cependant, ces imperfections restent très faciles à corriger. Pour les cheveux et les contours détaillés, c'est-à-dire la phase la plus complexe de toute sélection, un fond gris semble être le meilleur allié.

Blanc

Voici une photo de la même femme devant un fond blanc uni éclairé. En studio, un fond reste blanc si et seulement si une source de lumière est dirigée vers lui. Sans cette lumière, il devient gris clair ou foncé, selon les autres sources d'éclairage et la distance à laquelle elles sont positionnées. Bien que le blanc simplifie l'extraction d'un sujet *via* la fonction Améliorer le contour, il pose les problèmes suivants :

1. Lorsqu'une lumière est dirigée vers un fond blanc, une réflexion arrière est inévitable. Elle sature les contours du sujet. Quand celui-ci est placé devant un arrière-plan coloré, ce reflet ne pose aucun problème. En revanche, si vous le positionnez devant un arrière-plan plus sombre, la sélection et l'extraction deviennent alors plus complexes, car les contours sont pollués par une luminosité intense.

2. L'autre problème posé par les arrière-plans blancs est l'utilisation de deux éclairages latéraux. Ils ont tendance à blanchir les contours de la peau et des vêtements du sujet, ce qui perturbe la fonction Améliorer le contour et complexifie la sélection des cheveux et du corps.

Noir

Voici une nouvelle photo de la jeune femme, placée cette fois devant un fond noir avec la même configuration d'éclairage que pour l'arrière-plan gris. Le noir reste bien noir, car aucune source de lumière ne pointe directement sur le fond. La sélection est difficile, car les vêtements sombres ne contrastent pas assez avec l'arrière-plan. Observez la chevelure ! Elle est bien trop foncée pour être sélectionnée. Un éclairage s'impose pour que nous puissions travailler correctement avec les outils de sélection.

Vert (ou bleu)

Voici un autre sujet placé sur un fond vert dans les mêmes conditions d'éclairage que précédemment. Les fonds vert ou bleu sont très populaires en vidéo. Ils permettent d'effectuer des incrustations dites « chroma key », où les personnes sont automatiquement extraites de l'arrière-plan et placées dans un autre. C'est la clé des effets spéciaux du cinéma à grand spectacle. Cependant, voici les raisons pour lesquelles je n'aime pas les utiliser en montage photo :

1. Le fond étant uniformément éclairé, il se réfléchit sur certaines parties du sujet. Or, pour éviter cela, vous devez en éloigner la personne. Cela impose de travailler dans un studio relativement spacieux.

2. Comme le fond est uniformément éclairé, vous devez ajouter un ou deux éclairages. Ensuite, vous devez éclairer le sujet. Très rapidement, le dispositif d'éclairage se compose de trois à cinq lumières.

3. Tout est plus complexe. Il y a de grandes chances pour qu'un arrière-plan blanc soit disponible dans le studio de prise de vue. C'est beaucoup moins évident dans un studio dédié aux effets vidéo.

Les arrière-plans verts ne produisent pas que de mauvais résultats. Si vous disposez des bonnes conditions d'éclairage, n'hésitez pas à travailler dans cet environnement. La configuration des lumières est tout simplement plus délicate que pour un fond blanc, car votre marge d'erreur est bien plus réduite.

MONTAGE STANDARD 2

Un montage standard est un montage qui consiste à placer une personne photographiée en studio dans un environnement où elle n'a jamais mis les pieds. Je vais détailler cette technique en insérant mon ami Justin, adepte des arts martiaux, dans un décor sombre et insalubre. Lors de la séance de prise de vue, j'ai toujours gardé à l'esprit le fait que Justin apparaîtrait dans une ruelle sombre.

Les préparatifs

Voici l'exemple même du didacticiel où la préparation du travail est fondamentale. Du portrait à l'insertion dans l'arrière-plan, je n'ai réfléchi qu'en termes de montage. Le fait que Justin apparaisse en entier dans l'image rendait la tâche plus complexe. Lorsque vous êtes confronté à ce type de montage, il suffit d'effectuer quelques ajustements pour que les éléments s'articulent parfaitement les uns avec les autres.

Étape 1

Dès la séance de prise de vue illustrée ci-dessus, je sais que Justin prendra place dans un décor différent de l'arrière-plan de mon studio. Je commence alors par noter la longueur de la focale utilisée pour cette prise de vue. Je photographie la plupart des portraits et des arrière-plans avec un objectif Nikkor 24 70 mm *f*/2.8 en position 70 mm. Ensuite, je note que l'appareil est placé à environ 75 cm du sol, car il est essentiel de conserver cette hauteur lorsque vous photographiez l'arrière-plan de destination. Si vous ne respectez pas cette règle, les pieds du sujet ne s'aligneront jamais sur le sol.

Étape 2

Enfin, je note la distance qui sépare le sujet de l'appareil. Ici, elle est d'environ 2,50 m. Lorsque vous placez la totalité du corps d'une personne sur un arrière-plan, vous devez photographier le décor en respectant cette distance. Le réalisme de votre travail en dépend.

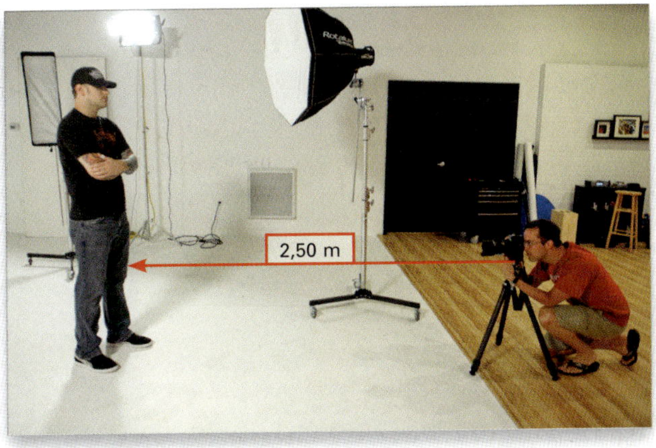

Étape 3

Pour photographier l'arrière-plan qui convient à mon futur montage, j'opte pour une longueur de focale de 70 mm. Comme je n'utilise pas mon trépied, je m'agenouille pour que l'appareil soit à 75 cm du sol et je recule d'environ 2,50 m. Me voici dans une position identique à celle de la prise de vue en studio. Je définis le futur emplacement de Justin (cerclé en rouge sur l'illustration ci-contre). Je recule encore de 2,50 m pour reproduire la distance qui séparait l'appareil photo de Justin lors de la séance en studio.

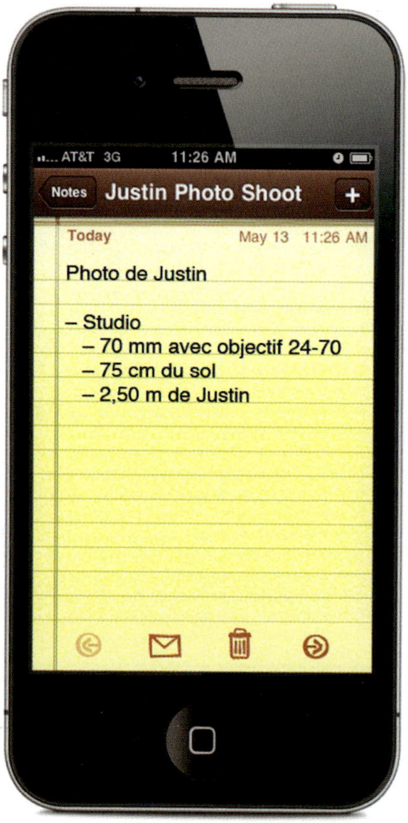

Étape 4

Comment mémoriser toutes ces informations ? Eh bien, soit en les inscrivant sur un papier, soit en les tapant sur votre iPhone dans l'application Notes. Croyez-moi, il est rassurant de savoir que vous pouvez retrouver ces données sur un support plus fiable que votre mémoire. Grâce à ces mesures, les deux éléments du montage s'ajusteront parfaitement bien l'un à l'autre.

Préparer l'arrière-plan

J'ai photographié l'arrière-plan en pensant au montage final, c'est-à-dire à l'insertion de Justin devant cette porte et ce mur couverts de graffitis. Ce jour-là, le soleil était bas et placé dans mon dos, baignant la porte d'une lumière chaude. Bien entendu, j'ai appliqué l'ensemble des mesures relevées lors de la prise de vue de Justin : distance de l'appareil, angle et longueur de la focale. Je préservai ainsi la perspective indispensable à la réussite de mon montage.

Étape 1

Ouvrez l'image d'arrière-plan utilisée pour ce montage. Accentuez son aspect inquiétant en simulant un effet HDR *via* Image > Réglages > Virage HDR.

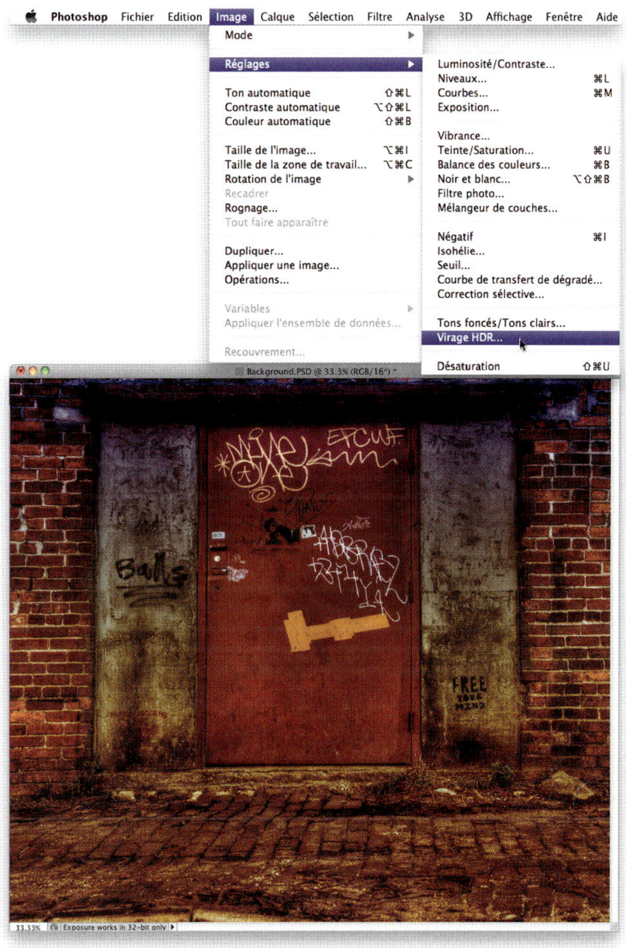

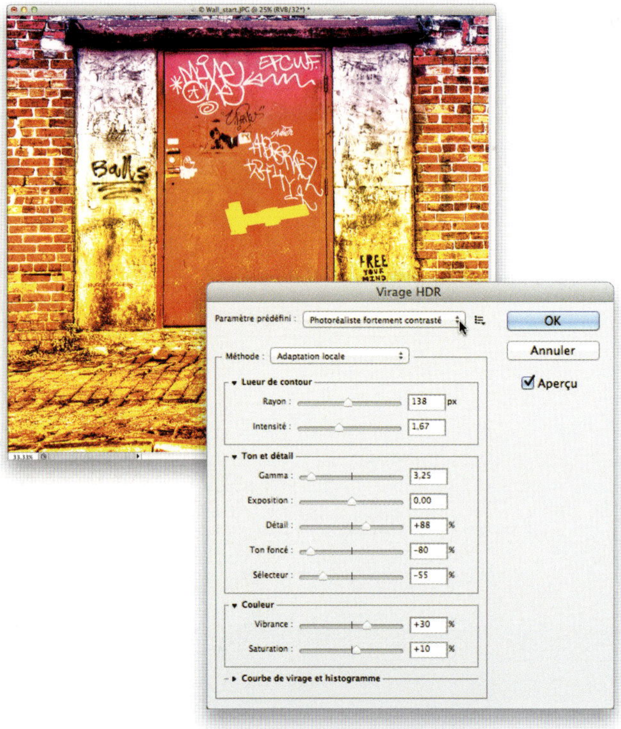

Étape 2

Dans le menu local Paramètre prédéfini, choisissez Photoréaliste fortement contrasté. Le résultat obtenu est déconcertant. Quelques ajustements s'imposent.

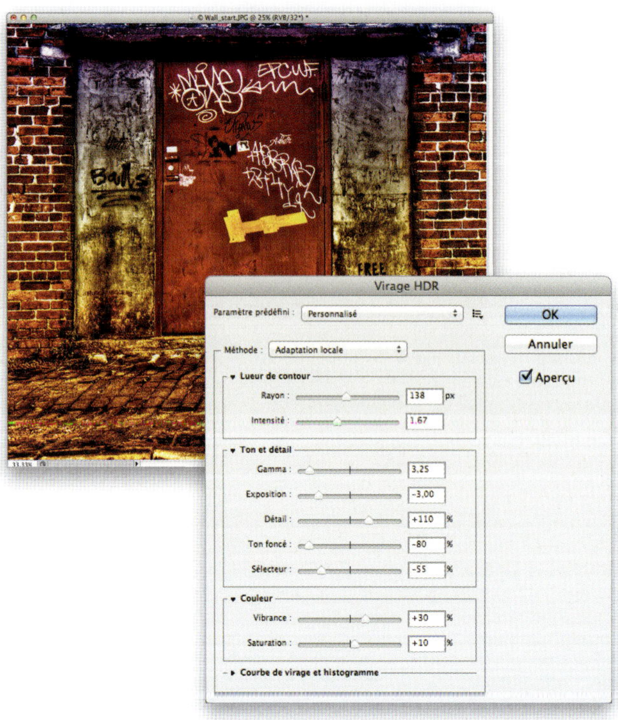

Étape 3

Dans la section Ton et détail, fixez le paramètres Exposition à –3,00 pour assombrir l'image. Ensuite, fixez Détail à +110 %. Le décor gagne en détail avec un renforcement de l'insalubrité, que nous recherchons. Validez vos réglages par un clic sur OK.

Étape 4

Le moment est venu d'éliminer les éléments qui détournent l'attention. J'apprécie la plupart des graffitis, à l'exception de ceux inscrits sur le mur de gauche. Pour les effacer, activez l'outil Correcteur en appuyant sur la touche **J** du clavier. Dans la barre d'options, cliquez sur le paramètre Contenu pris en compte. Ensuite, appliquez l'outil sur ce graffiti, comme ci-contre.

Étape 5

Il disparaît très facilement. Si cette correction crée un motif répétitif, passez de nouveau le Correcteur localisé sur cette zone de l'image.

Étape 6

Finalisons cet arrière-plan avec un effet de vignettage. Appuyez sur **Cmd+J** (**Ctrl+J**) pour dupliquer le calque. Assignez à cette copie le mode de fusion Produit, ce qui provoque un fort assombrissement de l'image. Ensuite, activez l'outil Rectangle de sélection (**M**) et tracez une sélection englobant la zone où Justin apparaîtra.

Étape 7

Ouvrez le menu Sélection et cliquez sur Modifier > Contour progressif. Appliquez un Rayon de 200 pixels et cliquez sur OK. Le rectangle initial devient un rectangle arrondi. L'effet de contour progressif n'est pas encore visible.

Étape 8

Dans le menu Sélection, choisissez Intervertir ou appuyez sur **Cmd+Maj+I** (**Ctrl+Maj+I**). L'inversion sélectionne exclusivement ce qui n'était pas sélectionné, et permet ainsi de créer l'effet de vignettage sur les contours de l'image. Cliquez sur l'icône Ajouter un masque de fusion du panneau Calques. L'effet du mode de fusion Produit ne s'applique plus au centre de l'image, mais sur ses bords. Sauvegardez cet arrière-plan au format PSD *via* Fichier > Enregistrer.

Préparer le portrait

Comme je l'ai déjà mentionné, j'ai réalisé ce portrait en studio dans l'intention de le placer sur ce mur photographié quelques jours plus tard à Tampa. Le réalisme du montage dépend de ma capacité à uniformiser la tonalité et l'atmosphère de ces deux éléments.

Étape 1

Ouvrez la photo de Justin. Comme il s'agit d'un fichier Raw, Photoshop affiche préalablement l'utilitaire Adobe Camera Raw. Justin est placé devant un arrière-plan gris foncé. Or je considère qu'il est plus facile de réaliser une sélection sur fond gris clair, surtout quand le sujet porte des vêtements sombres. La prochaine étape explique comment tricher pour parvenir à nos fins.

Étape 2

Fixez l'Exposition à +2,50. Vous surexposez la totalité de la photo, mais obtenez un arrière-plan gris clair idéal pour réaliser une sélection. Validez ce réglage, car nous pourrons le modifier une fois la sélection effectuée.

Étape 3

Appuyez sur la touche **Maj** pour basculer le bouton Ouvrir une image en Ouvrir un objet (il se situe dans la partie inférieure droite de la fenêtre de Camera Raw). Cliquez dessus pour que Photoshop ouvre l'image en tant qu'objet dynamique. Ainsi, il sera possible de rééquilibrer la photo dans Camera Raw après avoir créé la sélection. Les objets dynamiques donnent beaucoup de souplesse aux opérations de montage, car de nombreuses modifications restent possibles à tout moment.

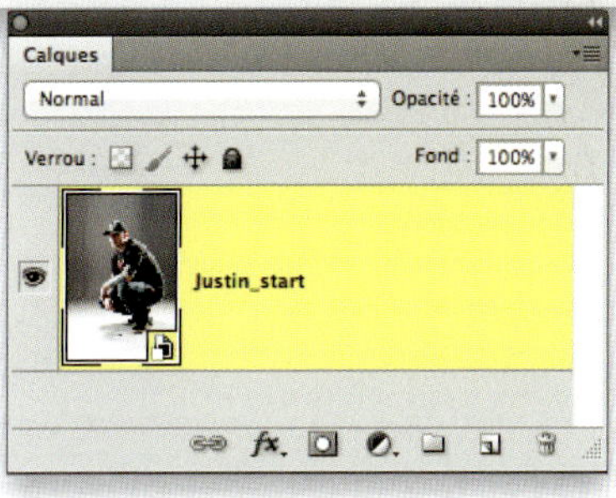

Étape 4

Une fois dans Photoshop, appuyez sur **W** pour activer l'outil Sélection rapide que vous appliquez sur Justin. Comme l'indique le nom de l'outil, la sélection est effectuée rapidement. N'oubliez pas de zoomer sur les contours du sujet pour déceler des zones non sélectionnées. Réduisez l'épaisseur de l'outil pour sélectionner les éléments les plus petits. Si vous avez sélectionné des parties de l'arrière-plan, appuyez sur **Option** (**Alt**) afin de passer en mode Soustraction et appliquez-y votre outil.

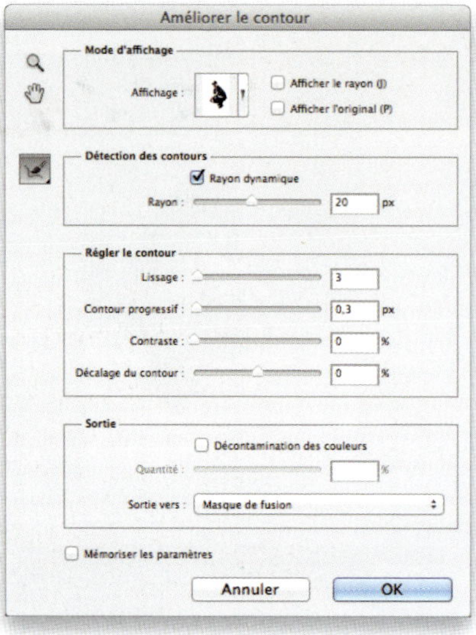

Étape 5

Dès que la sélection semble correcte, cliquez sur le bouton Améliorer le contour de la barre d'options. Appuyez sur **F** jusqu'à ce que Justin soit affiché sur un fond blanc qui permet de mieux voir les bords de la sélection. Cochez la case Rayon dynamique, fixez le Rayon à 20 pixels, le Lissage à 3 et le Contour progressif à 0,3. Enfin, dans le menu local Sortie vers, choisissez Masque de fusion et cliquez sur OK.

Étape 6

Le masque de fusion place Justin sur un fond transparent. Appuyez sur **Cmd++** (**Ctrl++**) pour zoomer sur l'épaule située à gauche du cadre. L'analyse du contour de la sélection révèle la présence d'une frange et de zones effacées. Elles s'expliquent par le fait que la couleur des vêtements de Justin est proche de celle de l'arrière-plan du studio.

Étape 7

Au Chapitre 1, nous avons appris à corriger ces problèmes en agissant sur le masque de fusion. Commencez par appuyer sur la touche **B** pour activer l'outil Pinceau. Définissez une petite Épaisseur et fixez la Dureté à 0 %. Ensuite, dans le menu local Mode de la barre d'options, choisissez Incrustation.

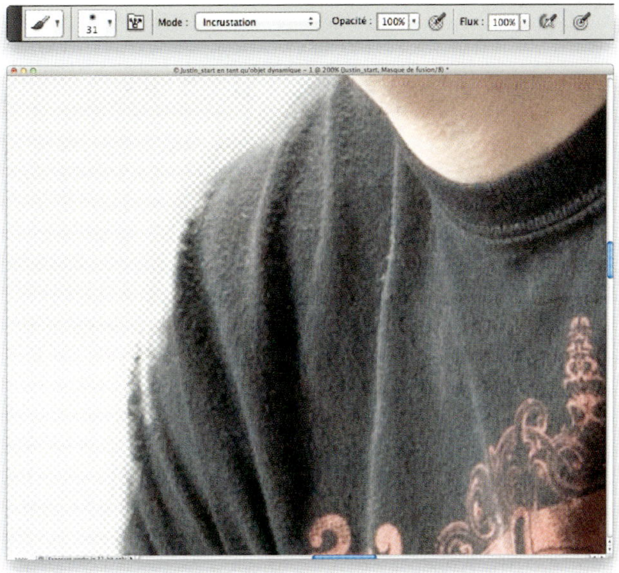

Étape 8

Activez la vignette du masque de fusion. Ensuite, pressez la touche **D** du clavier pour définir le blanc comme couleur de premier plan. Appliquez le pinceau sur les contours du maillot où il manque de la matière. Peu importe que vous débordiez sur le fond transparent. Grâce au mode de fusion Incrustation, Photoshop restaure les parties effacées du maillot sans réintroduire l'arrière-plan.

Étape 9

Nettoyez ainsi tout le contour de la sélection. Si l'arrière-plan gris y est visible, peignez dessus avec du noir. Pour cela, appuyez sur la touche **X** du clavier afin de permuter les couleurs de premier et d'arrière-plan. Appliquez le pinceau sur les zones débordant du maillot pour les effacer. Grâce au mode Incrustation, le blanc restaure le maillot et le noir efface le décor du studio en redéfinissant le masque de fusion de l'image.

Étape 10

Une fois la sélection affinée et complétée, nous devons restaurer l'exposition globale de l'image. Comme nous travaillons avec un objet dynamique, il suffit de double-cliquer sur la vignette de calque pour l'ouvrir dans Camera Raw. Définissez une Exposition de +0,05 et cliquez sur OK pour revenir à Photoshop. Là, cliquez sur Fichier > Enregistrer et sauvegardez la photo de Justin au format PSD. Le moment est venu de l'insérer dans le nouvel arrière-plan.

Réaliser le montage

Assemblez les deux éléments ainsi préparés pour le montage. La photo du décor a été prise avec une longueur de focale spécifique déterminée par l'emplacement supposé de Justin dans le montage, afin d'éviter tout problème de déformation et de perspective. Cette préparation des éléments facilite l'insertion du sujet dans l'arrière-plan. Vous allez découvrir que les ombres jouent un rôle prépondérant dans la création d'un montage réaliste.

Étape 1

Fusionnez les calques de l'image d'arrière-plan en exécutant la commande Calque > Aplatir l'image. Désormais, ce document ne contient plus qu'un calque *Arrière-plan*.

Étape 2

Ouvrez la photo de Justin extrait du décor de studio. Activez l'outil Déplacement (**V**) et glissez-déposez l'unique calque du document sur celui contenant l'arrière-plan urbain. Le montage se compose alors de deux calques : l'arrière-plan et l'objet dynamique contenant Justin.

Étape 3

Comme vous pouvez le constater, Justin est bien trop grand par rapport à son nouvel environnement. Activez son calque dans le panneau Calques, puis cliquez sur Édition > Transformation manuelle ou appuyez sur **Cmd+T** (**Ctrl+T**). Appuyez ensuite sur **Cmd+0** (**Ctrl+0**) pour accéder à toutes les poignées de redimensionnement du cadre de transformation. Ensuite, maintenez la touche **Maj** enfoncée et faites glisser une poignée d'angle vers l'intérieur. Ainsi, vous réduisez proportionnellement la taille de Justin. Appuyez sur **Retour** (**Entrée**) pour valider la transformation.

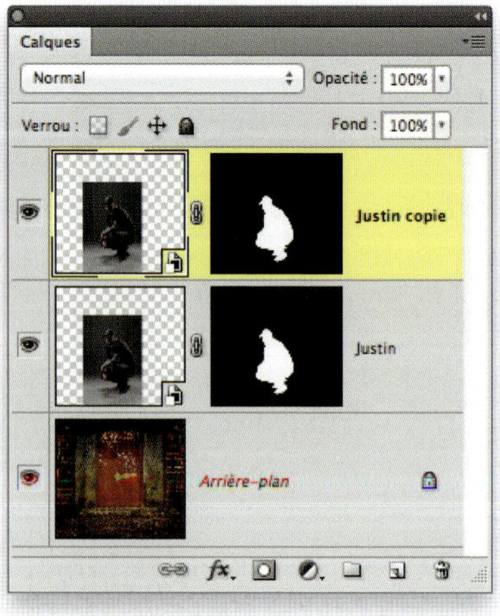

Étape 4

Le réalisme des montages dépend souvent de la gestion des ombres, surtout quand les pieds du sujet reposent sur l'arrière-plan. Pour cela, nous allons appliquer une technique qui utilise les ombres existantes, ce qui évite d'en simuler. Commencez par appuyer sur **Cmd+J** (**Ctrl+J**) pour dupliquer le calque *Justin*.

Étape 5

Cliquez sur la vignette du masque de fusion du calque *Justin*. Ensuite, exécutez la commande Remplir du menu Édition. Dans le menu local Avec, choisissez Blanc et cliquez sur OK pour remplir le masque de fusion avec du blanc. L'arrière-plan d'origine réapparaît derrière Justin.

Étape 6

Sur ce calque, seules les ombres du studio nous intéressent. Pour les conserver et les fusionner dans le décor, appliquez au calque *Justin* le mode de fusion Lumière tamisée. Une grande partie de l'arrière-plan du studio disparaît, tandis que l'ombre située au niveau des pieds de Justin s'intègre désormais au décor urbain.

Étape 7

Pour supprimer le contour du décor de studio encore visible dans le montage, activez l'outil Pinceau (**B**) et définissez une Épaisseur moyenne avec un contour progressif. Dans le menu local Mode de la barre d'options, choisissez Normal. Comme le masque de fusion est blanc, appuyez sur **D**, puis sur **X** pour faire du noir la couleur de premier plan. Enfin, appliquez l'outil sur la zone sombre correspondant aux traces du décor de studio, mais sans intervenir au niveau des pieds pour en préserver l'ombre. En revanche, vous pouvez passer le pinceau sur Justin, car une copie de son corps se situe en haut de la pile des calques.

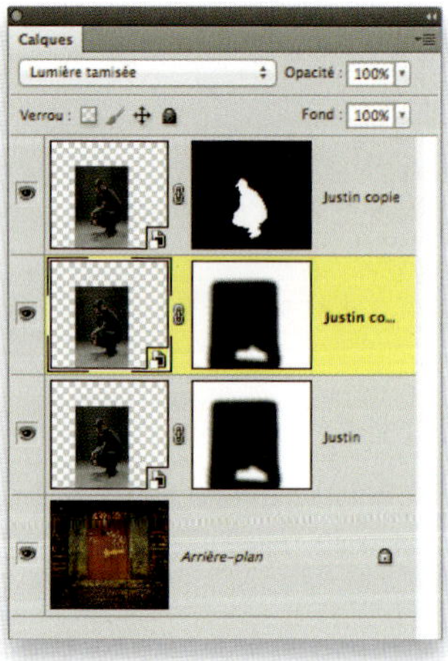

Étape 8

Pour intensifier l'ombre, activez la vignette du calque *Justin* et dupliquez-le en appuyant sur **Cmd+J** (**Ctrl+J**). L'ombre devient deux fois plus sombre. Contrôlez son intensité en variant l'Opacité de ce calque. Facile, non ?

Étape 9

Pour parfaire le jeu des ombres, j'estime qu'il est nécessaire d'en ajouter une sous son pied. En effet, les ombres sont essentielles quand un sujet est en contact avec le sol de son nouveau décor. La base des pieds projette toujours une ombre dense et fine. Pour la créer, zoomez sur l'avant du pied de Justin. Ensuite, cliquez sur l'icône Créer un calque du panneau Calques. Glissez-déplacez-le au-dessus du calque *Arrière-plan*, comme ci-contre.

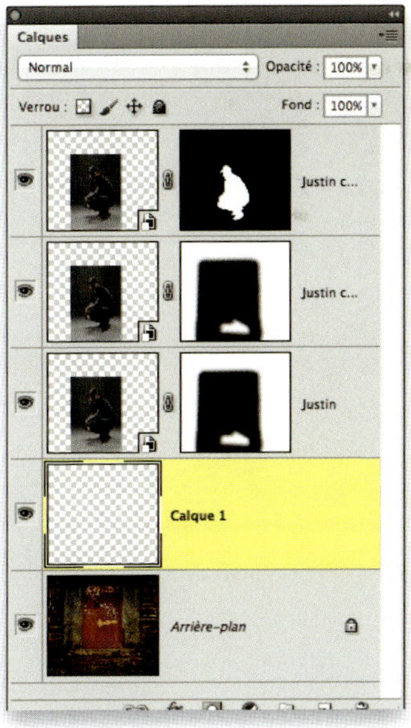

Étape 10

L'outil Pinceau étant actif, définissez une petite Épaisseur et un contour progressif. Ensuite, appliquez du noir sous la chaussure de droite. Placez le Pinceau à cheval sur la chaussure et le sol, afin de créer une ombre discrète, donc réaliste.

Étape 11

La couleur joue aussi un rôle fondamental dans le réalisme d'un montage. Le problème ici est que Justin se situe dans des tons froids et le décor dans des tons chauds. Toutefois, le calque *Justin* est un objet dynamique que vous pouvez de nouveau ouvrir dans Adobe Camera Raw pour en changer la température de couleur. Par conséquent, double-cliquez sur la vignette du calque situé en haut du panneau Calques. Dans Camera Raw, fixez la valeur du paramètre Température à 5750 pour ajouter de la chaleur au sujet. Validez ce réglage par un clic sur le bouton OK. Photoshop actualise le contenu du calque.

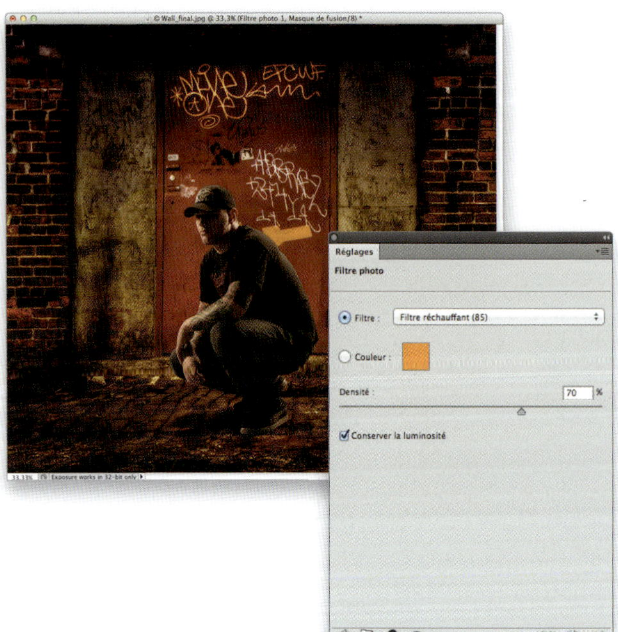

Étape 12

Malgré cette amélioration des couleurs, j'estime que les vêtements de Justin sont toujours dans des tons trop froids par rapport au décor urbain. Comme je ne souhaite pas modifier la couleur de la peau obtenue avec le dernier réglage effectué dans Camera Raw, j'applique le calque de réglage Filtre photo depuis le menu local éponyme du panneau Calques. Dans le menu local Filtre, j'opte pour Filtre rechauffant (85), qui est idéal pour cette image. Enfin, je fixe la valeur du paramètre Densité à 70 % pour introduire plus de chaleur dans les teintes des vêtements.

Étape 13

À cet instant de la procédure, le Filtre photo affecte toute l'image, alors que nous souhaitons limiter son effet aux vêtements. Pour cela, cliquez sur Calque > Créer un masque d'écrêtage (ou appuyez sur **Cmd+Option+G** [**Ctrl+Option+G**]) pour n'appliquer le filtre qu'au calque situé en haut du panneau Calques.

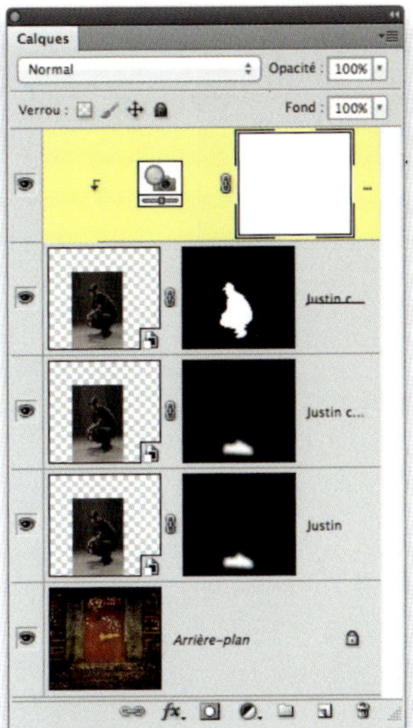

Étape 14

Maintenant, pour limiter l'effet au maillot de Justin, intervenons sur le masque de fusion du calque de réglage Filtre photo. Activez l'outil Pinceau (**B**) et définissez le noir comme couleur de premier plan. Ensuite, appliquez-le sur les zones où le filtre ne doit pas agir, c'est-à-dire la peau et le pantalon.

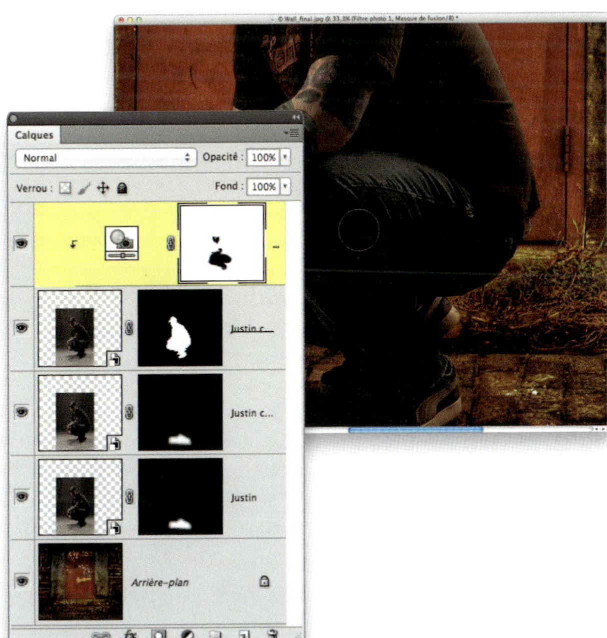

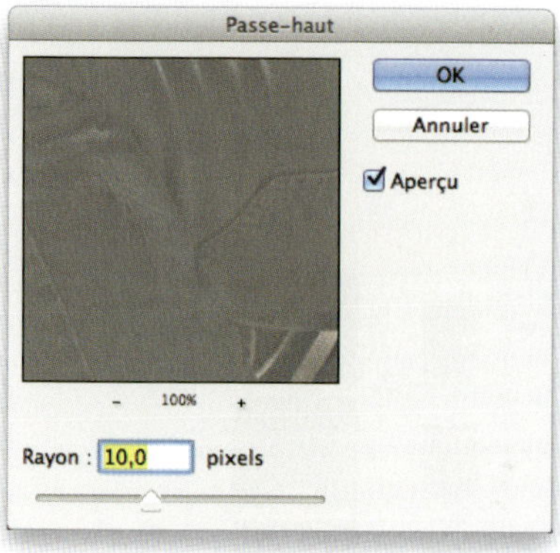

Étape 15

Justin semble un peu trop «propre» dans ce décor urbain insalubre à la limite du sordide. Pour que le montage soit plus réaliste, cliquez sur le premier calque contenant Justin, puis sur Filtre > Divers > Passe-haut. Dans la boîte de dialogue qui apparaît, fixez la valeur du paramètre Rayon à 10 pixels et cliquez sur le bouton OK.

Étape 16

Le résultat obtenu est inexploitable dans un montage. Toutefois, nous travaillons sur un objet dynamique qui permet, à tout moment, de modifier l'effet du filtre Passe-haut. Vous remarquez que le filtre est présent dans le panneau Calques sous la forme d'un filtre dynamique. Double-cliquez sur l'icône présente à droite du nom du filtre pour ouvrir la boîte de dialogue Option de fusion (Passe-haut).

Étape 17

Dans le menu local Mode, choisissez Lumière crue. La dominante grise disparaît et les détails de Justin sont bien soulignés. L'atmosphère de ce montage n'impose pas de réduire l'intensité de la fusion en modifiant la valeur du paramètre Opacité. Cliquez sur OK pour valider vos réglages.

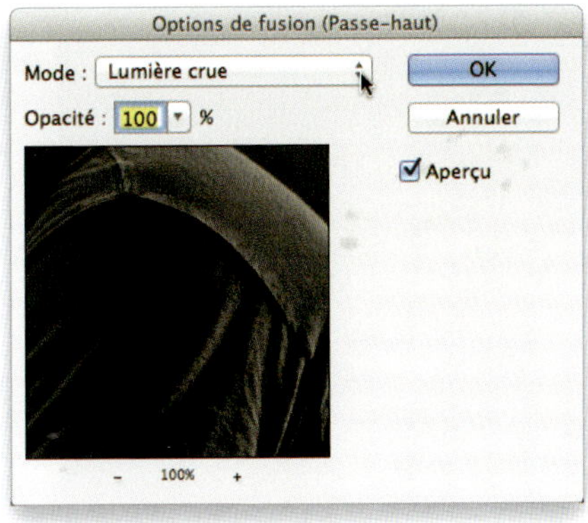

Étape 18

Je ne souhaite pas que le visage de Justin subisse l'impact de cet effet. Comme un masque de fusion est toujours attaché aux filtres dynamiques, cliquez dessus pour l'activer, définissez un pinceau de petite taille au contour progressif et appliquez la couleur noire au niveau du visage. Ainsi, le filtre Passe-haut s'applique sur tout le corps de Justin, à l'exception de son visage.

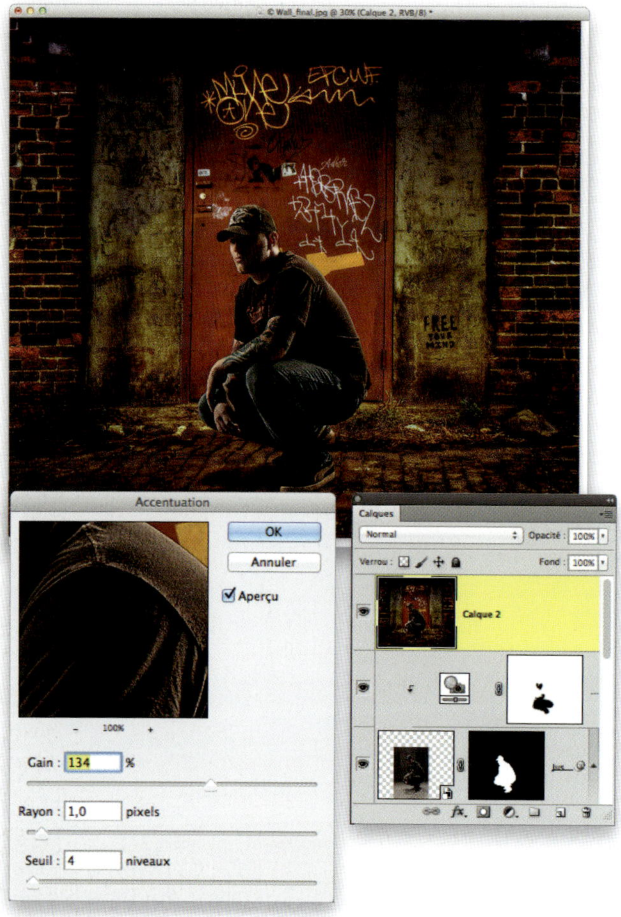

Étape 19

Terminons par une accentuation globale de la netteté de l'image. Activez le calque *Filtre photo* situé en haut de la pile de calques. Ensuite, appuyez sur **Cmd+Option+Maj+E** (**Ctrl+Alt+Maj+E**) pour fusionner les calques, mais sans aplatir l'image. Cette action crée un calque composite qui apparaît en haut du panneau Calques. Ensuite, cliquez sur Filtre > Renforcement > Accentuation. Fixez un Gain de 134 %, un Rayon de 1,0 pixel et un Seuil de 4. Ensuite, cliquez sur OK. La tâche la plus longue de ce montage fut la création des ombres et l'harmonisation de la couleur pour obtenir une composition réaliste. En revanche, la phase de montage à proprement parler fut un jeu d'enfant, car les deux éléments à assembler avaient été photographiés avec des réglages, des distances et une hauteur identiques, respectant ainsi la perspective et les angles de prise de vue.

Image finale

SHOEI
icon

DONNER DU MOUVEMENT 3

J'ai eu l'idée de ce montage en voyant travailler un photographe de moto sur route. Il se trouvait à l'arrière d'un pickup avec son assistant, qui tenait un éclairage à bout de bras. Les photos obtenues étaient superbes. Pourtant, je ne pus m'empêcher de penser ceci : «Quelle image pourrais-je obtenir en photographiant une moto dans un studio où je contrôlerais la lumière pour ensuite la placer dans le décor de mon choix ?» Ce genre de projet démontre la toute-puissance du montage avec Photoshop, car réaliser une telle photo en situation nécessite beaucoup de préparation, complexifie l'extraction du sujet et impose un budget de production élevé.

Préparer l'image d'arrière-plan

Mon idée était de montrer une moto roulant à vive allure dans un tunnel. Or, j'habite à Tampa en Floride, où le choix de tunnels est très restreint. Cependant, je suis allé à Los Angeles pour assister à un atelier dirigé par mon ami Joel Grimes, un photographe et un monteur exceptionnel. Un jour, nous avons traversé le tunnel de la deuxième avenue. Pendant que Joel surveillait la circulation, j'ai installé mon trépied au milieu de la route pour effectuer quelques prises de vues de ce lieu extraordinaire.

Étape 1

Ouvrez la photo du tunnel. Notre premier travail consiste à modifier légèrement la perspective. Je considère que le trottoir de gauche n'apporte rien à l'arrière-plan que j'envisage d'utiliser pour la moto. Donc, commencez par dupliquer le calque *Arrière-plan* en exécutant le raccourci clavier **Cmd+J** (**Ctrl+J**).

Étape 2

Plutôt que de supprimer le trottoir avec l'outil Tampon duplication, nous allons étirer l'image à volonté. Cette déformation sera compensée par l'effet de flou de mouvement que nous appliquerons à l'arrière-plan. Cliquez sur Édition > Transformation manuelle. Réduisez l'affichage du document de manière à accéder aux poignées de redimensionnement. Cliquez sur la poignée centrale gauche et, sans relâcher le bouton de la souris, tirez-la vers la gauche jusqu'à ce que le point de fuite du tunnel apparaisse sur le côté gauche de l'image, comme ci-contre.

Étape 3

Ensuite, pour modifier la perspective, appuyez sur **Cmd+Maj** (**Ctrl+Maj**) et glissez la poignée inférieure droite vers le bas pour donner l'impression que le tunnel est dirigé vers nous. Validez la transformation en appuyant sur **Retour** (**Entrée**).

Étape 4

Nous devons éliminer le trottoir de gauche. Comme il semble difficile d'accentuer la perspective sans déformer l'arrière-plan, utilisons la technique suivante : activez l'outil Rectangle de sélection (**M**) et tracez une sélection englobant le tiers inférieur de la photo, comme ci-contre. Appuyez sur **Cmd+J** (**Ctrl+J**) pour copier la zone sélectionnée sur un nouveau calque.

Étape 5

Ensuite, activez l'outil Déplacement (**V**) et glissez cette partie de la route sur le bord gauche de l'image. Le résultat obtenu est loin d'être parfait. Rassurez-vous ! Nous allons harmoniser l'image grâce à un masque de fusion.

Étape 6

Cliquez sur l'icône Ajouter un masque de fusion du panneau Calques. Pour supprimer certaines zones de la route dupliquée, définissez le noir comme couleur de premier plan et activez l'outil Pinceau (**B**). Dans la barre d'options, ouvrez le Sélecteur de formes et optez pour une Épaisseur moyenne avec une Dureté à 0 %. Appliquez le pinceau sur la partie droite de la route afin de révéler celle du *Calque 1* et arrêtez-vous sur le côté gauche dès que la voiture est de nouveau visible. En mélangeant la copie de la route avec l'original, nous donnons l'impression qu'elle couvre toute la largeur de l'image.

Étape 7

Si la portion dupliquée contient des traces, essayez ceci : en bas du panneau Calques, cliquez sur l'icône Créer un calque. Un *Calque 3* vide apparaît en haut de la pile des calques. Ensuite, activez l'outil Correcteur localisé (**J**). Dans sa barre d'options, activez les paramètres Contenu pris en compte et Échantillonner tous les calques. Définissez une petite Épaisseur et appliquez l'outil sur les traces et les raccords visibles.

Étape 8

Vous devez simuler un effet de vitesse en appliquant un flou directionnel. Exécutez le raccourci clavier **Cmd+Option+Maj+E** (**Ctrl+Alt+Maj+E**) pour créer une version composite de l'image sans aplatir les calques. Ils sont alors fusionnés en un *Calque 4* qui apparaît en haut de la pile des calques. Les calques de travail restent intacts, ce qui permettra de modifier le montage en cas de besoin.

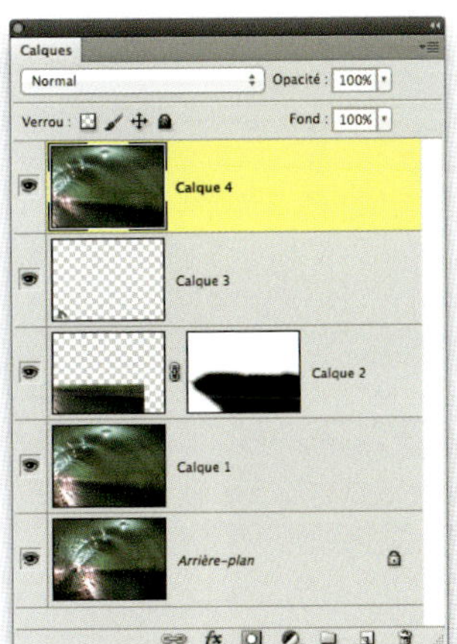

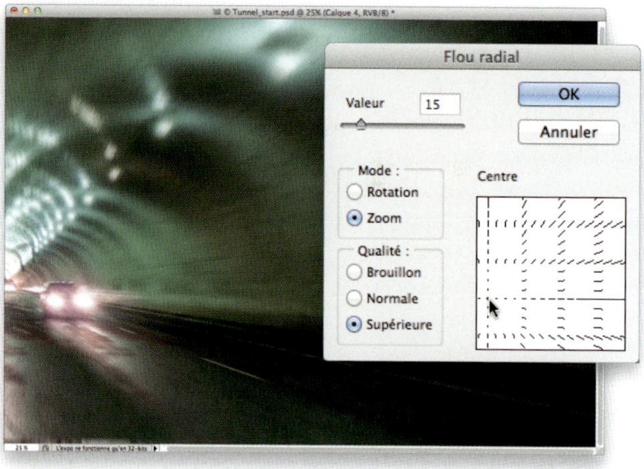

Étape 9

Cliquez sur Filtre > Atténuation > Flou radial pour simuler un flou directionnel provoqué par un mouvement panoramique de l'appareil photo. Dans la boîte de dialogue du filtre, fixez le paramètre Valeur sur 15. Ensuite, dans les sections Mode et Qualité, choisissez respectivement Zoom et Supérieure. Par défaut, le flou radial s'applique depuis le centre de l'image. Comme vous souhaitez simuler un effet de vitesse, placez le centre du flou au niveau du point de fuite du tunnel, c'est-à-dire dans la partie inférieure gauche de l'image. Pour cela, cliquez au milieu de l'aperçu Centre et, sans relâcher le bouton de la souris, glissez-le vers le coin inférieur gauche, comme ci-contre.

Étape 10

Ajoutez un léger flou directionnel tout en préservant ce flou radial. Pour cela, dupliquez le calque, puis cliquez sur Filtre > Atténuation > Flou directionnel. Dans sa boîte de dialogue, assignez aux paramètres Angle et Distance les valeurs respectives de –8 degrés et 80 pixels. Cliquez sur OK pour appliquer vos réglages.

Astuce : Renommer les calques

Plus vous ajoutez de calques à un montage, plus il est difficile d'identifier leur contenu en se fondant uniquement sur leur nom. Il est conseillé d'attribuer à vos calques des noms qui évoquent leur contenu. Pour cela, il suffit de double-cliquer sur le nom d'un calque et de taper un nom descriptif aussi bref que possible.

Étape 11

Maintenez la touche **Option** (**Alt**) enfoncée, puis cliquez sur l'icône Ajouter un masque de fusion du panneau Calques pour modifier le flou directionnel de manière localisée et non destructive. La touche **Option** (**Alt**) crée un masque noir qui dissimule ainsi le contenu du calque. En d'autres termes, le flou directionnel n'est plus visible. Ensuite, activez l'outil Pinceau et définissez le blanc comme couleur de premier plan. Appliquez l'outil sur la voiture située à proximité du bord gauche de l'image.

Étape 12

J'avais imaginé un effet purement artistique consistant à donner une teinte bleutée à l'image. Pour obtenir ce résultat, il suffit de cliquer sur l'icône Créer un calque de réglage. Dans le menu local qui apparaît, choisissez Teinte/Saturation. Dans le panneau Réglages, cochez l'option Redéfinir pour teinter la totalité de l'image. Assignez aux paramètres Teinte et Saturation les valeurs respectives de 217 et 32, comme ci-contre. L'arrière-plan est prêt à accueillir la moto.
À cet instant de la procédure, il semble judicieux de sauvegarder votre travail en cliquant sur Fichier > Enregistrer. Optez pour le format de fichier Photoshop (PSD). Vous pourrez ainsi récupérer votre image en cas de souci dans votre montage.

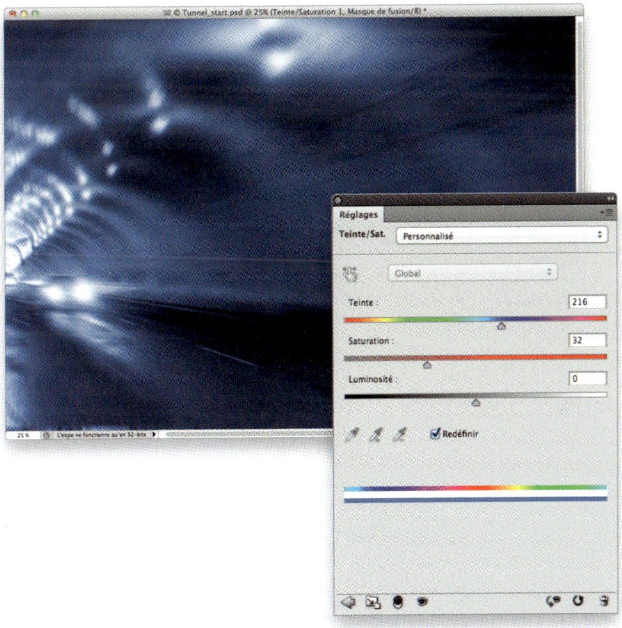

Préparer l'image de la moto

Le moment est venu de photographier la moto et son pilote, et de préparer l'image au montage dans le tunnel. J'ai pris la moto sous plusieurs angles afin de pouvoir tester différentes compositions. La prise de vue de trois-quarts en légère contre-plongée traduit la notion de vitesse recherchée. La moralité de cette session de prise de vue est que vous devez toujours prendre plus de photos que ce dont vous pensez avoir besoin.

Étape 1

Voici le dispositif mis en place pour photographier la moto et son pilote. Même si la pose n'est pas identique à celle utilisée pour le montage, appréciez l'emplacement des éclairages. Des boîtes à lumière verticales de taille moyenne équipées d'une grille sont placées sur chaque côté du véhicule, tandis qu'un éclairage principal est positionné devant le motard.

Étape 2

Je commence par sélectionner l'image qui me semble la mieux adaptée à la notion de vitesse que je désire traduire par ce montage. Il s'agit d'une prise de vue de trois-quarts en légère contre-plongée. Je vous invite à ouvrir cette photo dans Adobe Camera Raw. Vous constatez alors qu'elle pose un problème : l'arrière-plan n'est pas uniforme, une portion noire du plafond est visible, sur laquelle déborde le casque du pilote. Nous devons nous en contenter, car il était difficile de déplacer la moto et de reconfigurer les éclairages pour que l'arrière-plan soit totalement gris. Le contour du casque étant bien délimité, la sélection s'effectuera sans trop de difficultés.

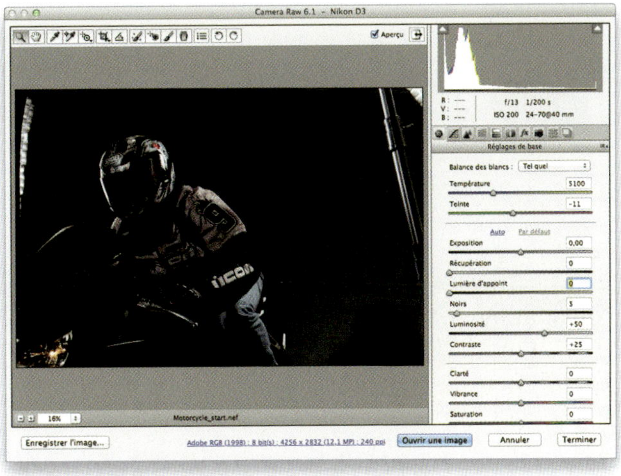

Étape 3

Certains détails des tons foncés sont perdus à cause d'une densité importante de l'image. Pour les restaurer, faites glisser le curseur Lumière d'appoint vers la droite jusqu'à la valeur 60. Vous débouchez ainsi les ombres.

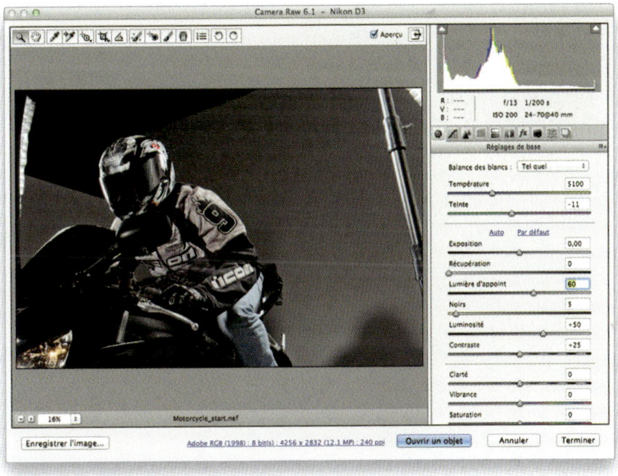

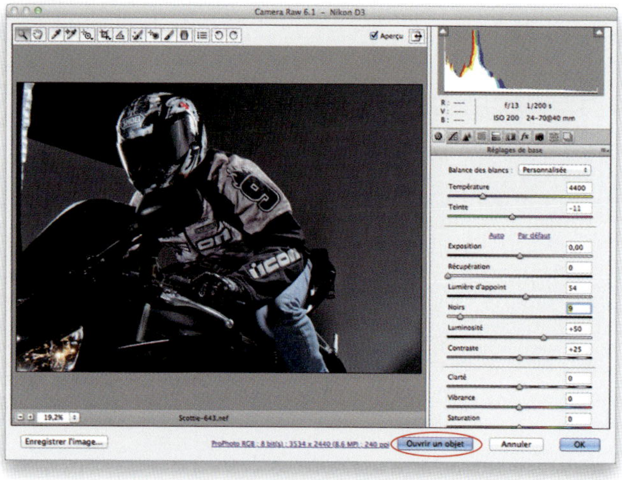

Étape 4

La photo ne nécessite pas de réglages supplémentaires. Par conséquent, appuyez sur la touche **Maj** de votre clavier et cliquez sur le bouton Ouvrir un objet. L'image s'ouvre dans Photoshop sous la forme d'un objet dynamique. Il devient alors possible de modifier l'exposition et la balance des blancs une fois la moto insérée dans le tunnel.

Étape 5

Maintenant, activez l'outil Sélection rapide (**W**) et sélectionnez le pilote et la moto. Gardez à l'esprit que la combinaison est aussi grise que l'arrière-plan. Par conséquent, zoomez sur les zones les plus délicates pour réaliser la sélection la plus précise possible.

Info

Si la sélection vous pose problème, ouvrez directement le fichier contenant le pilote et sa moto extraits du décor de studio. Ils reposent sur un arrière-plan blanc grâce à un masque de fusion créé à partir de la sélection. L'adresse de téléchargement des images est indiquée dans l'introduction de ce livre.

Étape 6

Une fois que la sélection semble correcte, cliquez sur le bouton Améliorer le contour de la barre d'options. Dans le menu local Affichage de la boîte de dialogue qui s'affiche, choisissez Sur blanc. Cela permet de bien analyser les contours de la sélection. Cochez l'option Rayon dynamique et fixez la valeur du paramètre Rayon à 17 pixels. Ensuite, définissez un Lissage de 3 et un Contour progressif de 0,2. Dans le menu local Sortie vers de la section Sortie, choisissez Masque de fusion. Une analyse précise révèle une frange sur certaines zones du contour de la sélection. Sa présence s'explique par le fait que la couleur de l'arrière-plan est proche de celle des bords du sujet sélectionné. Toutefois, comme nous l'avons expliqué au Chapitre 1, il est facile de s'en débarrasser en modifiant le masque de fusion. Donc, cliquez sur OK pour valider l'amélioration de la sélection.

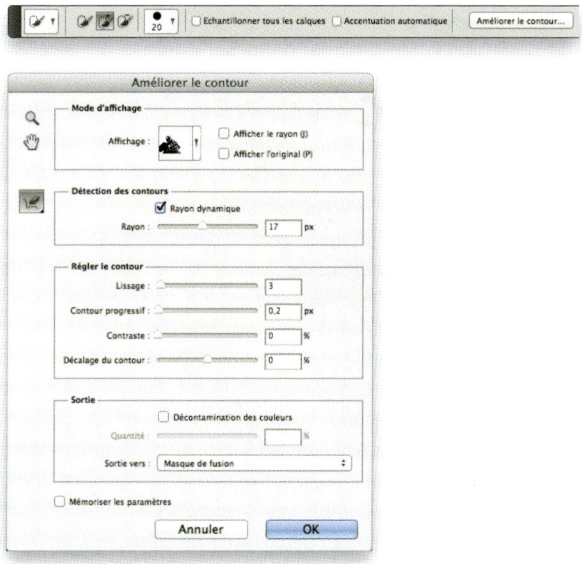

Étape 7

Appuyez sur la touche **Cmd** (**Ctrl**) et cliquez sur l'icône Créer un calque pour ajouter un calque vide sous celui du motard. Ensuite, cliquez sur Édition > Remplir. Dans la boîte de dialogue éponyme qui apparaît, ouvrez le menu local Avec et choisissez Blanc. Cliquez sur OK pour simuler le fond blanc utilisé dans la boîte de dialogue Améliorer le contour.

Étape 8

Appuyez sur **Z** pour activer l'outil Zoom et zoomez sur l'image jusqu'à ce que vous localisiez une frange sombre, comme ci-contre. Sa présence tient au fait que la couleur du fond étant très proche de celle des bords du sujet, la fonction Améliorer le contour n'a pas su l'éliminer totalement.

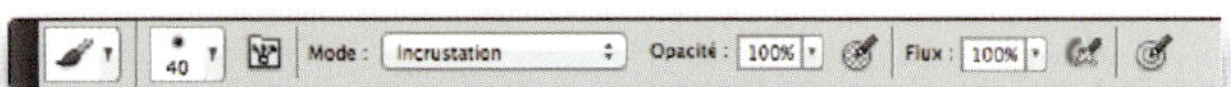

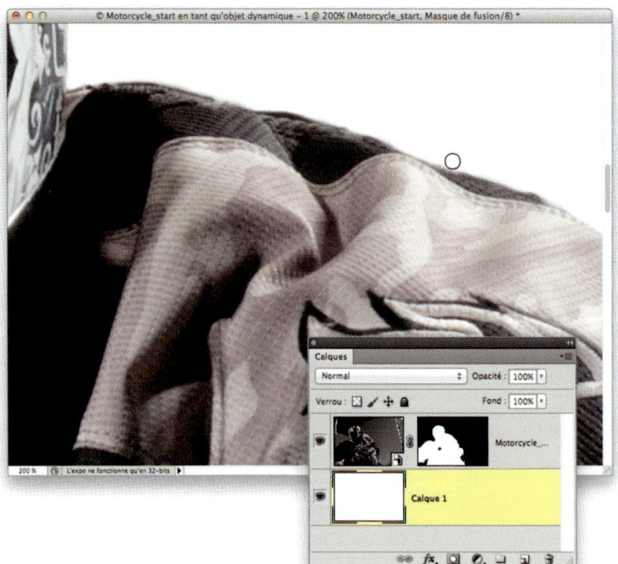

Étape 9

Pour supprimer cette frange, activez la vignette du masque de fusion en cliquant dessus dans le panneau Calques. Ensuite, appuyez sur **B** pour utiliser le Pinceau. Dans la barre d'options, définissez une petite Épaisseur au contour progressif et basculez le mode de fusion sur Incrustation. Choisissez le noir comme couleur de premier plan et appliquez l'outil sur les contours de la sélection. La frange disparaît sans altérer les bords du sujet. Ensuite, assignez au Pinceau le mode de fusion Normal et utilisez la couleur noire pour éliminer des éléments et la couleur blanche pour en restaurer.

Astuce : Peindre en blanc en mode Incrustation

Cette technique fonctionne aussi avec la couleur blanche. Elle permet ainsi de restaurer les contours du sujet qui ont été altérés par le masque de fusion créé avec la fonction Améliorer le contour, sans réintroduire la couleur de l'arrière-plan d'origine.

Étape 10

Voilà ! Maintenant que le sujet est sélectionné, cliquez sur Fichier > Enregistrer afin de sauvegarder les modifications au format PSD. Maintenant, effectuons le montage proprement dit.

Réaliser le montage

Le moment est venu d'assembler les deux images que nous venons de préparer. L'objectif de ce montage est de traduire l'idée de vitesse. Comme les deux photographies représentent des sujets statiques, nous devons impérativement simuler un mouvement.

Étape 1

Ouvrez l'image du tunnel préparée au précédent didacticiel. Comme vous n'avez pas besoin de tous les calques de travail, cliquez sur Calque > Aplatir l'image. Vous disposez désormais d'un seul calque : *Arrière-plan*.

Astuce : Dupliquer avant d'aplatir

Si vous n'aimez pas aplatir vos calques, créez une copie de votre image *via* Image > Dupliquer. Ensuite, aplatissez les calques de cette copie pour faciliter le montage. Avec cette méthode, vous conservez un document original intact sur lequel vous pourrez intervenir en cas de problème avec sa copie.

Étape 2

Si vous regardez les deux images, vous constatez que la moto se dirige vers la gauche, tandis que le point de fuite du tunnel se situe vers la droite. Nous devons harmoniser les directions. Pour cela, activez le document contenant la photo du tunnel et cliquez sur Image > Rotation de l'image > Symétrie horizontale de la zone de travail. Nous n'aurions pu appliquer cette rotation au motard, parce que les inscriptions de son casque et de sa combinaison auraient été inversées. Une fois cette rotation réalisée, le tunnel et la moto ont la même orientation.

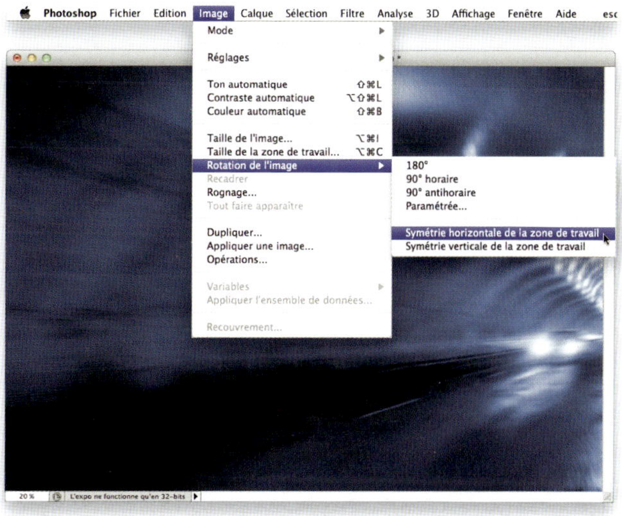

Étape 3

Ensuite, ouvrez l'image de la moto et disposez les fenêtres des deux documents de manière à voir le contenu de chacune d'elles. Activez l'outil Déplacement (**V**), et glissez-déposez le calque de la moto sur celle du tunnel. Alignez-le sur le côté gauche de l'image.

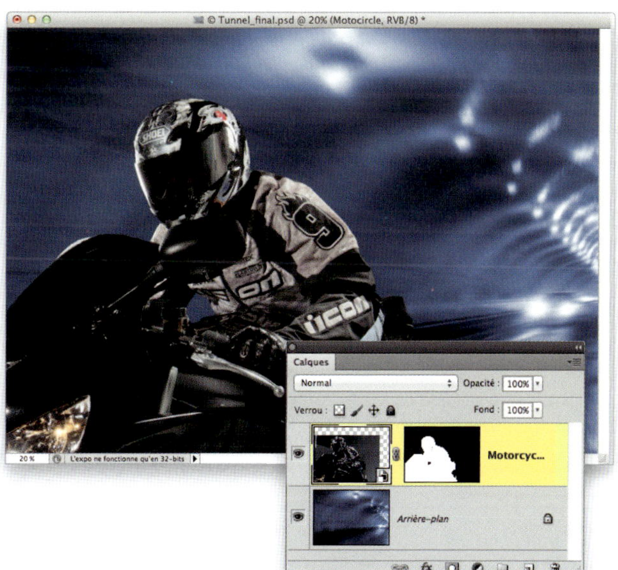

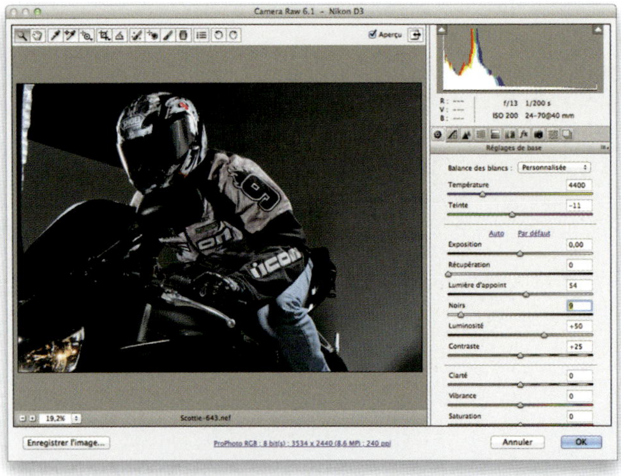

Étape 4

De toute évidence, la température de la couleur du motard est trop chaude par rapport au tunnel. Comme le calque est un objet dynamique, double-cliquez dessus pour l'ouvrir dans Camera Raw. Assignez au paramètre Température la valeur 4400, augmentez légèrement la Lumière d'appoint et, enfin, réduisez sensiblement les Noirs.

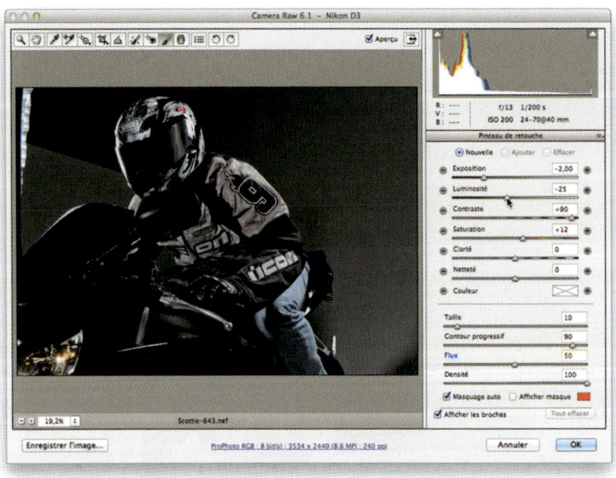

Étape 5

Vous devez réduire la luminosité du pantalon du motard, car elle attire l'attention sur cette zone particulière de l'image. Pour cela, procédez à une correction sélective dans Camera Raw. Activez l'outil Pinceau de retouche (**K**) et fixez l'Exposition à –2,00 et la Luminosité à –25.

Étape 6

Réduisez la taille du Pinceau de retouche et appliquez-le sur le pantalon pour en assombrir la majeure partie. Ainsi, sa clarté ne détourne plus l'attention et vous uniformisez l'éclairage du pilote. Pour simuler le reflet des phares de la voiture sur le tissu, n'appliquez pas le pinceau sur le contour extérieur du motard. Cliquez sur OK pour revenir dans Photoshop.

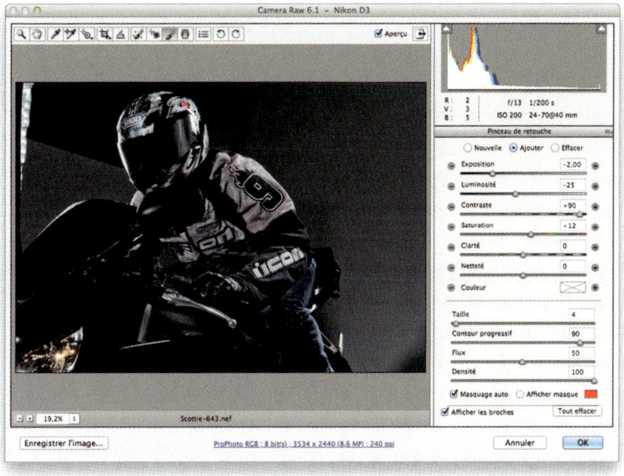

Étape 7

Ajoutez un flou de mouvement derrière la moto. Comme il n'est pas nécessaire de contrôler l'intensité du flou sur cet objet dynamique, placez la moto sur un calque autonome. Pour cela, appuyez sur la touche **Cmd** (**Ctrl**) et cliquez sur la vignette de masque de fusion afin de récupérer la sélection.

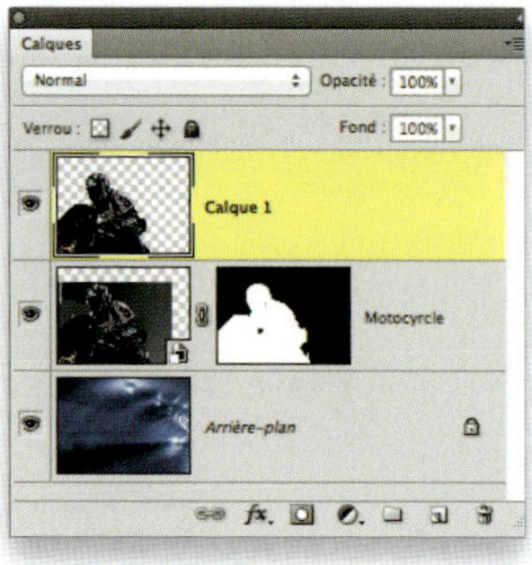

Étape 8

Appuyez sur **Cmd+J** (**Ctrl+J**) pour copier le contenu de la sélection sur un calque indépendant. L'image ne subit aucune modification, et un calque standard ne contenant que la moto et son pilote apparaît en haut du panneau Calques.

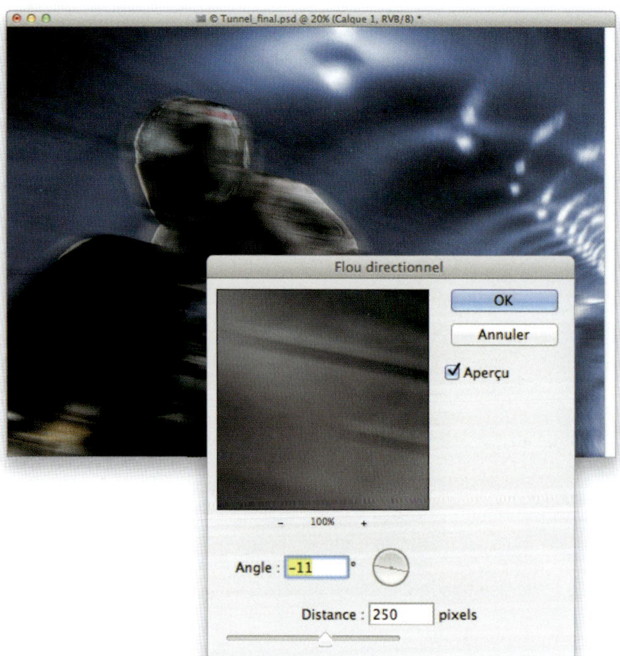

Étape 9

Le nouveau calque étant actif, cliquez sur Filtre > Atténuation > Flou directionnel. Assignez aux paramètres Angle et Distance les valeurs respectives de –11° et 250 pixels. Validez vos réglages par un clic sur le bouton OK.

Étape 10

Un flou directionnel ne s'applique pas à la totalité du corps d'un sujet en mouvement. Donc, pour en limiter l'effet, cliquez sur l'icône Ajouter un masque de fusion du panneau Calques. La vignette blanche du masque apparaît à droite de celle du calque. Activez l'outil Pinceau (**B**) et peignez en noir sur toute la surface de la moto et du pilote à l'exception de leur bord droit, afin de simuler le flou obtenu quand le photographe effectue un panoramique sur un objet en mouvement. Pour atténuer l'effet, fixez l'Opacité du calque à 73 %.

Étape 11

Voici une autre astuce d'éclairage qui permet de donner l'apparence d'un mouvement : activez le calque *Arrière-plan*, puis cliquez sur l'icône Créer un calque de réglage du panneau Calques. Dans le menu local qui s'affiche, choisissez Dégradé. Dans le menu local Style de la boîte de dialogue Fond en dégradé, choisissez Angle. Ensuite, cliquez sur l'indicateur Dégradé pour afficher l'Éditeur de dégradé. Dans le menu local Type de dégradé, choisissez Bruit et fixez la valeur du paramètre Cassure à 61 %. Ensuite, dans le menu local Modèle de couleur, choisissez TSL et décochez l'option Restreindre les couleurs. Placez le curseur blanc du paramètre Saturation (S) au centre de sa barre de couleur. Ensuite, rapprochez les deux curseurs du paramètre Teinte (T) vers le centre de sa barre de couleur. Le dégradé se compose désormais de nuances de bleu, comme le tunnel. Enfin, cliquez sur le bouton Aléatoire jusqu'à ce que vous obteniez un dégradé équivalent à celui représenté ci-contre.

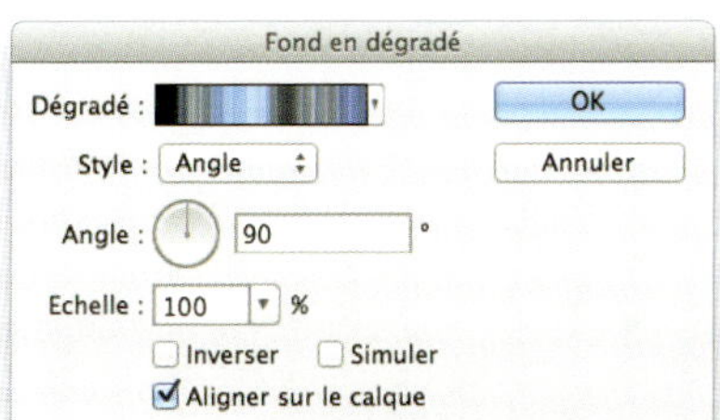

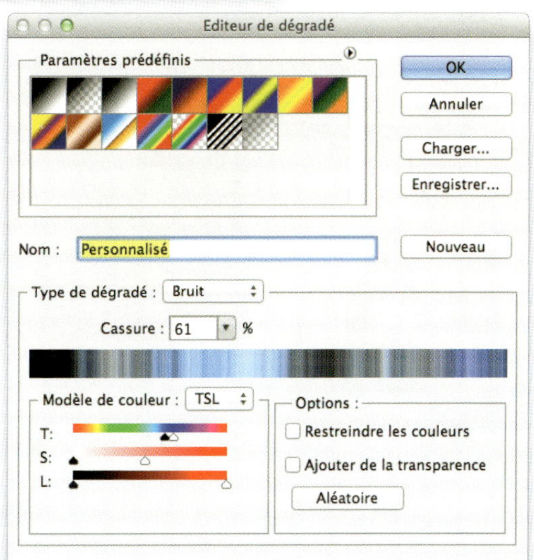

Étape 12

Cliquez sur OK pour fermer l'Éditeur de dégradé. La boîte de dialogue Fond en dégradé étant toujours ouverte, placez le pointeur de la souris sur l'image et positionnez le centre du dégradé au niveau du départ du point de fuite du tunnel. Cliquez sur le bouton OK. Appliquez au calque de réglage le mode de fusion Lumière tamisée qui élimine les pixels les plus sombres du dégradé et permet ainsi de simuler des rayons de lumière. Enfin, réduisez l'Opacité du calque pour atténuer l'effet obtenu.

Étape 13

L'effet altère la totalité de l'image. Comme un calque de réglage dispose toujours d'un masque de fusion, nous allons concentrer les rayons de lumière sur l'arrière du véhicule. Faites du noir la couleur de premier plan et activez l'outil Pinceau. Définissez une Épaisseur relativement importante ainsi qu'un contour progressif. Appliquez l'outil partout, sauf sur l'arrière de la moto pour simuler un effet de vitesse à partir des rayons lumineux bleus.

Étape 14

Nous allons maintenant ajouter des reflets du tunnel sur la visière du casque. Pour cela, cliquez sur le calque situé en haut de la pile des calques du panneau Calques. Ensuite, choisissez Sélection > Tout sélectionner. Pour masquer le contenu des deux calques contenant la moto, cliquez sur leurs icônes de visibilité (œil). Seul l'arrière-plan est maintenant visible. Cliquez alors sur Édition > Copier avec fusion pour copier tout le contenu du document à l'exception de la moto. Enfin, choisissez Édition > Coller. L'arrière-plan apparaît sur un nouveau calque.

Étape 15

Réactivez la visibilité des calques en cliquant sur le carré vide situé à gauche de leur vignette. Les icônes des yeux réapparaissent. Ensuite, choisissez Édition > Transformation manuelle (ou appuyez sur **Cmd+T** [**Ctrl+T**]). Maintenez la touche **Maj** enfoncée et faites glisser une des poignées d'angle vers l'intérieur pour donner à l'arrière-plan une taille légèrement supérieure à celle du casque, comme ci-contre.

Étape 16

Cliquez sur Édition > Transformation > Déformation. Dans la barre d'options, ouvrez le menu local Déformation et choisissez Dilatation. Fixez la valeur du paramètre Inflexion à 100 %.Validez vos réglages en appuyant sur **Retour** (**Entrée**).

Étape 17

Ajoutez un masque de fusion. Activez l'outil Pinceau et peignez en noir sur cet arrière-plan déformé pour limiter son affichage à la visière du motard. Ensuite, fixez l'Opacité du calque entre 40 et 50 %. Voilà ! Le reflet du tunnel est alors réaliste. Répétez les étapes 14 à 17 pour ajouter un reflet identique sur la bulle du carénage. Comme la bulle est plus dense que la visière, atténuez davantage le reflet en portant l'Opacité du calque à 20 %.

Info

N'oubliez surtout pas de placer, en haut de la pile des calques, l'arrière-plan créé à l'étape 14.

Astuce : Nettoyer la visière

Pour ajouter des détails du décor dans la visière du casque, créez un calque vide. Ensuite, activez l'outil Tampon de duplication et clonez la lumière d'un éclairage situé au plafond du tunnel.

Étape 18

Le montage est presque terminé. Créons un nouveau calque pour densifier quelques éléments de l'image. Commencez par cliquer sur le calque situé en haut du panneau Calques. Fusionnez les calques sans aplatir l'image en exécutant le raccourci clavier **Cmd+Option+Maj+E** (**Ctrl+Alt+Maj+E**). Activez l'outil Densité + (**Maj+O**). Dans sa barre d'options, ouvrez le menu local Gamme et optez pour Tons moyens. Fixez l'Exposition à 20 %. Ensuite, appliquez l'outil dans toutes les zones que vous souhaitez assombrir. Dans ce montage, j'ai peint sur l'avant du casque et de la combinaison qui sont plus clairs que le reste de l'image. Cela permet d'accentuer l'effet d'éclairage arrière et de frange de lumière sur les contours.

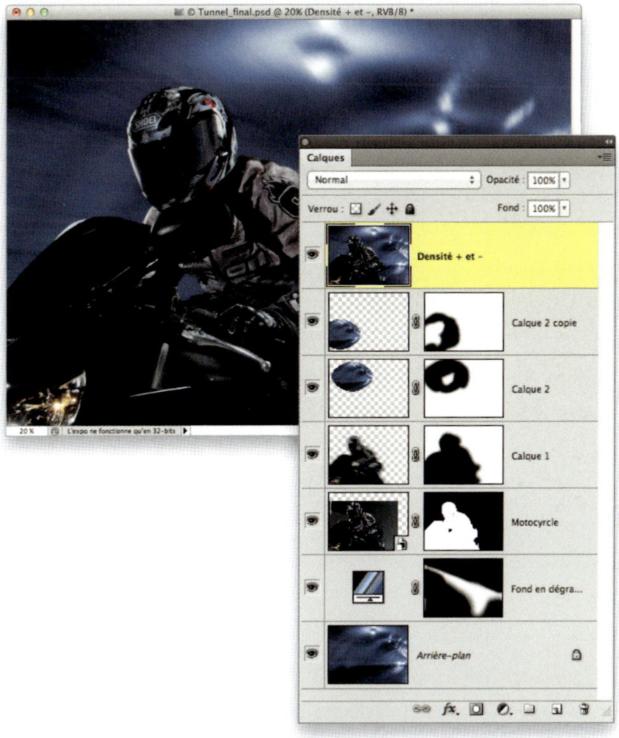

Étape 19

Le moment est venu d'accentuer la netteté du montage. Fusionnez de nouveau les calques sans aplatir l'image. Ensuite, cliquez sur Filtre > Divers > Passe-haut. Fixez un Rayon de 15 pixels et cliquez sur OK.

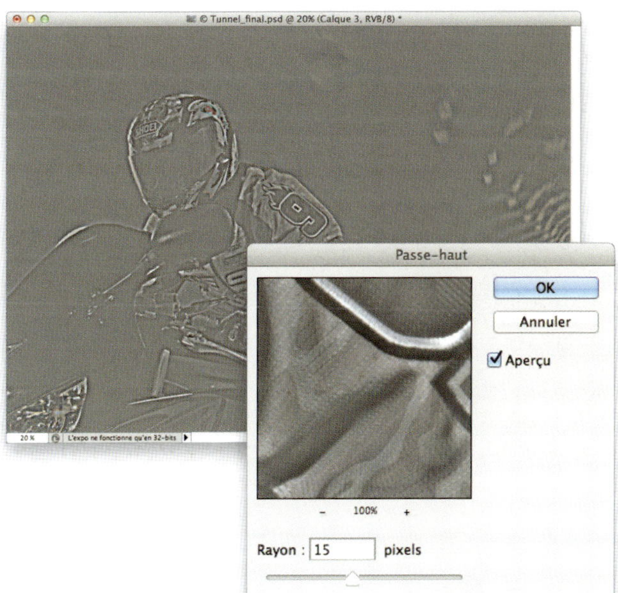

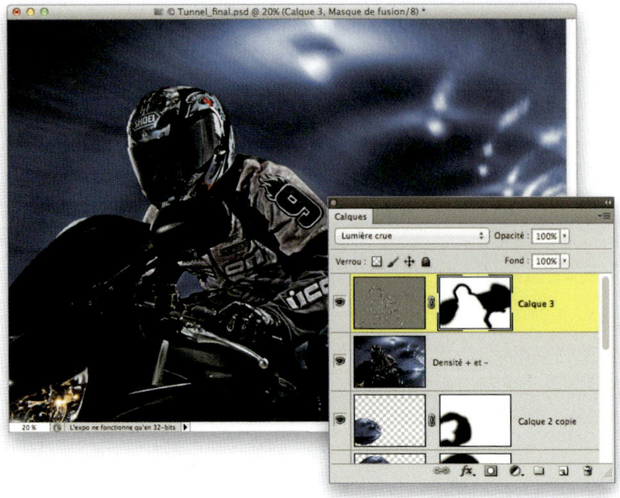

Étape 20

Appliquez au calque le mode de fusion Lumière crue. Les détails de l'image sont alors très accentués, ce qui donne de la profondeur au montage et en éclaircit certaines zones. Ajoutez un masque de fusion et éliminez les parties les plus claires, comme le devant de la combinaison et les éclairages situés au plafond du tunnel.

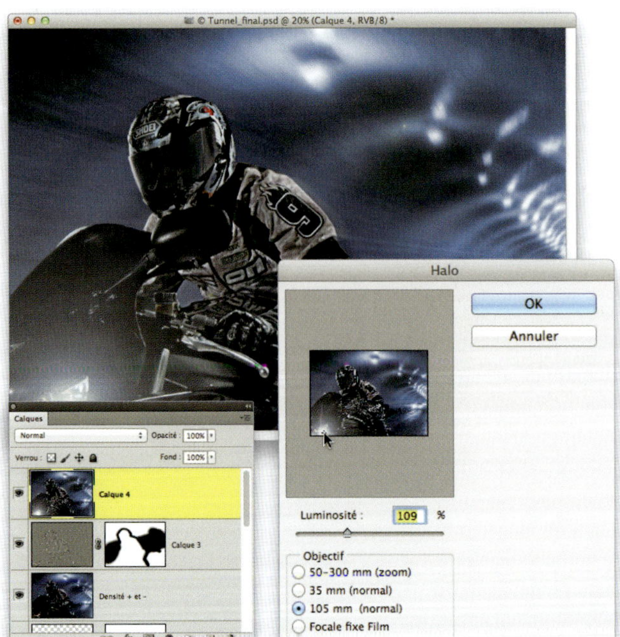

Étape 21

Ajoutons maintenant un effet d'éclairage au phare de la moto. Commencez par fusionner les calques sans aplatir l'image. Ensuite, cliquez sur Filtre > Rendu > Halo. Fixez la Luminosité aux alentours de 110 % et optez pour un Objectif de 105 mm. Ensuite, dans l'aperçu du filtre, glissez-déplacez la petite croix sur le phare de la moto. Cliquez sur OK pour appliquer l'effet. Une fois encore, un masque de fusion permettra d'éliminer les halos les plus gênants. Pour réduire l'intensité de la lumière, réduisez l'Opacité du calque.

Étape 22

Une dernière chose : Un vignettage va permettre d'assombrir les bords de l'image et de focaliser l'attention sur le pilote. Pour cela, fusionnez les calques sans aplatir l'image. Ensuite, appliquez au calque le mode de fusion Produit, ce qui a pour effet d'assombrir la totalité du montage. Ajoutez un masque de fusion, activez l'outil Pinceau, définissez une Épaisseur de grande dimension au contour adouci. Appliquez l'outil de manière à assombrir toute l'image, à l'exception de la moto et de son pilote. Enfin, réduisez légèrement l'Opacité du calque.

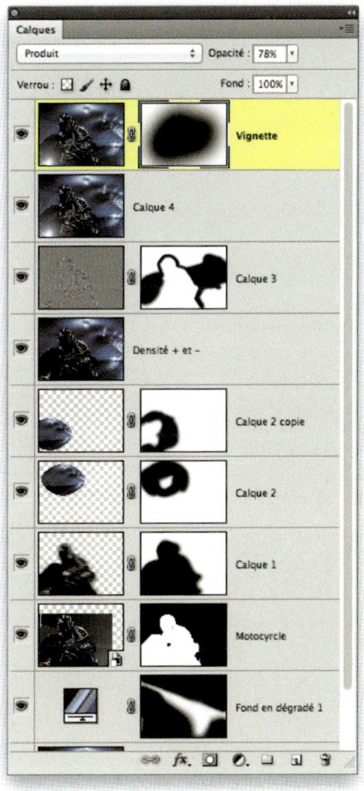

IMAGE FINALE

HARGERS

Portrait de lycéen 4

Le montage est souvent utilisé pour les portraits de lycéens, parce qu'il permet de les placer dans des lieux tendance, sympas, délirants, ou spectaculaires sans être obligé de les exposer à des conditions de prises de vues parfois extrêmes.

Préparer l'image d'arrière-plan

L'arrière-plan de ce montage consiste en un terrain de basket situé en extérieur. Il contient un ciel bleu et une ligne d'horizon constituée des toits d'une ville. Comme je désire placer un adolescent dans un environnement dense et inquiétant, je dois ajouter des nuages à ce décor.

©ISTOCKPHOTO/JOSE GIL

Étape 1

Le sujet portant une tenue de basketteur, je vais l'insérer sur un terrain de basket photographié sous un angle spectaculaire. Commençons par ouvrir l'image d'arrière-plan qui représente le terrain en question avec une ligne d'horizon constituée de toits d'immeubles.

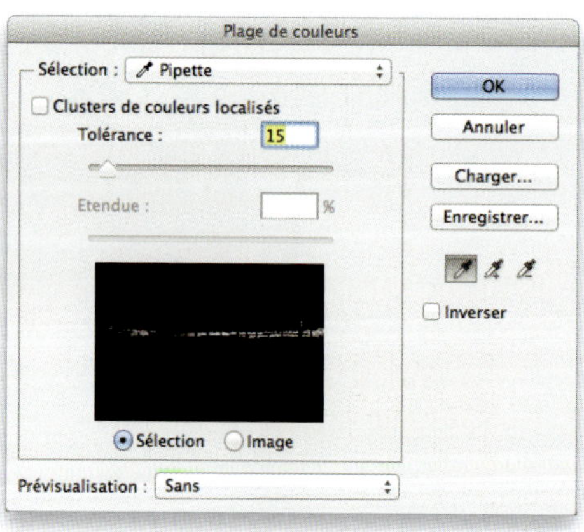

Étape 2

L'intensité dramatique recherchée nécessite de substituer des nuages intenses au ciel bleu d'origine. Pour cela, commençons par sélectionner le ciel avec une fonction appelée Plage de couleurs, que vous invoquez depuis le menu Édition. La boîte de dialogue illustrée ci-contre facilite la sélection de vastes zones uniformes.

Étape 3

Dans le menu local Sélection, choisissez Pipette. Ensuite, placez le pointeur de la souris sur l'image. Il prend alors la forme d'une pipette. Cliquez sur le ciel bleu. Si l'option Sélection est active, vous disposez d'un aperçu noir et blanc, dans lequel tout ce qui est blanc est sélectionné, et tout ce qui est noir ne l'est pas. Dans notre exemple, vous constatez qu'une mince portion du ciel est sélectionnée dans la partie supérieure de l'image.

Étape 4

Pour étendre cette sélection à la totalité du ciel, maintenez la touche **Maj** enfoncée et cliquez sur d'autres zones bleues. Chaque clic ajoute une nuance de bleu, donc une partie du ciel, à la sélection en cours. N'oubliez pas de cliquer dans les parties de l'image situées juste au-dessus de la ligne d'horizon.

Étape 5

Le curseur Tolérance permet permet d'étendre précisément la sélection. Ainsi, lorsque sa valeur est fixée à 0, la sélection se limite aux portions sur lesquelles vous avez cliqué avec la pipette. Plus vous augmentez la valeur et plus Photoshop ajoute de pixels à la sélection, tout en lissant ses contours. Une Tolérance de 15 est idéale pour cette image. Validez vos réglages par un clic sur OK. Les imperfections éventuelles seront corrigées un peu plus tard dans cette procédure.

Étape 6

Ajoutons les nuages. Ouvrez la photo prise depuis des toits, un jour où le ciel était vraiment couvert. Ces nuages très détaillés permettront de communiquer au montage l'atmosphère spectaculaire qu'il doit traduire.

Étape 7

Comme nous ne disposons pas de plusieurs prises de vues brackettées, simulons un effet HDR pour amplifier le caractère dramatique des nuages. Cliquez sur Image > Réglages > Virage HDR. Fixez le Rayon à 230 px et l'Intensité à 3,25. Ensuite, portez la valeur du paramètres Exposition à –0,50, Détail à +60 %, et Ton foncé et Sélecteur à –80 %.

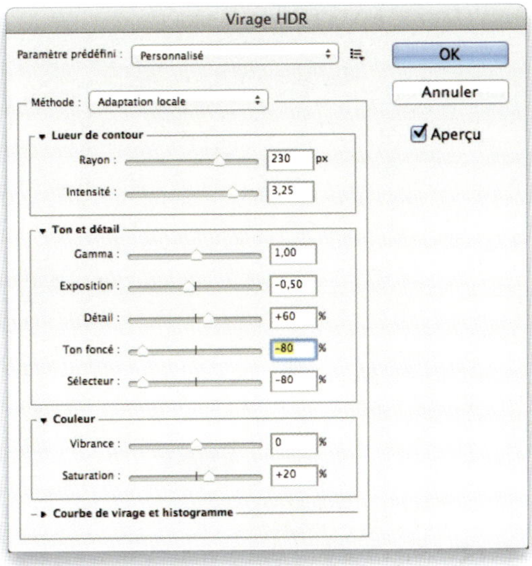

Étape 8

Dans la partie inférieure de la boîte de dialogue, cliquez sur la flèche située à gauche du paramètre Courbe de virage et histogramme. Cliquez directement sur la courbe pour y ajouter deux points. Positionnez-les comme sur l'illustration ci-contre, afin d'amplifier le contraste des nuages. Appliquez le virage HDR par un clic sur le bouton OK.

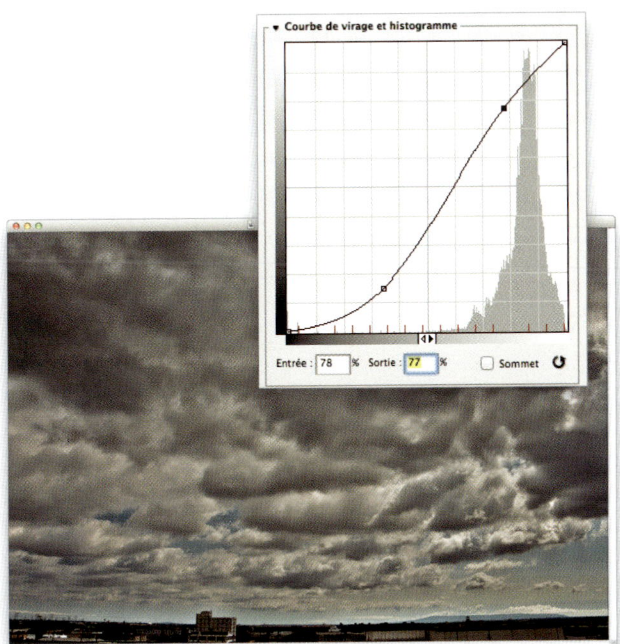

Étape 9

Les nuages sont aussi beaux que spectaculaires et intenses. Ajoutez-les au terrain de basket. Pour cela, cliquez sur Sélection > Tout sélectionner (ou appuyez sur **Cmd+A [Ctrl+A]**) pour sélectionner la totalité de l'image. Ensuite, cliquez sur Édition > Copier (ou appuyez sur **Cmd+C [Ctrl+C]**). Affichez maintenant la fenêtre du document contenant le terrain de basket et cliquez sur Édition > Collage spécial > Coller dedans. Cette commande colle les nuages dans la sélection préalablement créée. Avec ce type de collage, Photoshop crée automatiquement un masque de fusion que vous utiliserez pour définir précisément les zones d'affichage des nuages.

Étape 10

Appuyez sur **Cmd+T** (**Ctrl+T**) pour activer la fonction Transformation manuelle. Pour accéder à ses poignées de transformation, appuyez sur **Cmd+0** (zéro ; **Ctrl+0**). Ensuite, maintenez la touche **Maj** enfoncée et faites glisser la poignée inférieure droite vers l'intérieur, jusqu'à ce que le cadre de transformation épouse les dimensions de l'image du terrain de basket. Validez la transformation en appuyant sur **Retour** (**Entrée**).

Étape 11

Activez l'outil Déplacement (**V**) et remontez les nuages pour aligner leur ligne d'horizon sur celle des bâtiments situés derrière le terrain de basket.

Étape 12

L'arrière-plan est essentiel au montage, mais il ne doit pas dominer la photo. Voici une astuce pour atténuer sa présence. Commencez par appuyer sur **D**, puis sur **X** pour faire du blanc la couleur de premier plan. Appuyez sur **G** (ou **Maj+G**) pour activer l'outil Dégradé. Ouvrez le Sélecteur de dégradé de la barre d'options et choisissez Premier plan > Transparent. Ensuite, cliquez sur l'icône Dégradé réfléchi (la deuxième en partant de la droite).

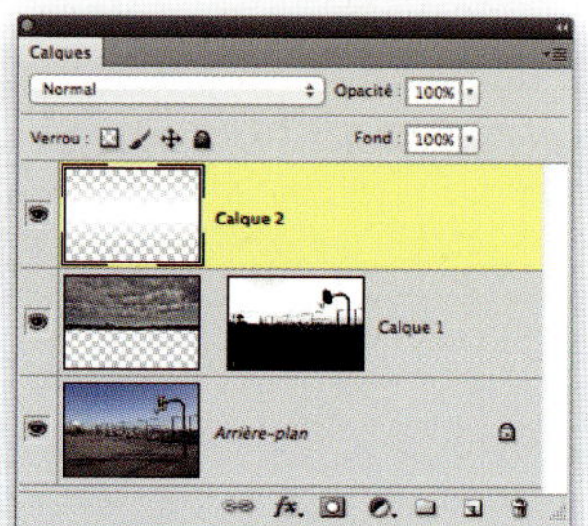

Étape 13

En bas du panneau Calques, cliquez sur l'icône Créer un calque. Un calque vide apparaît au-dessus de celui contenant les nuages. Placez le pointeur de la souris au centre de l'image, cliquez et faites-le glisser vers le bas pour tracer le dégradé qui s'estompe vers le haut et le bas de l'image, éclaircissant l'arrière-plan. Ainsi, le montage focalisera l'attention sur le sujet principal que vous insérerez plus loin dans ce chapitre. Sauvegardez cet arrière-plan au format PSD *via* Fichier > Enregistrer ou **Cmd+S** (**Ctrl+S**).

Préparer le joueur de basket

Les circonstances de prise de vue de ce didacticiel brisent la règle selon laquelle vous devez soigneusement préparer l'arrière-plan pour faciliter la sélection du sujet. Il m'a fallu composer avec les moyens d'un petit atelier que j'ai dirigé dans la classe d'un lycée où il n'y avait aucun arrière-plan uni. Je ne disposais que de deux lumières sur les trois généralement nécessaires. Toutefois, la clarté de l'arrière-plan et la présence d'un éclairage de contour ont permis de réaliser une superbe sélection.

Étape 1

La photo du basketteur étant au format Raw, elle s'affiche dans Camera Raw dès que vous l'ouvrez depuis Photoshop. Elle représente un jeune garçon nommé Tyler photographié sous un éclairage qui est loin d'être idéal. Le papier peint jaune de cette salle de conférence ne constitue pas le décor que j'aurais souhaité pour préparer le sujet à la sélection et à l'extraction. Je disposais d'un seul éclairage de contour, visible sur la gauche de l'image, et d'un bol de beauté situé hors champ à droite de l'appareil photo. Cette lumière était placée en légère plongée face au jeune garçon, de manière à déboucher son visage pour l'éclairer uniformément.

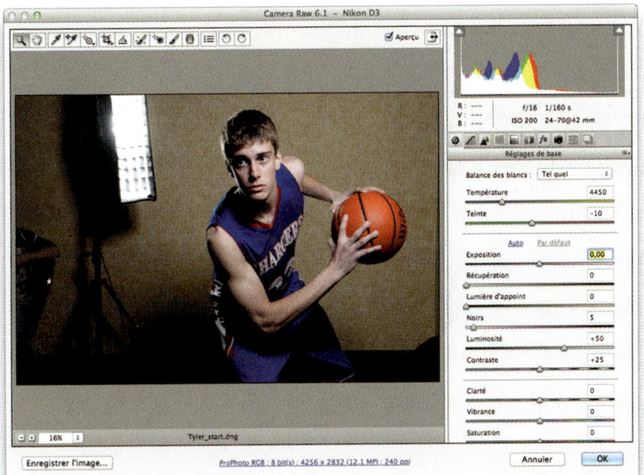

Étape 2

Pour faciliter la sélection, fixez la valeur du paramètre Exposition sur +1,00. En effet, plus l'arrière-plan est clair et plus la sélection est simple à réaliser. Maintenez la touche **Maj** enfoncée et cliquez sur le bouton Ouvrir un objet (cerclé en rouge ci-contre). L'image s'ouvre alors dans Photoshop sous la forme d'un objet dynamique que vous pourrez modifier à tout moment dans Camera Raw.

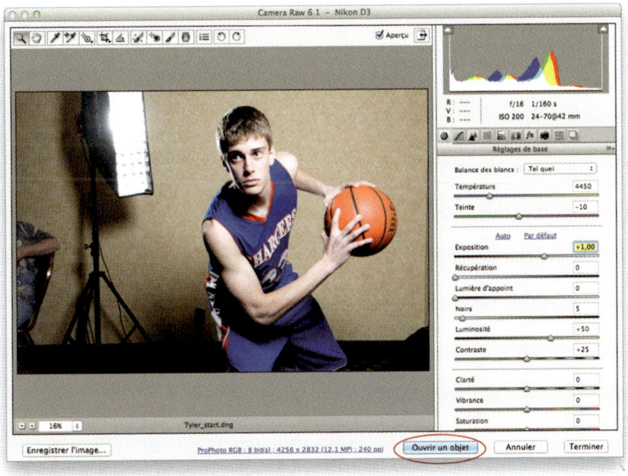

Étape 3

Malgré les apparences, la sélection du sujet est simple à réaliser. Appuyez sur **W** pour activer l'outil Sélection rapide. Ensuite, appliquez-le sur Tyler pour sélectionner la totalité de son corps et le ballon de basket, en restant le plus près possible des contours. Pour retirer une zone de la sélection, appuyez sur la touche **Option** (**Alt**) et cliquez dessus.

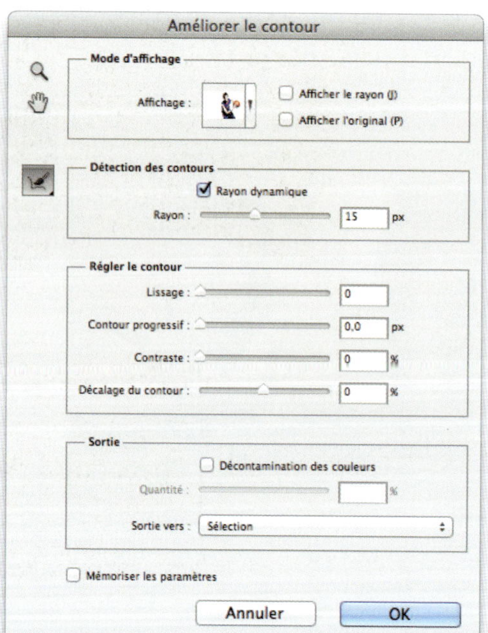

Étape 4

Cliquez sur le bouton Améliorer le contour de la barre d'options. Une fois la boîte de dialogue ouverte dans Photoshop, appuyez sur la touche **F** jusqu'à ce que la sélection repose sur un fond blanc. Cochez la case Rayon dynamique et faites et glisser le curseur Rayon jusqu'à la valeur de 15 pixels.

Étape 5

Appuyez plusieurs fois sur la touche **F** pour afficher le mode Noir et blanc et ainsi localiser les bords qui ont échappé à la sélection. Ici, zoomez sur la zone où l'oreille touche l'épaule. Vous constatez la présence d'une frange. Il s'agit d'une trace du papier peint jaune.

Étape 6

Pour corriger ce problème, cliquez sur l'icône de l'outil située à gauche de la section Détection des contours jusqu'à l'affichage de son menu local. Là, optez pour Outil Effacement des améliorations. Dans la barre d'options, définissez une Épaisseur identique à celle de la frange à supprimer. Une fois que vous avez terminé, ouvrez le menu local Sortie vers et choisissez l'option Masque de fusion. Cliquez sur OK pour appliquer l'amélioration et quitter la boîte de dialogue.

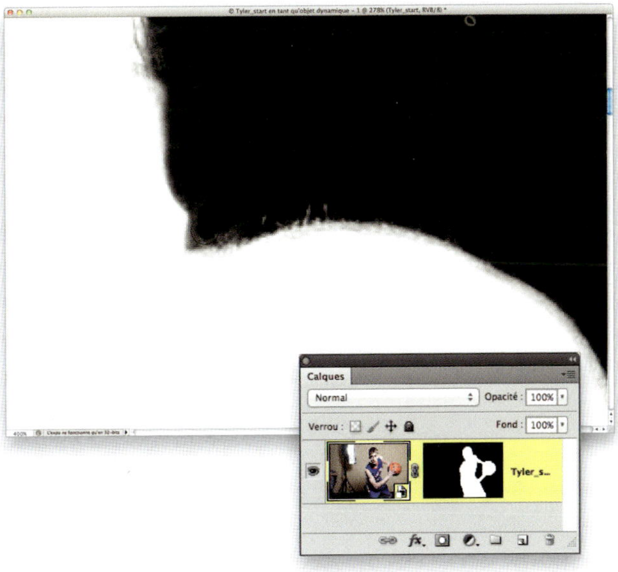

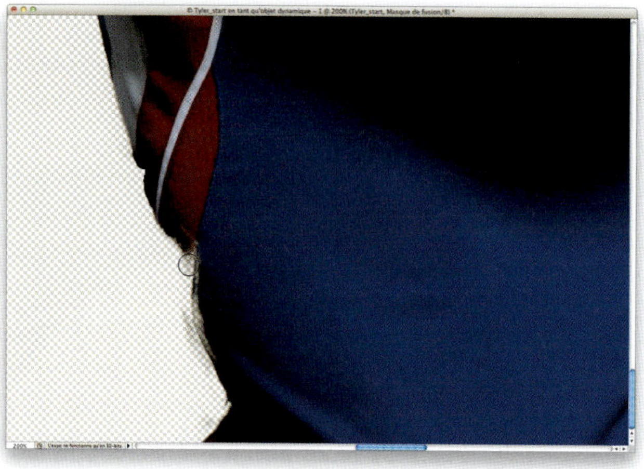

Étape 7

Vous devez maintenant nettoyer des franges autour de la sélection en modifiant le contenu du masque de fusion. Pour cela, appliquez la couleur noire avec un Pinceau en mode Incrustation, utilisé pour la première fois au Chapitre 1. Cliquez donc sur la vignette du masque de fusion et appuyez sur la touche **B** pour activer le Pinceau. Dans sa barre d'options, ouvrez le menu local Mode et choisissez Incrustation. Effectuez un zoom avant serré sur les contours du jeune garçon. Avec la couleur blanche, restaurez les parties manquantes du sujet et éliminez avec le noir les traces sombres laissées par l'arrière-plan d'origine.

Étape 8

Appliquez du noir sur des zones contenant des résidus de l'arrière-plan jaune, tel que vous pouvez en voir sur le bord gauche du maillot.

Étape 9

Double-cliquez sur la vignette de l'objet dynamique pour ouvrir l'image du basketteur dans Camera Raw. Réinitialisez l'Exposition sur la valeur 0 que vous aviez modifiée pour faciliter la sélection. Ensuite, cliquez sur OK pour revenir à Photoshop.

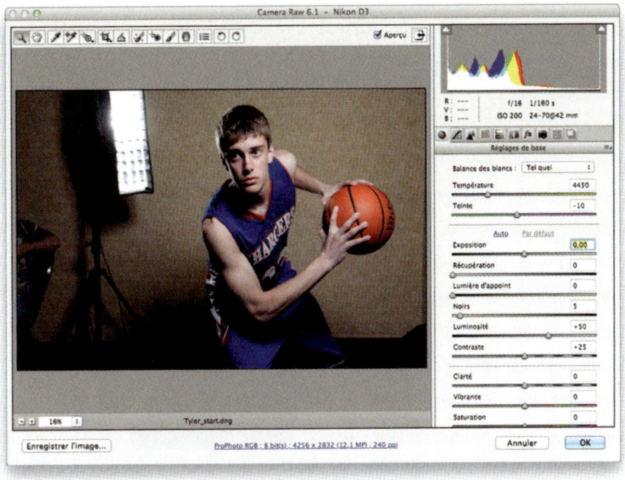

Étape 10

La préparation du portrait impose quelques retouches qui consistent à éliminer des imperfections. Pour travailler de manière non destructive, cliquez sur l'icône Créer un calque du panneau Calques. Double-cliquez sur son nom et tapez « Retouche ». Cela permet d'identifier rapidement la fonction des calques des images destinées au montage.

Étape 11

Choisissez l'outil Correcteur localisé (**J**). Activez le paramètre Contenu pris en compte de la barre d'options et cochez la case Échantillonner tous les calques.

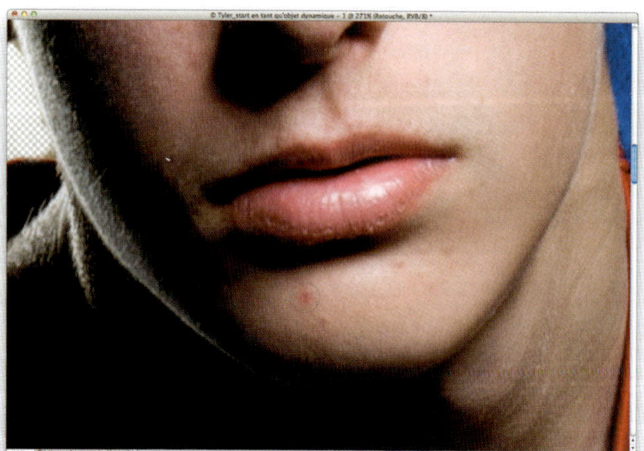

Étape 12

Zoomez sur le visage pour bien localiser les imperfections. Comme l'option Contenu pris en compte est active, cliquez directement sur les imperfections pour les éliminer. Adaptez la taille de l'outil aux dimensions des taches à effacer et cliquez directement dessus. Appliquez cette technique aux imperfections présentes sur les bras et le visage. Une fois le portrait nettoyé de ses impuretés, enregistrez-le au format PSD et passez au montage à proprement parler.

Réaliser le montage

Maintenant que le portrait est sélectionné et l'arrière-plan préparé, procédez au montage. Quelques réglages seront nécessaires à la création de l'atmosphère de l'image finale. Enfin, une densification globale permettra d'harmoniser la lumière des éléments montés.

Étape 1

Ouvrez l'image d'arrière-plan préparée dans la première partie de ce chapitre. Si vous prenez ce didacticiel en cours, vous pouvez télécharger une version finale du décor sur le site d'accompagnement de ce livre. Sinon, cliquez sur Calque > Aplatir l'image. Vous Vous disposez désormais d'un document ne contenant qu'un calque *Arrière-plan*.

Étape 2

Ouvrez maintenant la photo du basketteur. Vous pouvez télécharger une version préparée par mes soins. Activez l'outil Déplacement (**V**) pour glisser-déposer le jeune garçon sur la photo de l'arrière-plan.

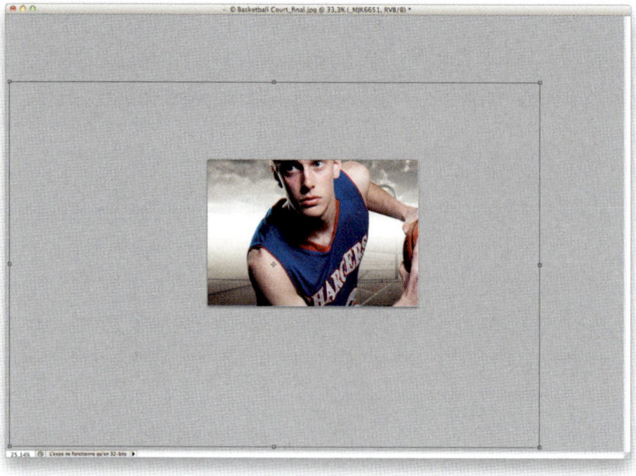

Étape 3

Le basketteur est bien trop grand pour ce nouveau décor. Activez la fonction Transformation manuelle en appuyant sur **Cmd+T** (**Ctrl+T**). Pour accéder aux poignées de redimensionnement, appuyez sur **Cmd+0** (zéro ; **Ctrl+0**).

Étape 4

Maintenez la touche **Maj** enfoncée et glissez une des poignées d'angle vers l'intérieur pour réduire les dimensions du joueur. Vous pouvez redresser le basketteur en plaçant le pointeur de la souris à l'extérieur du cadre de transformation. Approchez-le d'une poignée d'angle. Quand il prend la forme d'une double-flèche incurvée, cliquez et faites pivoter l'image dans le sens horaire. Vous constatez que j'ai délibérément coupé le haut de la tête du jeune garçon à des fins créatives. Cela donne davantage de profondeur au montage. Enfin, appuyez sur **Retour** (**Entrée**) pour appliquer la transformation.

Étape 5

Avez-vous remarqué que le panier de basket se situe sur le côté droit de l'image, alors que Tyler regarde vers la gauche du cadre ? Comme son point focal est bien plus intéressant, il est préférable d'inverser la position du panier, plutôt que celle du joueur. Dans le panneau Calques, activez le calque *Arrière-plan* et appuyez sur **Cmd+J** (**Ctrl+J**) pour le dupliquer.

Étape 6

Cliquez sur Édition > Transformation > Symétrie axe horizontal. Le panier de basket apparaît sur le bord cadre gauche et Tyler garde la même position.

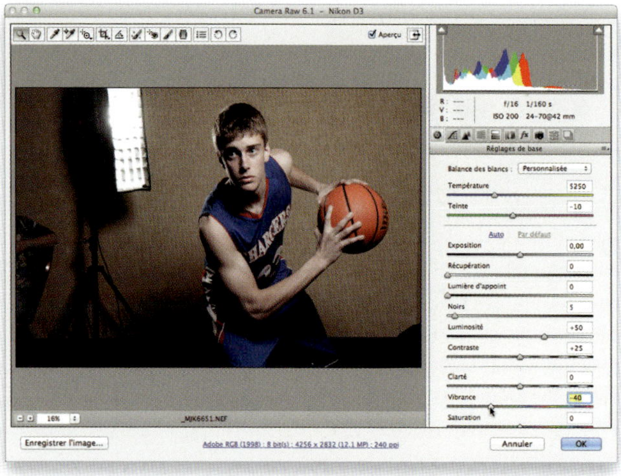

Étape 7

La composition est désormais bien plus intéressante. Vous devez maintenant harmoniser l'éclairage et la température de la couleur. Comme le calque de Tyler est un objet dynamique, ouvrez-le dans Camera Raw en double-cliquant directement sur sa vignette. Dans l'interface de ce module, fixez la valeur du paramètre Vibrance à –40 pour réduire l'intensité des rouges et donc la couleur de la peau. Ensuite, faites glisser le curseur Température jusqu'à la valeur 5250, afin de réchauffer l'image. Appliquez vos modifications par un clic sur le bouton OK. Vous voici revenu dans Photoshop.

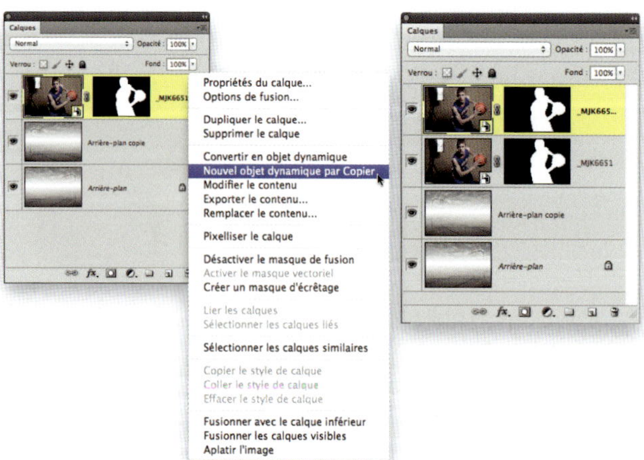

Étape 8

L'harmonisation des éléments montés est bien meilleure. Toutefois, l'ensemble manque de contraste sur les contours et reste encore trop saturé. Pour corriger ces deux problèmes, dupliquez le calque du basketteur. Pour disposer d'un objet dynamique indépendant de l'original, faites un clic droit sur sa vignette. Dans le menu contextuel qui apparaît, exécutez la commande Nouvel objet dynamique par copier. Vous disposez alors d'une copie conforme de l'objet dynamique, dont la modification n'altérera pas l'original.

Étape 9

Double-cliquez sur la vignette de cette copie pour l'ouvrir dans Camera Raw. L'augmentation du contraste des contours s'obtient en convertissant l'image en noir et blanc. Pour cela, cliquez sur l'onglet TSL/Niveaux de gris (le quatrième en partant de la gauche) et cochez l'option Convertir en niveaux de gris. Ensuite, affichez le panneau Réglages de base et fixez la valeur du paramètre Lumière d'appoint à +30 pour déboucher légèrement les ombres. Appliquez vos réglages par un clic sur le bouton OK.

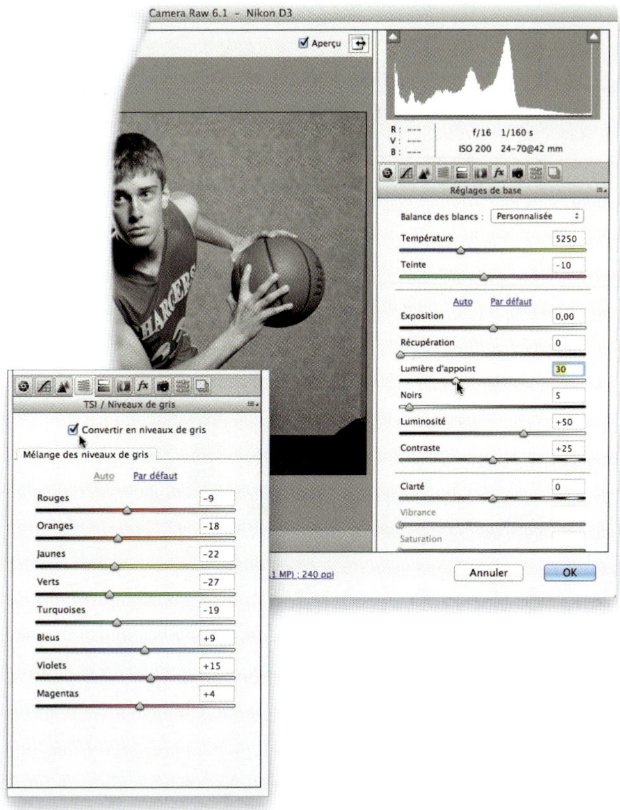

Étape 10

Appliquez le mode fusion Lumière tamisée au calque situé en haut du panneau Calques et fixez son Opacité à 80 %. Ces modifications augmentent le contraste de l'image, ce qui crée une atmosphère plus inquiétante. Testez les modes de fusion Incrustation et Lumière crue, qui donnent davantage d'impact au montage.

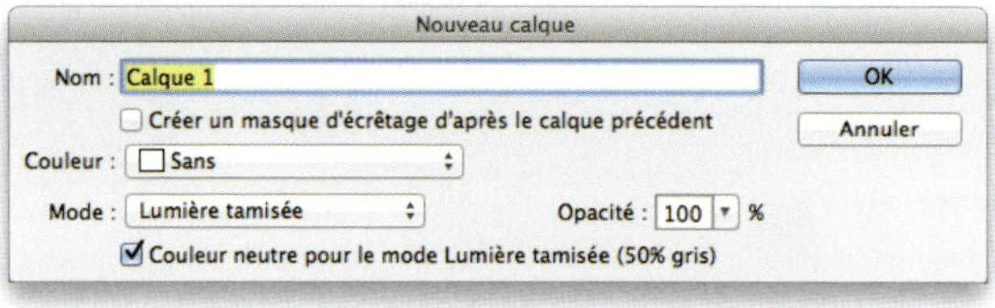

Étape 11

Densifiez la peau pour ajouter de la profondeur et du relief au basketteur. Pour cela, ajoutez un calque vide *via* Calque > Nouveau > Calque. Dans la boîte de dialogue qui s'affiche, ouvrez le menu local Mode et choisissez Lumière tamisée. Ensuite, cochez l'option Couleur neutre pour le mode Lumière tamisée (50 % gris). Ainsi, le nouveau calque est totalement transparent, mais parfait pour densifier certaines zones de l'image. Les parties densifiées seront faciles à analyser en basculant le calque en mode de fusion Normal.

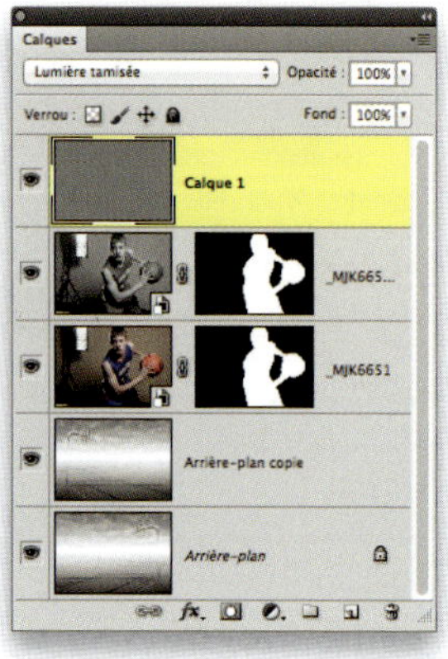

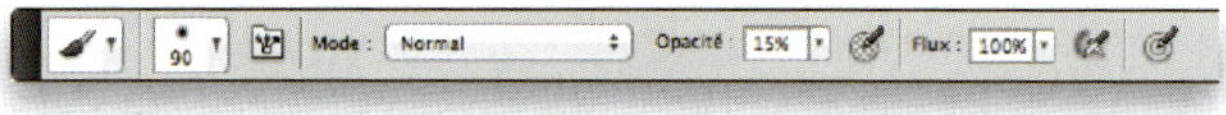

Étape 12

Activez l'outil Pinceau (**B**), définissez une Épaisseur de taille moyenne au contour progressif. Fixez l'Opacité du pinceau à 15 % pour appliquer la densification touche par touche.

Étape 13

Voici comment travailler avec ce calque gris neutre : assombrissez les parties ombrées pour accentuer leur densité. Ensuite, appliquez du blanc sur les parties claires pour les rendre encore plus lumineuses. Commencez par appuyer sur **D** pour définir le noir comme couleur de premier plan et appliquez le pinceau sur les contours extérieurs des bras pour amplifier les ombres naturelles. Passez également l'outil sur l'épaule gauche pour en réduire la luminosité.

Étape 14

Appuyez sur **X** pour faire du blanc la couleur de premier plan. Appliquez le pinceau sur les zones claires, comme l'intérieur des avant-bras, la partie supérieure des épaules et des bras, et enfin le visage. Comme l'opacité du pinceau est réduite, appliquez-le plusieurs fois sur la même zone pour contrôler le niveau de sa densité. Pour apprécier l'impact de votre modification, activez/désactivez la visibilité du *Calque 1*. Pour amplifier cette densification, dupliquez le *Calque 1* en appuyant sur **Cmd+J** (**Ctrl+J**).

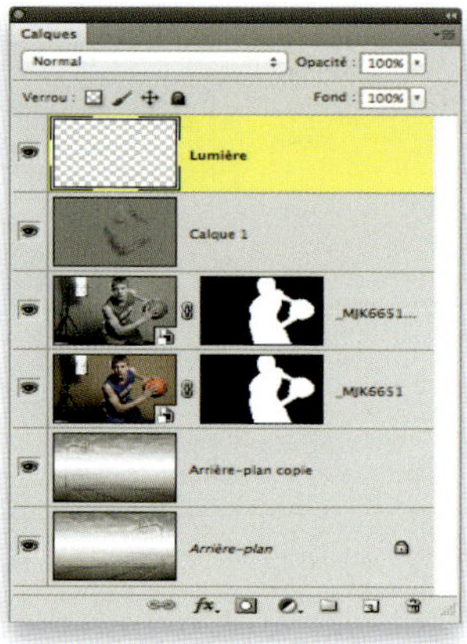

Étape 15

Pour terminer ce montage, ajoutez de la lumière en vous fondant sur la zone claire visible derrière le basketteur. Cliquez sur l'icône Créer un calque située en bas du panneau Calques. Double-cliquez sur son nom et tapez « *Lumière* ». Activez l'outil Pinceau, vérifiez que son Opacité est toujours de 15 % et que le blanc est la couleur de premier plan.

Étape 16

Définissez une grande taille de pinceau au contour progressif et donnez quelques coups de pinceau au-dessus de l'épaule située à proximité du panneau de basket. La simulation est réaliste, car une source de lumière est visible de ce côté des nuages. Elle s'étend au niveau de l'épaule du joueur et se diffuse légèrement sur une partie de son corps. Avec une plus petite taille de pinceau, ajoutez de la lumière entre le bras et le ballon, ainsi qu'au-dessus du bras situé sur la droite.

Étape 17

Le montage est bientôt terminé. Appuyez sur **Cmd+Option+Maj+E** (**Ctrl+Alt+Maj+E**) pour fusionner les calques sans aplatir l'image. Renommez ce nouveau calque « *Vignettage* » et appliquez le mode de fusion Produit, ce qui assombrit la totalité de l'image. Cliquez sur l'icône Ajouter un masque de fusion du panneau Calques. L'outil Pinceau étant actif, fixez son paramètre Opacité à 100 % et faites du noir la couleur de premier plan. Définissez une large Épaisseur au contour progressif et éliminez l'effet de mode de fusion au centre de l'image pour concentrer l'assombrissement sur ses angles.

Étape 18

Une dernière chose : pour amplifier le caractère angoissant de l'image, appliquez l'une des deux techniques suivantes : la première est entièrement gratuite, puisqu'elle s'effectue dans Photoshop. Appuyez sur **Cmd+Option+Maj+E** (**Ctrl+Alt+Maj+E**) pour fusionner les calques sans aplatir l'image. Donnez au nouveau calque le nom d'*Ambiance inquiétante*.

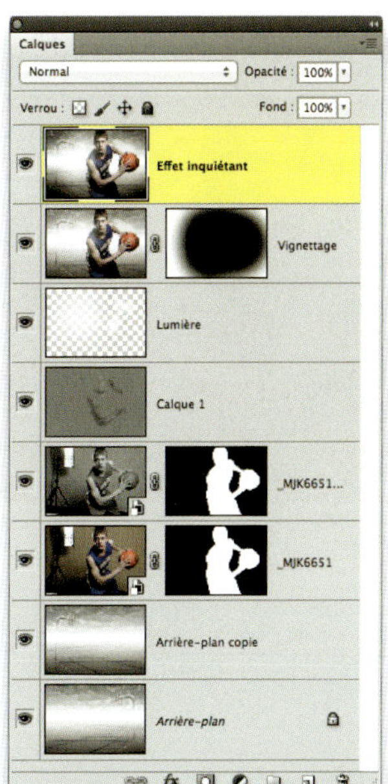

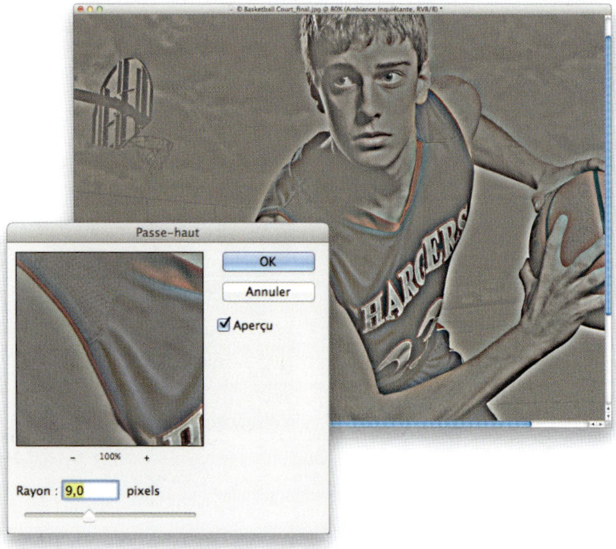

Étape 19

Cliquez sur Filtre > Divers > Passe-haut. Fixez son paramètre Rayon à 9 pixels et cliquez sur OK pour appliquer l'effet. L'image présente une dominante grise inexploitable dans un montage.

Étape 20

Appliquez au calque le mode de fusion Lumière crue. L'image devient plus nette et présente un effet de « salissure » relativement marqué. Il s'agit là d'une technique gratuite de finalisation d'un montage.

Étape 21

La technique payante nécessite le plug-in Topaz Adjust de Topaz Labs (**www.topazlabs.com**) que j'ai évoqué à la section « Dix choses à savoir sur le montage photo » au début de ce livre. Topaz Adjust est l'un de mes meilleurs secrets. Supprimez le calque contenant l'effet Passe-haut, puis fusionnez les calques sans aplatir l'image. Donnez au nouveau calque le nom *Effet inquiétant*. Ensuite, cliquez sur Filtre > Topaz Labs > Topaz Adjust.

Info

Téléchargez une version d'essai gratuite sur le site Topaz Labs.

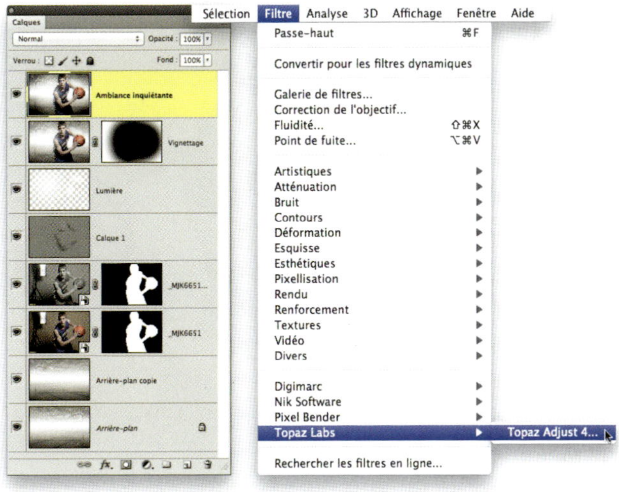

Étape 22

Le filtre Portrait Drama semble le mieux adapté à ce type de montage. Il applique, plus rapidement et plus efficacement, le même effet que le filtre Passe-haut de Photoshop, rendant toutefois l'image bien plus nette avec un renforcement du contraste et de certaines couleurs. Des calques supplémentaires et divers modes de fusion auraient été nécessaires pour obtenir ce résultat avec Photoshop. Donc, dans la section Presets du filtre, cliquez sur Portrait Drama. Cliquez sur le bouton OK sans modifier les réglages par défaut. Vous connaissez désormais ma technique de finalisation pour la plupart de mes montages.

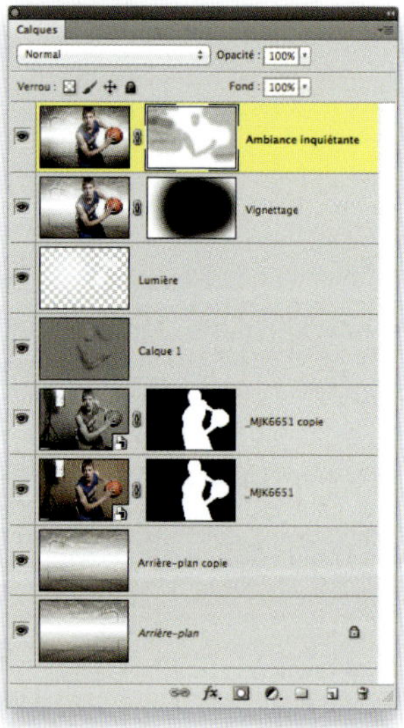

Étape 23

Parfois, l'effet est trop intense. La peau devient sale, les nuages sont denses et l'ensemble du montage paraît très contrasté. Dans ce cas, ajoutez un masque de fusion pour atténuer les zones concernées. Activez l'outil Pinceau et appliquez-lui une Opacité de 30 %. Peignez avec du noir sur les éléments tels que le visage, les bras et les nuages.

Image finale

Portrait institutionnel 5

La photographie institutionnelle consiste notamment à photographier les membres d'une équipe professionnelle. L'un des plus gros challenges est de trouver un créneau horaire dans un emploi du temps bien rempli. En effet, entre 9 h et 17 h, tout le monde est occupé. Qui acceptera de se lever une heure plus tôt pour être photographié avec ses collègues ? D'autant que beaucoup doivent déposer leurs enfants à l'école. Après le travail ? Chacun ne pense qu'à rentrer pour faire du sport, préparer le dîner, et bien d'autres choses encore. Pour ce genre de photographie, il ne reste qu'une solution : le montage photo. Dans ce chapitre, j'explique comment réunir les trois membres d'une équipe médicale. Aucun d'eux n'était disponible en même temps que les autres. Mais si vous préparez correctement un environnement de prise de vue, vous pourrez probablement accaparer chacun des membres 10 à 15 minutes, le temps de les photographier. Ils seront ensuite montés sur une seule image grâce à Photoshop.

Préparer l'environnement de prise de vue

Pour ce montage, j'ai photographié le docteur et les infirmières individuellement devant un fond blanc. Il m'a suffi de préparer les lumières avec soin pour photographier chaque membre de l'équipe dans des conditions d'éclairage équivalentes, assurant ainsi la cohérence du futur montage.

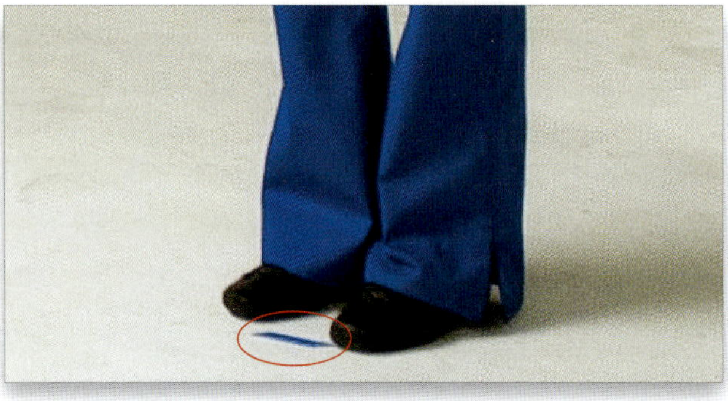

Étape 1

J'ai préparé le studio et utilisé une bande adhésive bleue pour marquer la disposition des éclairages au sol, l'emplacement des sujets à photographier, et celui de l'appareil photo. Ainsi, la perspective des prises de vues était la même pour tous, préservant les proportions de mes modèles. Le montage n'en deviendrait que plus facile à réaliser.

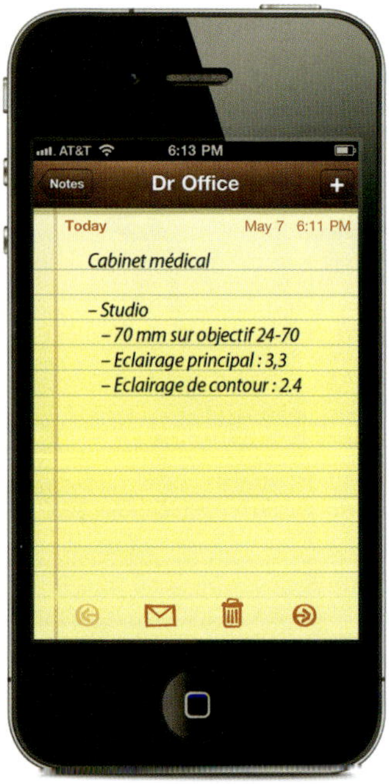

Étape 2

Comme à mon habitude, j'ai noté sur mon iPhone la longueur de la focale et la puissance des éclairages pour être certain que chaque personne serait photographiée dans les mêmes conditions.

Étape 3

J'ai utilisé deux techniques de prise de vue. Tout d'abord, j'ai mis en place deux éclairages : une lumière principale venant de la gauche et dirigée vers l'avant, et une lumière de contour venant de l'arrière et disposée sur la droite, comme le montre l'illustration ci-contre. Ensuite, j'ai éteint la lumière de contour pour éclairer les personnes avec la source disposée de face et sur la gauche.

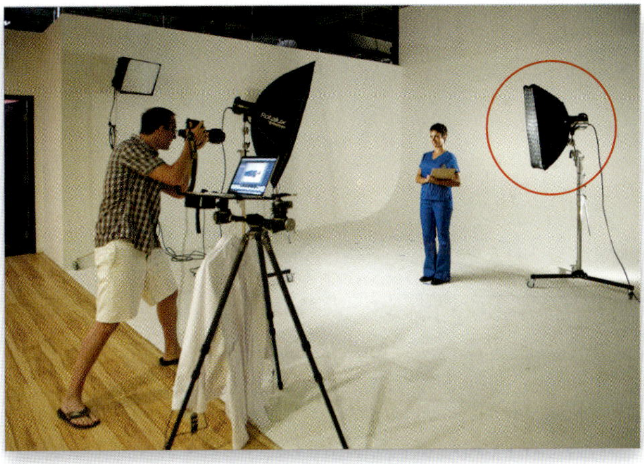

Étape 4

Voici un exemple de photo réalisée avec les deux sources d'éclairage. La lumière de contour donne l'impression qu'un éclairage provient d'un des côtés de l'image. Il ajoute suffisamment de profondeur pour bien marquer la séparation qui existe entre l'arrière-plan et le portrait.

Étape 5

Sans l'éclairage de contour, des ombres prédominent sur le côté gauche du visage, qui est le plus éloigné de la lumière principale. Ces deux prises de vues différentes m'offrent davantage d'options dans la réalisation du montage final. En effet, si je place les photos individuelles sur un fond éclairé latéralement, j'utiliserai la première prise de vue. Sinon, j'emploierai la seconde.

Étape 6

Enfin, j'ai réalisé plusieurs poses de chaque sujet pour multiplier les opportunités de montage et m'adapter à toutes les situations. Le mode Grille de Lightroom montre que j'ai photographié de face, de trois quarts, de côté, etc.

Préparer les portraits

Les photos ayant été prises dans les mêmes conditions d'éclairage, votre travail consiste à réaliser les meilleures sélections possibles. Dans la mesure où les sujets reposent sur un fond blanc, vous disposez d'une grande souplesse d'intervention. Pour parfaire le montage, vous réaliserez également quelques opérations de retouche.

Étape 1

Ouvrez la première photo représentée ci-contre. Appuyez sur **W** pour activer l'outil Sélection rapide. Appliquez-le sur l'infirmière. Pour retirer de la sélection les deux espaces blancs situés entre la taille et les bras, cliquez dedans en maintenant la touche **Option** (**Alt**) enfoncée. (Les techniques de sélection sont détaillées au Chapitre 1.)

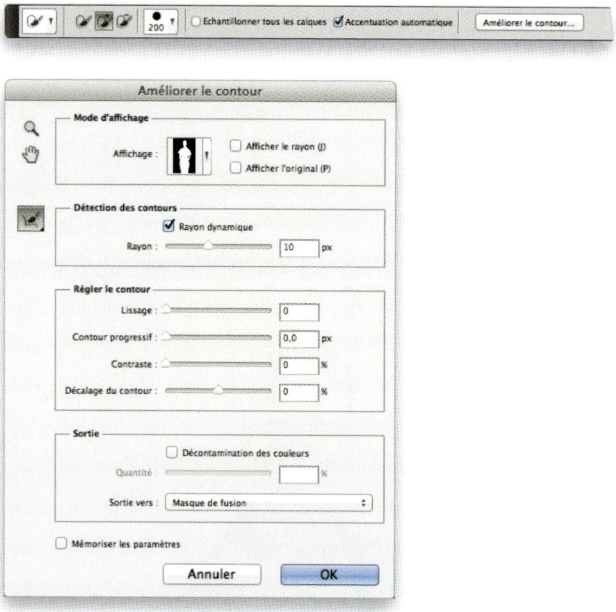

Étape 2

Dans la barre d'options de l'outil, cliquez sur le bouton Améliorer le contour. La sélection est facile à réaliser, car les cheveux de l'infirmière sont attachés. Activez l'option Rayon dynamique, puis fixez la valeur du paramètre Rayon à 10 pixels. Dans le menu local Sortie vers de la section Sortie, choisissez Masque de fusion. Appliquez vos réglages par un clic sur le bouton OK.

Étape 3

Vous obtenez une sélection déterminée par un masque de fusion. Dans ce didacticiel, vous allez placer l'équipe médicale sur un arrière-plan gris clair. Pour cela, cliquez sur l'icône Créer un calque situé dans la partie inférieure du panneau Calques. Glissez-déposez ce nouveau calque en bas de la pile des calques. Ensuite, cliquez sur Édition > Remplir. Dans le menu local Avec de la boîte de dialogue qui s'affiche, choisissez 50 % gris et cliquez sur OK. Vous venez de créer un arrière-plan gris clair qui va permettre d'affiner la sélection.

Étape 4

Zoomez sur des zones où l'arrière-plan d'origine est encore visible, comme c'est le cas à la jonction du bras et de la blouse situés à gauche du cadre. Cliquez sur la vignette du masque de fusion. Activez l'outil Pinceau (**B**), définissez une petite Épaisseur et choisissez le noir comme couleur de premier plan. Répétez cette opération pour toutes les zones affichant l'arrière-plan blanc.

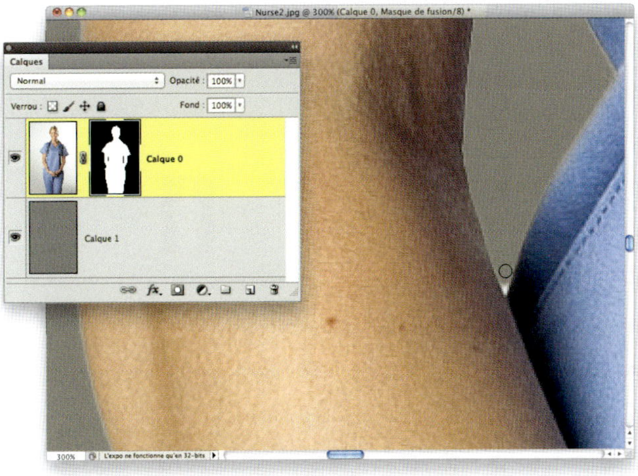

Étape 5

Une fois encore, une frange composée par la couleur de l'arrière-plan d'origine parasite le contour du sujet, comme ci-contre. Cela ne pose pas un problème majeur sur cette image. Toutefois, vous devez l'éliminer pour monter le sujet sur un autre type d'arrière-plan.

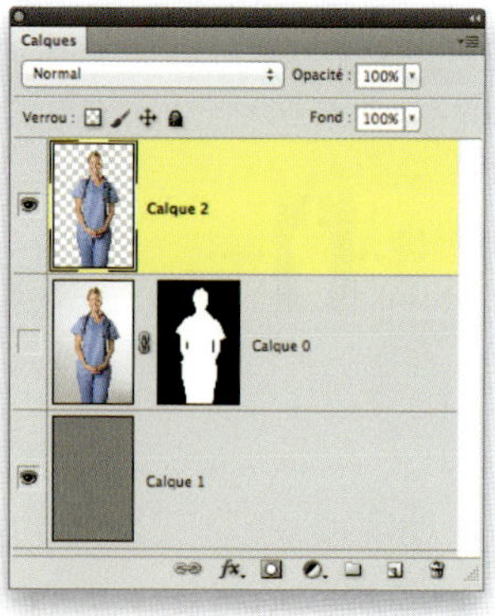

Étape 6

Pour supprimer cette frange, placez l'infirmière sur un calque standard dépourvu de masque de fusion. Appuyez sur la touche **Cmd** (**Ctrl**) et cliquez sur la vignette du masque de fusion pour récupérer la sélection. Ensuite, cliquez sur la vignette du calque et appuyez sur **Cmd+J** (**Ctrl+J**). Le contenu de la sélection est alors dupliqué sur un nouveau calque, comme ci-contre. Cliquez sur l'icône de visibilité (œil) du *Calque 0* pour en masquer l'affichage, dans la mesure où il nous a uniquement servi à créer et parfaire la sélection.

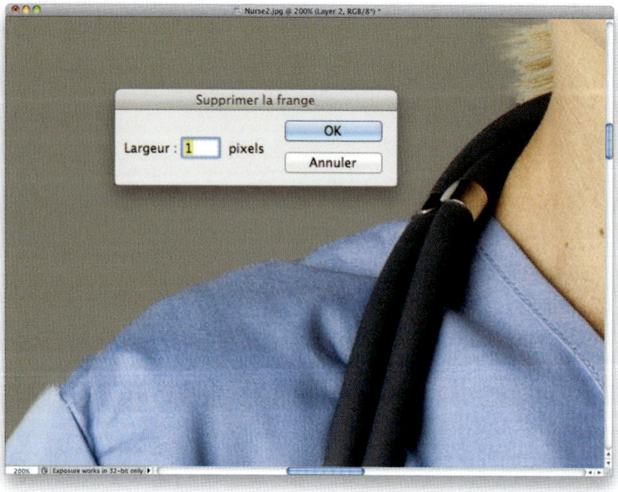

Étape 7

Le nouveau calque étant actif, cliquez sur Calque > Cache > Supprimer la frange. Dans Dans la boîte de dialogue qui s'affiche, appliquez une Largeur de 1 pixel et cliquez sur OK. La frange disparaît instantanément. Vous n'avez pas été obligé de récupérer des détails de l'image en agissant sur un masque de fusion.

Étape 8

Supprimez maintenant des imperfections de la peau du visage. Appuyez sur **J** pour activer l'outil Correcteur localisé. Dans sa barre d'options, sélectionnez le paramètre Contenu pris en compte. Ensuite, cliquez simplement sur les petites imperfections à éliminer.

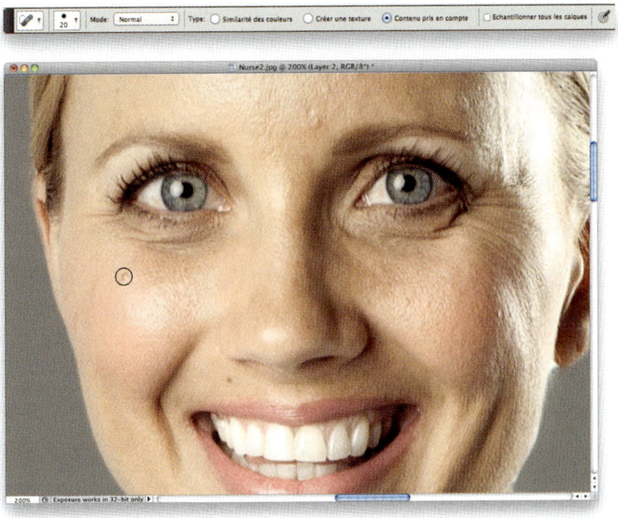

Étape 9

Enfin, corrigez les manches de sa blouse, dont l'ouverture attire le regard. Pour cela, cliquez sur Filtre > Fluidité. Activez l'outil Déformation avant et définissez une Épaisseur équivalente à la partie de la manche à corriger.

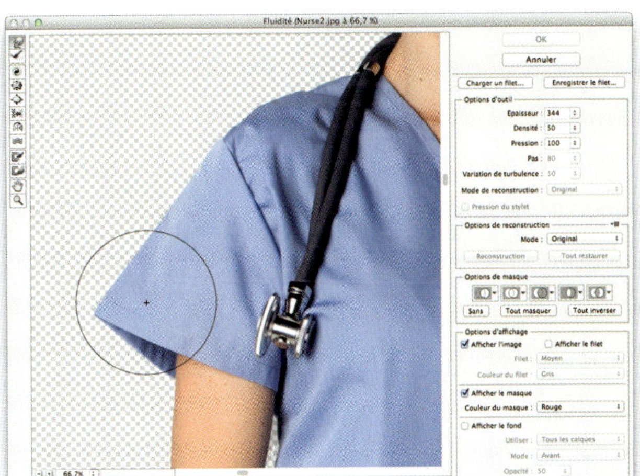

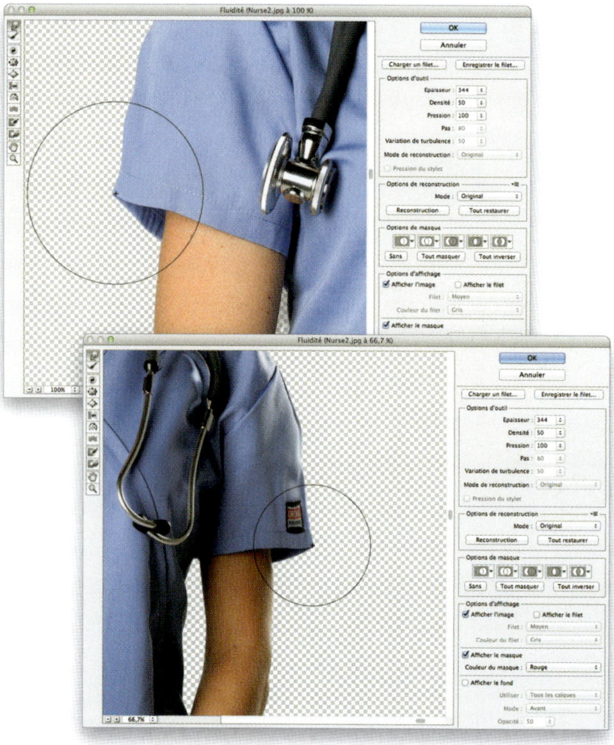

Étape 10

Positionnez le centre de l'outil sur la zone à déplacer. Cliquez et, sans relâcher le bouton de la souris, faites glisser le pointeur vers l'intérieur pour rétrécir l'ouverture des manches. Faites de même avec la manche située à droite du cadre. Une fois la correction terminée, cliquez sur OK.

Étape 11

Le premier portrait est terminé. Cliquez sur Fichier > Enregistrer pour le sauvegarder au format PSD. Ensuite, appliquez l'ensemble de cette procédure aux deux autres membres de l'équipe médicale, sans oublier les quelques retouches effectuées aux étapes 8 à 10.

Réaliser le montage

Je pensais disposer tous les sujets sur un fond blanc. Mais, en me documentant pour le montage, j'ai retrouvé la photo de l'intérieur d'un bâtiment lumineux qui pouvait être celui d'un vaste couloir d'hôpital. Je décidai de l'utiliser comme arrière-plan du montage.

Étape 1

Ouvrez la photo du décor en question, que vous téléchargerez depuis le site d'accompagnement de ce livre. Les nombreuses baies vitrées diffusent une clarté parfaitement adaptée aux prises de vue des sujets réalisées en studio.

©ISTOCKPHOTO/MANUELA KRAUSE

Étape 2

Ouvrez les photos des trois personnes extraites de leur arrière-plan. Si vous avez suivi la précédente procédure, chacun est individualisé sur un calque au fond transparent. Avec l'outil Déplacement (**V**), glissez-déposez le docteur et les infirmières sur le couloir de l'hôpital. Placez le médecin au premier plan, l'infirmière blonde sur le bord cadre gauche et la brune à l'arrière-plan entre ses deux collègues, comme ci-contre. En fonction de l'ordre dans lequel vous insérez les sujets dans le montage, réorganisez les calques dans le panneau Calques pour obtenir la disposition ci-contre.

Étape 3

Redimensionnez les calques pour obtenir un montage réaliste. Activez le premier calque de la pile et cliquez sur Édition > Transformation manuelle. Maintenez la touche **Maj** enfoncée et glissez une poignée d'angle vers l'intérieur pour réduire la taille du sujet. (Si les poignées de redimensionnement ne sont pas visibles, appuyez sur **Cmd+0** [zéro ; **Ctrl+0**]). Le redimensionnement est proportionnel lorsque les pourcentages L (Largeur) et H (hauteur) de la barre d'options sont identiques, en l'occurrence 50 %. Appuyez sur **Retour** (**Entrée**) pour valider votre transformation. Répétez cette technique pour les deux autres images.

Étape 4

Vous devez ajouter des ombres aux sujets redimensionnés et repositionnés dans le décor. Les visages des trois personnes montrent une ombre située sur le côté droit du nez. En effet, je les ai photographiés en plaçant un éclairage principal frontal légèrement décalé sur la gauche. Vous devez respecter cette logique en projetant l'ombre du corps du médecin dans cette même direction. En effet, c'est le seul sujet de la photo à être situé devant les deux autres.

Étape 5

Dans cet exemple, le style de calque Ombre portée ne permettrait pas de créer l'ombre réaliste indispensable à la cohérence du montage. Ouvrez donc le menu local Style de calque situé en bas du panneau Calques et choisissez Lueur externe. Comme une lueur est claire, commencez par lui appliquer le mode de fusion Produit. Ensuite, cliquez sur l'indicateur de couleur jaune. Dans le Sélecteur de couleurs qui apparaît, définissez une teinte noire.

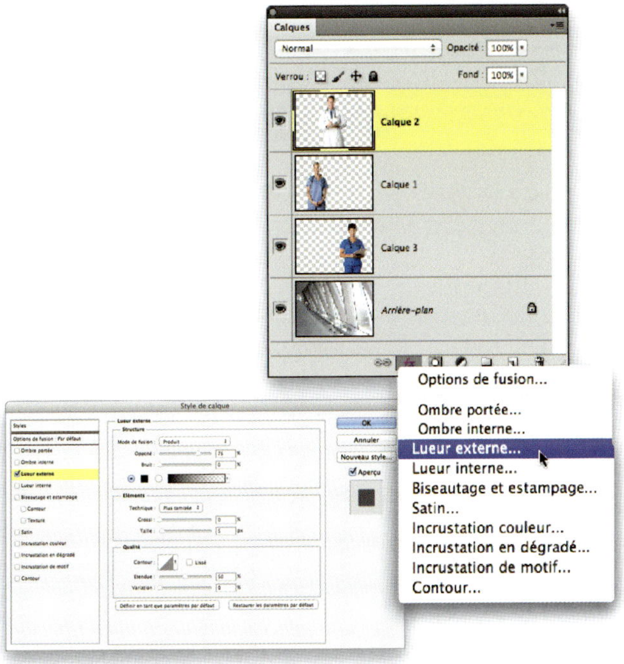

Étape 6

La lueur externe n'est qu'une petite frange sombre épousant la forme du docteur. Pour en faire une ombre, fixez son paramètre Taille à 200 pixels. Vous allez corriger sa diffusion excessive dans quelques minutes. Pour le moment, appliquez la lueur par un clic sur le bouton OK.

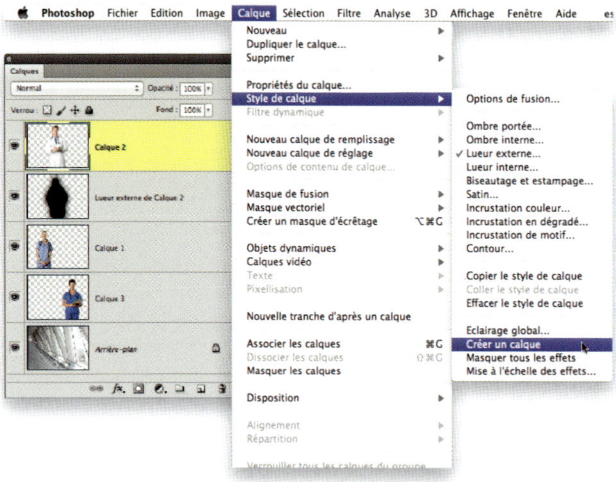

Étape 7

La densité de l'ombre projetée sur les infirmières est tout à fait correcte. Toutefois, elle ne devrait pas être visible derrière la tête du médecin. Pour corriger ce problème, placez l'ombre sur son propre calque en cliquant sur Calque > Style de calque > Créer un calque. Un calque contenant l'ombre apparaît sous le calque du docteur.

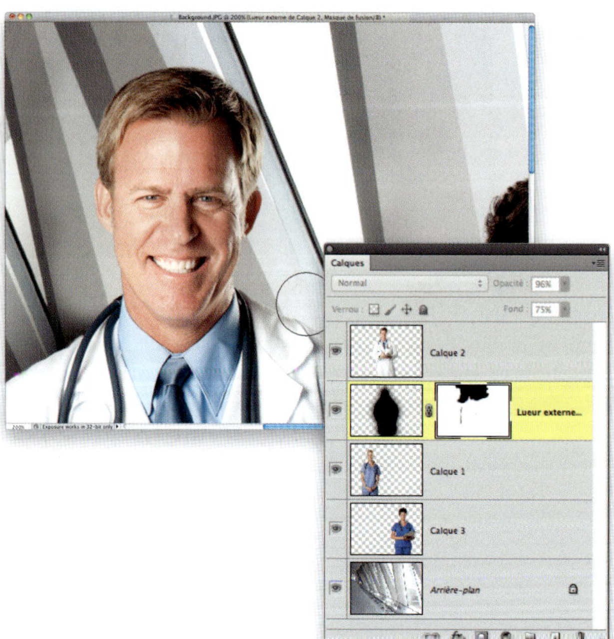

Étape 8

Cliquez sur le calque de l'ombre pour l'activer. Ensuite, sélectionnez l'outil Déplacement et appuyez plusieurs fois sur la flèche droite de votre pavé directionnel afin de décaler l'ombre vers la droite, puisque la source d'éclairage principale pointait dans cette direction. Contrôlez la densité de l'ombre en agissant sur le paramètre Opacité du calque. Ensuite, cliquez sur l'icône Ajouter un masque de fusion du panneau calques. Activez l'outil Pinceau (**B**), définissez le noir comme couleur de premier plan et appliquez l'outil sur les parties de l'image qui ne doivent pas contenir d'ombre.

Étape 9

Zoomez sur les petites zones pour y éliminer les traces d'ombre, notamment dans les espaces qui séparent les bras des infirmières. En effet, la source d'éclairage principale étant relativement éloignée du fond de l'image, l'ombre ne peut pas se diffuser sur l'arrière-plan du montage. Vous pouvez également cliquer sur le calque de l'infirmière située à gauche du cadre et utiliser un pinceau blanc avec une Opacité de 10 % pour atténuer l'ombre visible sur son bras droit.

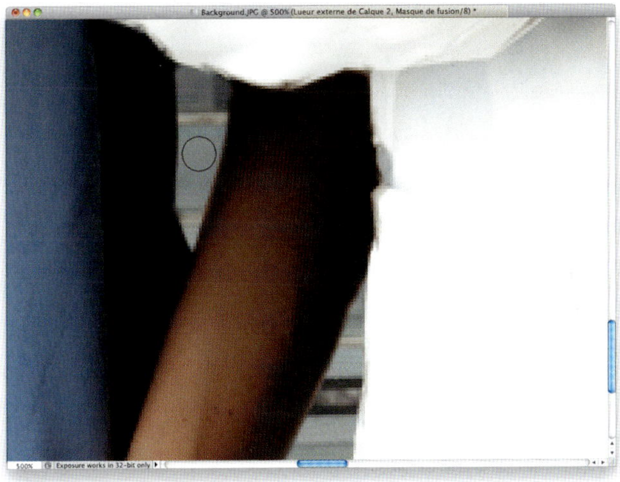

Étape 10

Si vous regardez attentivement le montage, vous constaterez que le décor est trop sombre comparé aux sujets qui sont très lumineux. Pour harmoniser la lumière, cliquez sur le calque *Arrière-plan* afin de le sélectionner. Ensuite, ouvrez le menu local Calque de réglage du panneau Calques et choisissez Exposition. Dans le panneau Réglages qui apparaît, fixez la valeur du paramètre Exposition à +0,30 et celle du Décalage à +0,05. Utilisez le masque de fusion du calque de réglage pour peindre en noir sur les zones devenues trop claires.

Étape 11

Si vous préférez un fond blanc à un décor, créez un calque vide au-dessus du calque de réglage Exposition. Ensuite, cliquez sur Édition > Remplir. Dans le menu local Avec, choisissez Blanc et cliquez sur OK. L'équipe médicale se tient désormais devant un fond blanc.

Étape 12

Il est également possible de choisir un autre décor. Ci-contre, j'ai substitué à la modernité du précédent bâtiment une structure plus classique.

Alternative

Les photos institutionnelles représentent souvent un groupe de collaborateurs, où l'un est net et les autres flous. Avec une équipe médicale, vous pouvez donc réaliser plusieurs montages pour mettre en évidence chaque personne à tour de rôle. L'aspect le plus réjouissant de ce montage est que vous travaillez avec les mêmes prises de vues. Sur le site d'accompagnement de ce livre, vous découvrirez une vidéo qui explique comment créer différents montages avec les images utilisées dans ce didacticiel.

Image finale

Portrait de groupe et de famille

6

Je tiens tout d'abord à remercier Drake Busath (**http://busath.com**) pour son article publié l'an dernier dans *Professional Photographer*, où il expliquait comment photographier une grande famille en plusieurs petits groupes réunis ensuite dans un montage réalisé avec Photoshop. En élaborant le plan de ce livre, j'ai pensé que cet exemple illustrerait la réalité du montage photo. Qui n'a jamais réalisé des photos de famille ? Plus cette famille ou ce groupe sont grands, moins vous avez de chances d'en réunir tous les membres au même moment. Bien souvent, il est plus simple de travailler par petits groupes. J'ai alors remarqué que chaque personne est beaucoup plus détendue. Une fois le « studio » de prise de vue aménagé, la séance peut commencer. Quand un groupe s'installe devant l'appareil, les autres personnes passent au maquillage, divertissent les enfants et peuvent même vous aider à capter l'attention du groupe qui pose, et faire sourire les plus petits. Sincèrement, je vous conseille d'utiliser cette technique pour photographier des groupes et des familles dont les membres sont trop nombreux pour être réunis au même moment dans un même lieu.

Préparer l'environnement de prise de vue

La préparation de cette photo est identique à celle du portrait de l'équipe médicale du précédent chapitre, à cette différence près que je l'ai réalisée dans la maison familiale le week-end du baptême du dernier né. Je dus renoncer à réaliser les prises de vue en studio, parce que l'emploi du temps de cette famille réunie pour un événement aussi important était très serré. Je devais réaliser toutes les photos avant que la famille ne quitte le domicile pour se rendre à l'église. Heureusement, l'ensemble du matériel utilisé pour ce travail était facile à transporter.

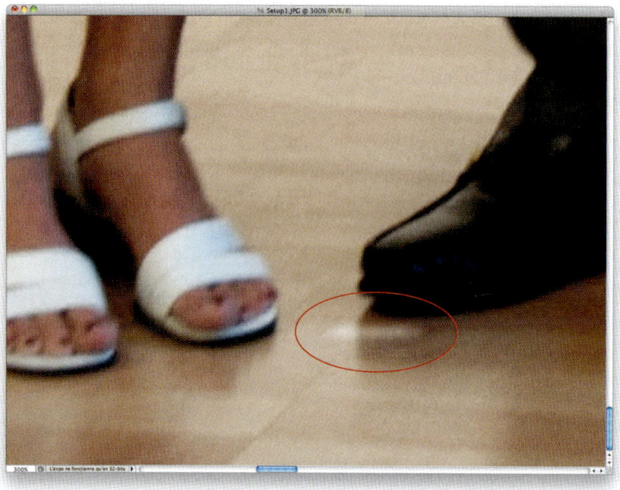

Étape 1

La réussite de ce montage dépend du respect de la perspective et de la taille de chaque groupe de personnes. Pour qu'elles soient toutes placées à la même distance de l'appareil, j'ai collé un morceau de ruban adhésif sur le sol, comme vous pouvez le deviner sur l'image ci-contre.

Étape 2

L'appareil photo est installé sur un trépied. Une fois sa hauteur déterminée, j'ai équipé l'appareil d'un objectif 50 mm. Dès cet instant, je ne touche plus qu'au déclencheur. La perspective globale est parfaite, puisque j'ai déterminé la position des sujets vis-à-vis de l'appareil et la hauteur de chacun par rapport aux autres.

Étape 3

J'ai appris de mon ami Drake que les enfants doivent être placés en hauteur. Pour cela, soit ils sont tenus par leurs parents, soit ils sont assis sur une petite chaise. Cela permet de recadrer l'image finale au niveau des genoux, évitant ainsi de montrer les pieds posés sur le sol.

Étape 4

Comme pour le médecin et les infirmières, j'ai effectué deux types de prises de vues. Pour la première, j'ai disposé deux sources de lumière : un éclairage principal (une boîte à lumière Wescott Octabank de taille moyenne) placé sur la gauche et un éclairage de contour (une boîte à lumière étroite équipée d'une grille) placée vers l'arrière et à droite.

Étape 5

Pour la seconde prise de vue, j'ai éteint l'éclairage de contour (cerclé en rouge ci-contre) pour ne photographier qu'avec la source principale venant de la gauche.

Étape 6

Voici le résultat obtenu avec la première configuration d'éclairage. La lumière venant de la droite ajoute ainsi de la profondeur et détache nettement les sujets du fond blanc.

Étape 7

Une fois l'éclairage de contour éteint, une ombre apparaît sur la partie des visages la plus éloignée de l'éclairage principal. Ces deux photos m'offrent davantage d'options au montage. Parfois, vous constaterez que l'image est meilleure avec des ombres et une certaine profondeur, alors que dans d'autres circonstances, l'harmonie du montage est obtenue grâce à des contours parfaitement bien délimités par un éclairage latéral arrière. Moralité : donnez-vous la possibilité de choisir entre plusieurs types de prises de vues.

Préparer les portraits

Comme toutes les photos ont été prises dans les mêmes conditions d'éclairage, votre travail consiste maintenant à réaliser une bonne sélection. Votre tâche est facilitée par le fait que les différents groupes ont été placés devant un fond blanc. Une petite retouche du masque de fusion permettra d'affiner l'extraction.

Étape 1

Ouvrez n'importe quelle photo de groupe, puisqu'elles sont toutes sensiblement équivalentes. Ensuite, appuyez sur **W** pour activer l'outil Sélection rapide. Appliquez-le sur la famille. Comme l'image sera recadrée au niveau des genoux, ne perdez pas de temps à sélectionner correctement les pieds.

Étape 2

Zoomez sur l'épaule de gauche de la femme pour constater qu'une partie de la robe n'est pas sélectionnée. Réduisez l'Épaisseur de l'outil Sélection rapide et essayez de créer une sélection la plus proche possible des contours des personnes photographiées. Pour désélectionner certaines zones de l'image, appuyez sur la touche **Option** (**Alt**) afin de basculer l'outil en mode Soustraction.

Étape 3

Dans la barre d'options de l'outil, cliquez sur le bouton Améliorer le contour. Dans la boîte de dialogue qui s'affiche, choisissez le mode d'affichage Sur blanc, ce qui correspond à la couleur de l'arrière-plan du montage final. Ce type de photo est probablement le plus facile à sélectionner, sauf si des mèches de cheveux posent problème, comme nous le verrons dans une minute. Toutefois, dans la majorité des cas, la frange d'arrière-plan qui est visible sur le contour des cheveux se perd dans le fond blanc de destination. Fixez la valeur du paramètre Rayon à 6. Dans le menu local Sortie avec, choisissez Masque de fusion. Cliquez sur OK pour appliquer vos réglages.

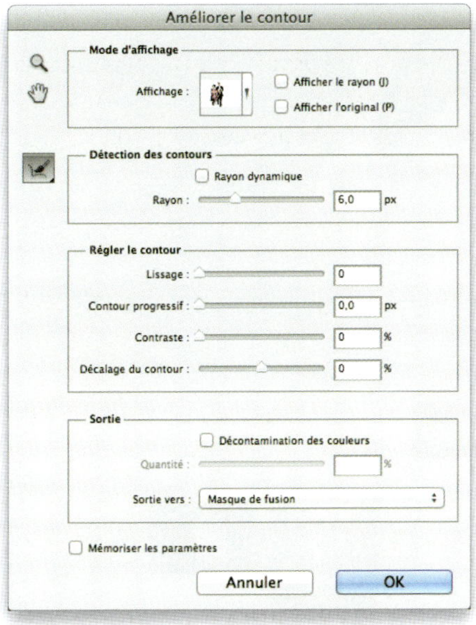

Étape 4

La famille est extraite du fond d'origine grâce au masque de fusion, comme vous pouvez le voir dans le panneau Calques. Pour vérifier la qualité de la sélection, appuyez sur la touche **Cmd** (**Ctrl**) et cliquez sur l'icône Créer un calque du panneau Calques. Un calque vide apparaît sous celui de la famille. Cliquez sur Édition > Remplir. Dans le menu local Avec de la boîte de dialogue qui s'affiche, choisissez Noir. Optez pour cette couleur, car la femme située à gauche sera placée devant un homme vêtu d'une veste bleu foncé. Votre vérification s'effectue alors sur une couleur d'arrière-plan sensiblement équivalente. Cliquez sur le bouton OK pour créer le fond noir.

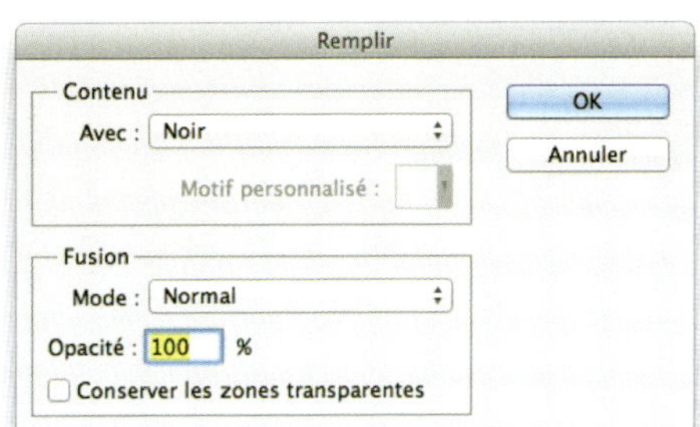

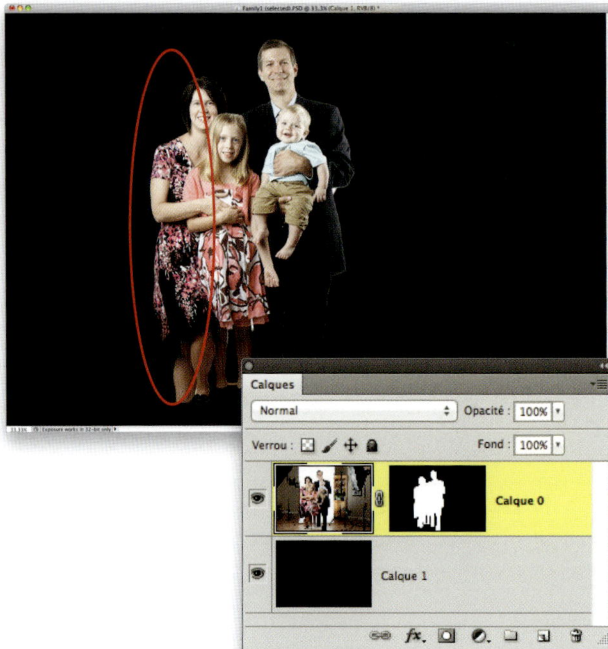

Étape 5

Avant d'intervenir sur le masque de fusion pour supprimer les traces blanches de l'arrière-plan d'origine, réfléchissez un instant au montage final. Dans cet exemple, ce groupe sera placé sur le bord droit du cadre. Donc, préoccupez-vous du contour gauche de la femme qui reposera sur une autre personne. En revanche, l'homme sera en contact avec un fond blanc. Aucune frange ne viendra parasiter son insertion dans le montage.

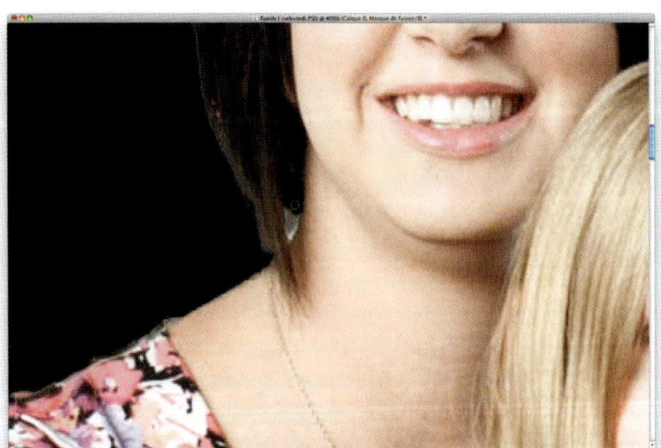

Étape 6

Zoomez sur le cou de la femme. Des traces du fond blanc sont visibles à travers ses cheveux. Cliquez sur la vignette du masque de fusion. Activez l'outil Pinceau (**B**) et définissez le noir comme couleur de premier plan. Avec une petite Épaisseur au contour progressif, éliminez les résidus de l'arrière-plan d'origine. Répétez cette opération dans toutes les parties de l'image présentant ce problème (à l'exception des cheveux). Comme je l'ai déjà mentionné, cette correction ne concerne que les contours des personnes qui reposeront sur d'autres membres de la famille dans le montage final.

Étape 7

Vous voici de nouveau confronté à la frange composée de la couleur du fond d'origine. Il suffit de zoomer sur les cheveux de la femme pour l'identifier sans aucune hésitation. Elle nuira au montage dès que cette chevelure reposera sur la veste noire d'un autre membre de la famille.

Étape 8

Au Chapitre 1, vous aviez corrigé ce problème de frange avec la fonction Supprimer la frange. Cette fois, appliquez une autre méthode. Maintenez la touche **Cmd** (**Ctrl**) enfoncée et cliquez sur la vignette du masque de fusion pour récupérer la sélection. Activez de nouveau la vignette du calque et exécutez le raccourci clavier **Cmd+J** (**Ctrl+J**) pour copier la zone sélectionnée sur son propre calque. Cliquez sur l'icône de visibilité (œil) du calque contenant le masque de fusion.

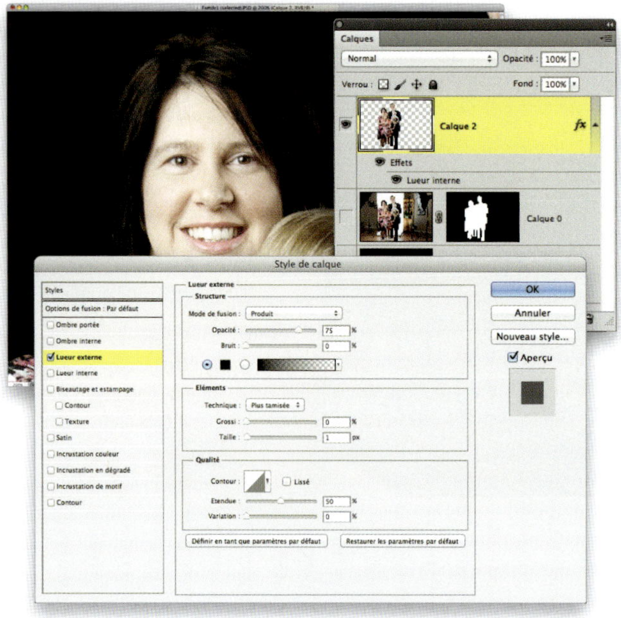

Étape 9

Dans la partie inférieure du panneau Calques, ouvrez le menu local Style de calque et choisissez Lueur interne. Dans la boîte de dialogue qui s'affiche, appliquez le Mode de fusion Produit. Ensuite, cliquez sur l'indicateur de couleur jaune pour accéder au Sélecteur de couleur. Placez alors le pointeur de la souris sur les cheveux de la femme. Il prend la forme d'une pipette. Cliquez pour prélever une couleur sombre. Le contour clair disparaît immédiatement. Cliquez sur OK pour valider le choix de la couleur. Dans la section Éléments de la boîte de dialogue Style de calque, fixez la Taille à 15 pixels. Ensuite, assignez une Opacité d'environ 70 % pour atténuer l'effet. Enfin, cliquez sur OK.

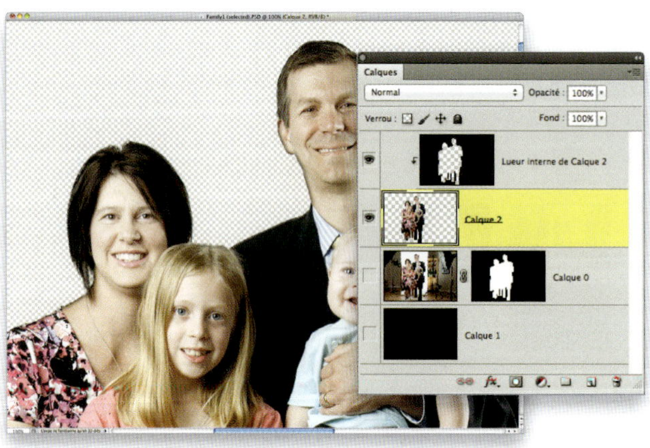

Étape 10

Le résultat est superbe, mais pose un nouveau problème. La lueur interne s'applique autour du calque. De ce fait, le contour de l'homme présente une frange noire qui sera visible sur le fond blanc du montage. Pour corriger cette imperfection, cliquez sur Calque > Style de calque > Créer un calque. L'effet de lueur apparaît désormais sur son propre calque.

Étape 11

Cliquez sur la vignette du calque créé à partir du style de calque. Ensuite, cliquez sur l'icône Ajouter un masque de fusion située en bas du panneau Calques. Activez l'outil Pinceau et définissez le noir comme couleur de premier plan. Ensuite, supprimez la lueur interne sur les zones où elle serait visible dans le montage final.

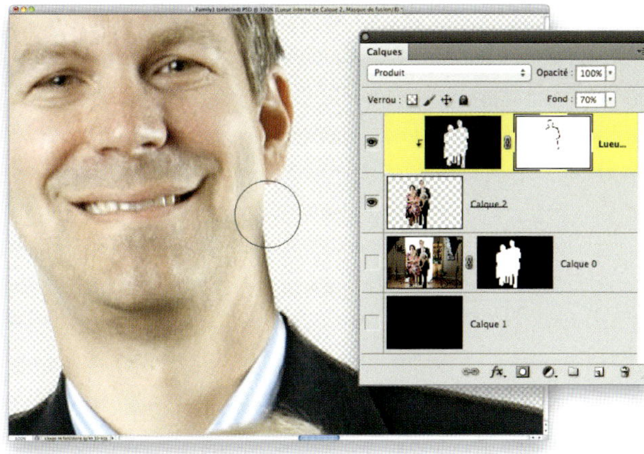

Étape 12

Affichez de nouveau le contenu de calque contenant le fond noir. Si une frange blanche est encore visible, essayez la fonction Supprimer la frange. Pour cela, activez le calque de la photo du groupe. Ensuite, cliquez sur Calque > Cache > Supprimer la frange. Dans Dans la boîte de dialogue qui s'affiche, fixez le paramètre Largeur sur 1 pixel et cliquez sur OK. Le contour de la sélection est parfaitement défini, surtout au niveau des cheveux de la femme qui reposeront sur une veste sombre. Sauvegardez l'image au format PSD *via* Fichier > Enregistrer. Ensuite, appliquez les mêmes techniques aux deux autres photos des membres de la famille.

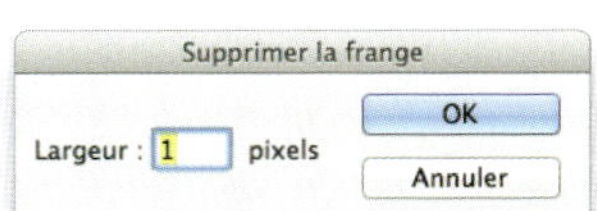

Réaliser le montage

L'expérience du montage montre que nous passons parfois plus de temps à assembler les images qu'à préparer les conditions de leur prise de vue, ou inversement. Ce didacticiel est l'exemple même du montage où les préparatifs ont exigé beaucoup de précision, puisque chaque groupe a été photographié à la même distance, avec la même longueur de focale. La réalisation du montage est probablement la phase la plus simple de ce projet, mais sa réussite dépend de la gestion que nous ferons dans Photoshop.

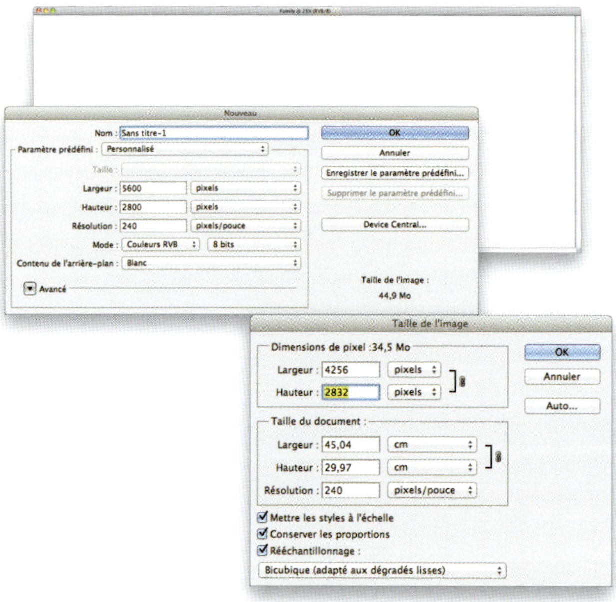

Étape 1

Vous devez commencer par créer le fond blanc sur lequel les photos des membres de cette famille vont être placées. Pour cela, cliquez sur Fichier > Nouveau. Définissez un document de 5 600 ↔ 2 800 pixels à 240 ppp. Vérifiez que le paramètre Couleur de l'arrière-plan est fixé sur Blanc. Pourquoi ces dimensions ? Activez la fenêtre d'une des photos de famille, puis cliquez sur Image > Taille de l'image. Vous constatez que sa hauteur est d'environ 2 800 pixels. Il n'y a aucune raison pour que celle du montage final l'excède. Enfin, la largeur du nouveau document est égale au double de sa hauteur. Il sera toujours possible d'effectuer un recadrage ultérieurement.

Étape 2

Ouvrez les trois photos dont l'extraction des membres a été préalablement réalisée. Chaque fichier contient un calque où les personnes reposent sur un fond transparent. Toutefois, une petite manipulation s'impose pour les images contenant un style de calque transformé en calque écrêté (comme au précédent exercice). Sélectionnez le « style de calque » et le calque contenant la famille sur un fond transparent et appuyez sur **Cmd+E** (**Ctrl+E**). Activez l'outil Déplacement (**V**) et glissez-déposez chaque calque sur le fond blanc. Placez le couple au centre de la composition et en dernière position dans la pile des calques, car les autres familles vont le chevaucher.

Étape 3

Comme la perspective est respectée, la taille de chaque groupe est proportionnelle à celle des autres. Mais, dès que vous rapprochez les deux groupes du couple, tout le monde semble avoir la même taille. Pour retrouver les proportions, activez l'outil Déplacement. Les deux pères de famille ont une taille identique. Par conséquent, alignez le haut de leur tête, puis remontez-les, l'homme situé au centre de l'image étant plus petit.

Étape 4

Le reste de votre travail consiste à ajouter des ombres pour rendre le montage aussi réaliste que convaincant. Vous savez que la source d'éclairage principale vient de l'avant gauche. Par conséquent, les ombres doivent être projetées vers la droite.

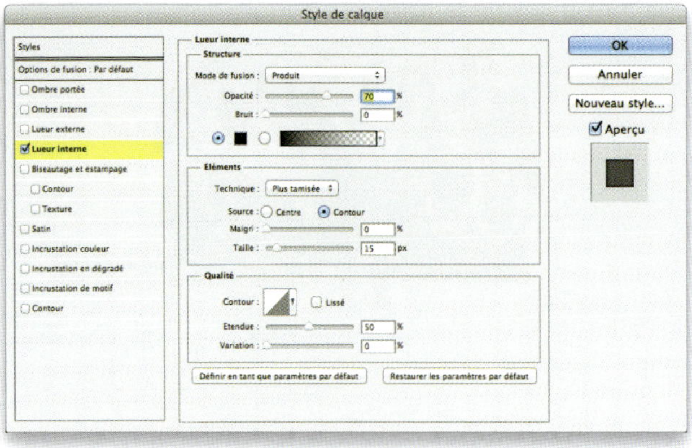

Étape 5

Utilisez le style de calque Lueur externe comme pour le montage de l'équipe médicale. Activez le calque de la famille placée sur la gauche, puis, dans le menu local Style de calque, choisissez Lueur externe. Dans la boîte de dialogue qui s'affiche, ouvrez le menu local Mode de fusion et choisissez Produit. Ensuite, cliquez sur l'indicateur de couleur jaune et définissez une couleur sombre.

Étape 6

La lueur est très fine. Pour en faire une ombre, fixez sa Taille à 205 pixels. Cette fois, la lueur englobe la tête de la femme et de son mari. Vous l'effacerez ultérieurement. Cliquez sur OK pour valider les réglages.

Étape 7

Pour ajuster l'ombre, vous devez la placer sur un calque autonome. Cliquez donc sur Calque > Style de calque > Créer un calque. L'ombre repose désormais sur un calque situé sous celui du groupe concerné.

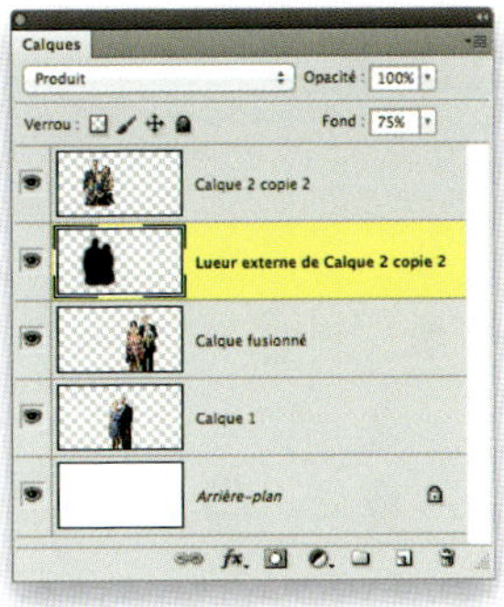

Étape 8

Cliquez sur l'icône Ajouter un masque de fusion du panneau Calques. Activez l'outil Pinceau (**B**), utilisez le noir comme couleur de premier plan et éliminez l'ombre dans les zones où elle ne doit pas apparaître. N'oubliez pas l'ombre située au niveau des jambes. L'arrière-plan blanc ne doit jamais être affecté par la lueur noire.

Étape 9

Faites la même chose pour la famille placée à droite. Cette fois, l'ombre n'est pas cruciale, parce que l'homme situé au centre du montage porte une veste sombre. Toutefois, ce n'est pas parce que la lueur y est peu visible que l'ombre ne doit pas exister.

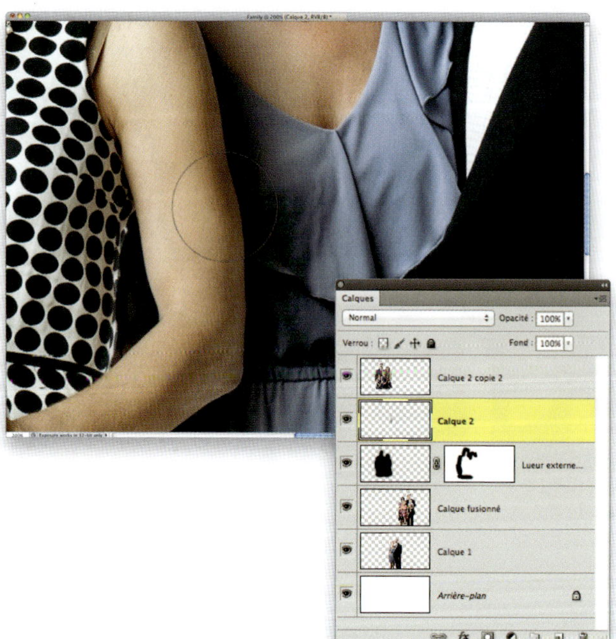

Étape 10

Enfin, vous pouvez ajouter une ombre discrète au niveau du bras et du torse de la femme située sur la gauche. En effet, le bras bloque une partie de la lumière qui éclaire la robe bleue. Commencez par activer le calque de la famille située à gauche, appuyez sur la touche **Cmd** (**Ctrl**) et cliquez sur l'icône Créer un calque du panneau Calques. Un calque vide apparaît sous le calque de la famille. Activez l'outil Pinceau et fixez son Opacité à 10 %. Appliquez l'outil pour créer une ombre subtile.

Étape 11

Le document est plus large et plus haut que nécessaire. Activez donc l'outil Recadrage (**C**) et tracez un cadre de redimensionnement englobant les zones à préserver, comme ci-contre. Au-dessus du groupe, laissez un espace égal à une hauteur de tête. Double-cliquez dans le cadre pour valider le recadrage.

Étape 12

La touche finale consiste à intensifier les couleurs de l'image. Cliquez sur le calque situé en haut du panneau Calques. Ensuite, ouvrez le menu local Ajouter un calque de réglage et choisissez Vibrance. Dans le panneau Réglages, fixez la valeur du paramètre Vibrance entre +50 et +60, pour amplifier les couleurs de l'image, sans saturer les teintes de la peau. Le montage final est illustré page suivante. Sauvegardez votre travail au format PSD en cliquant sur Fichier > Enregistrer. Ce format permettra de modifier le montage en cas de besoin.

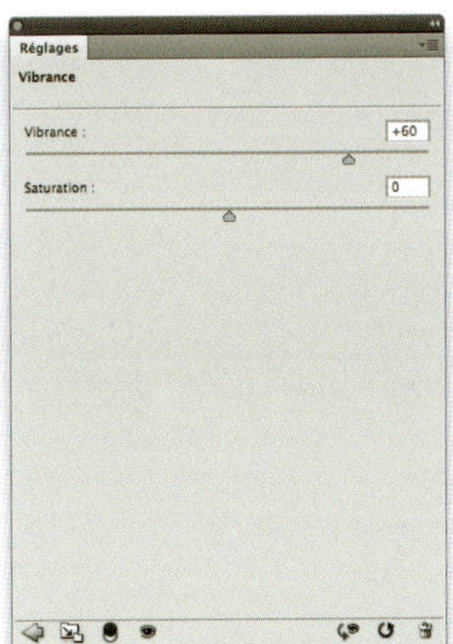

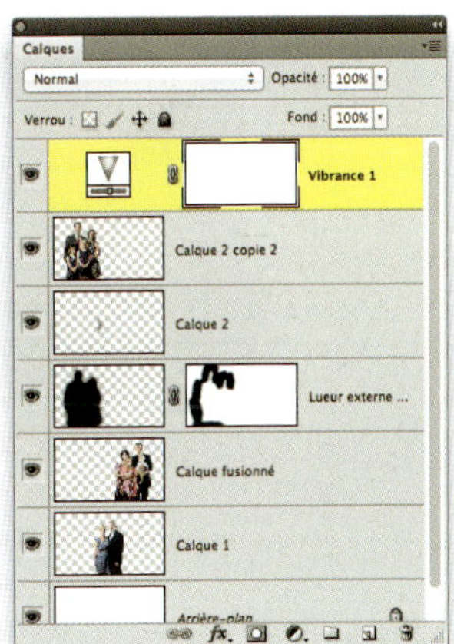

Image finale

Portrait de sportif 7

Ce nouveau montage est certainement le plus tendance de tous ceux que vous réaliserez dans ce livre. En effet, de nombreux photographes préfèrent photographier des athlètes en studio pour les insérer ensuite dans des décors spectaculaires. Les images obtenues illustrent généralement des publicités pour de grands équipementiers, des calendriers, et bien d'autres supports de diffusion de l'image d'un sportif. Ce travail offre une grande liberté au photographe qui peut modifier, à volonté et selon les désirs de son client, l'arrière-plan devant lequel prendra place l'athlète.

Préparer arrière-plan

Cette fois encore, l'arrière-plan est aussi important que le portrait. Le décor de ce projet se compose de plusieurs éléments que nous allons combiner dans un premier montage. Nous avons tout d'abord besoin d'une route respectant une certaine perspective, car les pieds de l'athlète seront visibles dans la composition. L'horizon de ce décor sera constitué de bâtiments, au-dessus desquels figureront des nuages d'une grande intensité.

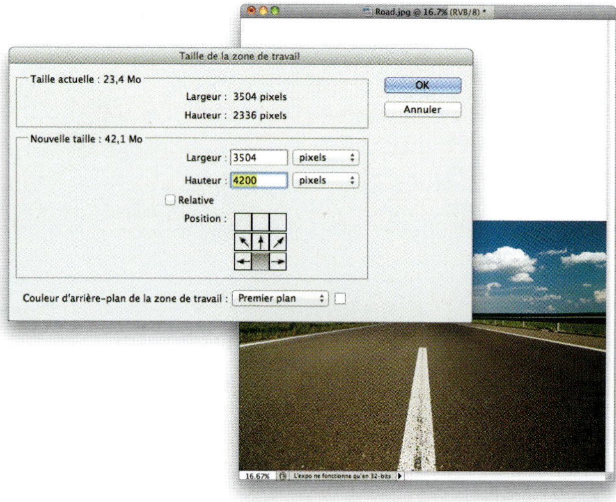

©ISTOCKPHOTO/PETKO DANOV

Étape 1

Ouvrez la photo de la route. Commencez par augmenter les dimensions de la zone de travail pour ajouter la ligne d'horizon composée des bâtiments de la ville. Pour cela, cliquez sur Image > Taille de la zone de travail. Dans la boîte de dialogue qui s'affiche, décochez l'option Relative. Ensuite, ouvrez le menu local des paramètres Largeur et Hauteur et choisissez pixels comme unité de mesure. Fixez la Hauteur à 4200. Dans la section Position, cliquez sur le carré situé en bas et au centre de la grille. Ainsi, vous indiquez à Photoshop d'ajouter les pixels dans la partie supérieure de la zone de travail. Enfin, assurez-vous que le blanc sera utilisé comme couleur d'arrière-plan.

Étape 2

Appuyez sur **W** pour activer l'outil Sélection directe. Appliquez-le sur le ciel et l'espace blanc pour sélectionner la partie supérieure de l'image. Cette fois, inutile d'améliorer le contour, puisqu'il s'agit de l'arrière-plan du décor dont les détails sont sans importance.

Étape 3

Ouvrez la photo des nuages. Cliquez sur Sélection > Tout sélectionner, puis sur Édition > Copier. Ensuite, affichez le document Photoshop contenant la route avec le ciel sélectionné et cliquez sur Édition > Collage spécial > Coller dedans. Cette action crée automatiquement un masque de fusion qui insère les nuages dans la sélection.

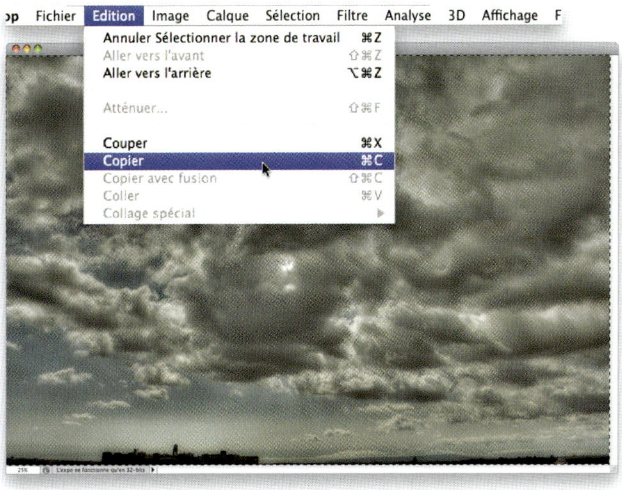

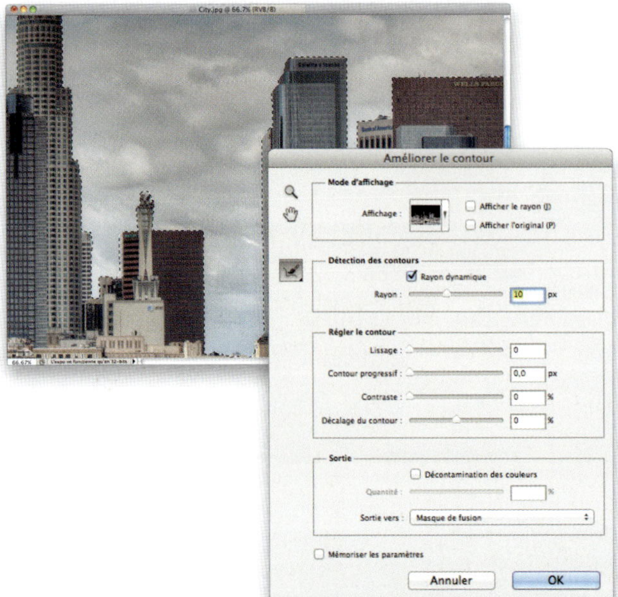

Étape 4

Ouvrez la photo de la ville. Sélectionnez les bâtiments et le premier plan de l'image avec l'outil Sélection rapide. Zoomez sur les petites zones et réduisez la taille de l'outil pour effectuer une sélection précise. N'oubliez pas que si vous sélectionnez par erreur une partie de l'image, vous pouvez appuyer sur la touche **Option** (**Alt**) afin de basculez l'outil en mode Soustraction. Ensuite, appliquez-le sur la zone en question pour la retirer de la sélection. Une fois la sélection réalisée, cliquez sur le bouton Améliorer le contour de la barre d'options. Dans la boîte de dialogue qui s'affiche, cochez l'option Rayon dynamique et fixez la valeur du Rayon à 10 pixels. Dans le menu local Sortie vers, choisissez Masque de fusion et cliquez sur le bouton OK.

Étape 5

La présence d'un masque de fusion impose une technique de copiage différente de celle habituellement utilisée. Donc, cliquez sur Sélection > Tout sélectionner, puis sur Édition > Copier avec fusion. Cela permet de copier les bâtiments tout en préservant l'arrière-plan transparent. Affichez de nouveau l'image d'arrière-plan. Appuyez sur **Cmd** (**Ctrl**) et cliquez sur la vignette du masque de fusion du ciel afin de récupérer la sélection. Ensuite, cliquez sur Édition > Collage spécial > Coller dedans. Les bâtiments apparaissent dans le montage. Activez l'outil Déplacement (**V**) et positionnez cet horizon comme ci-contre. La présence du masque de fusion permet de préserver la route.

Astuce : Resélectionner la même zone

Pour sélectionner de nouveau une zone précédemment sélectionnée, cliquez sur Sélection > Resélectionner. Photoshop récupère automatiquement la dernière sélection que vous aviez effectuée.

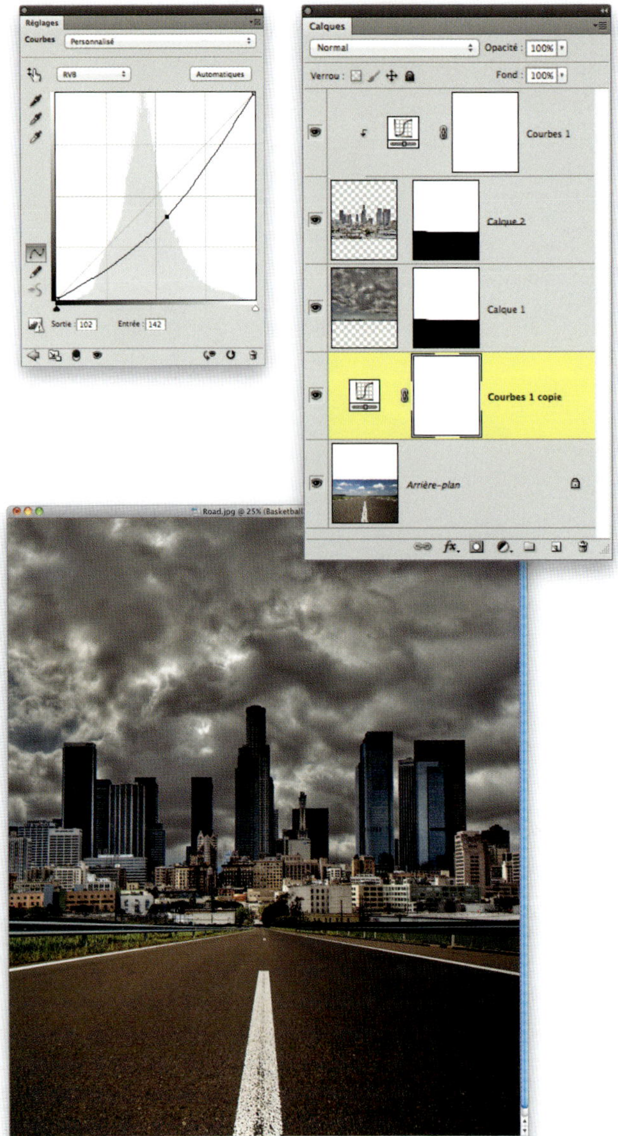

Étape 6

Le montage manque d'harmonie. Pour corriger cela, assombrissez et contrastez les immeubles. Cliquez sur l'icône Créer un calque de réglage du panneau Calques. Dans le menu local qui apparaît, choisissez Courbes. Cliquez au centre de la courbe pour placer un point d'ajustement, que vous faites glisser vers le bas pour assombrir et contraster l'image. Pour limiter l'effet du calque de réglage aux immeubles, cliquez sur l'icône Masque d'écrêtage du panneau Réglages (icône d'un cercle noir sur un cercle blanc). Maintenant, assombrissez la route avec une copie de ce calque de réglage. Pour cela, maintenez la touche **Option** (**Alt**) enfoncée et glissez-déposez le calque de réglage Courbes au-dessus du calque de la route.

Étape 7

La lumière du soleil est très intense dans certaines zones des nuages, ce qui attire l'attention du spectateur. Pour corriger ce problème, appliquez une technique utilisée au Chapitre 4. Appuyez sur la touche **G** pour activer l'outil Dégradé. Dans la barre d'options, cliquez sur la petite flèche située à droite de l'indicateur de dégradé afin d'accéder au Sélecteur de dégradés. Là, choisissez le deuxième dégradé prédéfini, c'est-à-dire Premier plan > transparent. À droite de ce sélecteur, cliquez sur la quatrième icône en partant de la droite pour appliquer un Dégradé réfléchi. Si ce n'est pas déjà le cas, faites du blanc la couleur de premier plan en appuyant sur **D**, puis sur **X**.

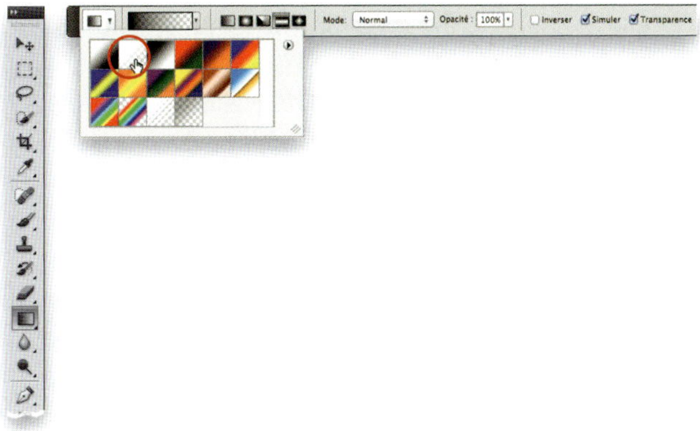

Étape 8

Activez le calque situé en haut du panneau Calques, puis cliquez sur l'icône Créer un calque. Placez le pointeur de la souris au centre des immeubles. Cliquez et, sans relâcher le bouton de la souris, tracez un dégradé vers le bas pour obtenir un effet, comme ci-contre, qui éclaircit l'arrière-plan. Réduisez l'intensité de l'effet en portant à 70 % la valeur du paramètre Opacité. Ce type d'éclairage permet de focaliser l'attention sur le sujet principal. Sauvegardez ce montage au format PSD *via* Fichier > Enregistrer.

Préparer l'environnement et l'extraction

Lorsque vous savez qu'une image sera traitée dans Photoshop, donnez-vous le plus d'options et de souplesse possible. Ainsi, photographiez le sujet sous plusieurs angles et dans différentes poses. Prenez deux photos de chaque pose, puis changez d'angle et prenez deux nouvelles images. Votre modèle et vous devez changer constamment de position. À la fin de la session de prise de vue, vous disposez d'un nombre de photos suffisamment important pour choisir la pose la mieux adaptée à votre arrière-plan.

Étape 1

Voici une photo qui montre la configuration du studio. Deux boîtes à lumière étroites et verticales équipées de grilles sont disposées de chaque côté du sujet, ce qui permet de bien marquer ses contours, facilitant ainsi l'extraction du basketteur. Face à lui, j'ai disposé un bol de beauté équipé d'un diffuseur.

Étape 2

Je prends environ cent photos lors d'une session de prise de vues. Parfois, sachant exactement ce que je veux, je demande au modèle de prendre certaines poses. À d'autres moments, je laisse faire le sujet, que je photographie sous différents angles. Pour ce projet, je voulais que la pose principale soit en contre-plongée avec le ballon en dribble ou bien plaqué au sol. Comme j'ignorais la composition de l'arrière-plan de destination, j'ai effectué plusieurs prises de vues sous différents angles, afin de m'offrir un maximum de possibilités au montage. L'illustration ci-contre montre un échantillon de ces images affichées dans la fenêtre de Lightroom.

Étape 3

Ouvrez la photo à intégrer au montage. Elle s'affiche dans Camera Raw. Vous constatez que j'ai opté pour un plan rapproché pris au grand angle. Bien que l'image soit un peu trop chaude, n'y apportez aucune modification pour le moment. Appuyez sur la touche **Maj** et cliquez sur le bouton Ouvrir un objet. L'image apparaît alors dans Photoshop sous la forme d'un objet dynamique. Une fois qu'elle sera placée dans le montage, il suffira de double-cliquer sur la vignette du calque de cet objet dynamique pour effectuer des réglages directement dans Camera Raw.

Étape 4

Appuyez sur **W** pour activer l'outil Sélection rapide que vous appliquez ensuite sur le basketteur. Une fois encore, zoomez sur les zones délicates et réduisez l'épaisseur de l'outil pour ajouter ou retirer des zones à la sélection. Le contraste entre le sujet et le fond étant très marqué, l'outil Sélection rapide effectue un excellent travail. Zoomez sur les pieds pour les sélectionner le plus précisément possible, car ils jouent un rôle fondamental dans le réalisme du montage. Si nécessaire, appuyez sur la touche **Option** (**Alt**) pour retirer des zones à la sélection.

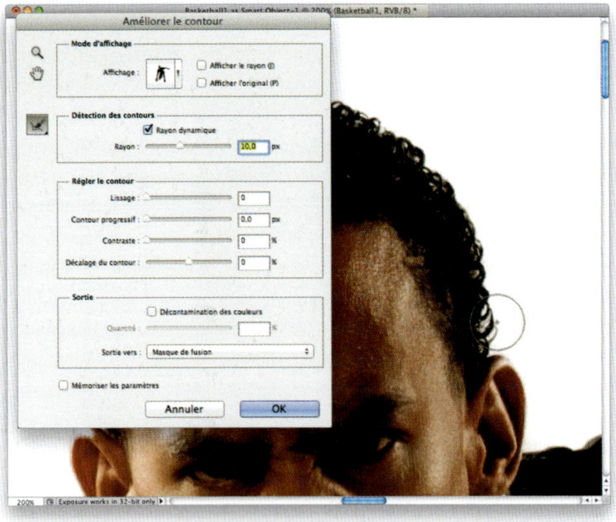

Étape 5

Cliquez sur le bouton Améliorer le contour de la barre d'options. Appuyez sur **F** jusqu'à ce que le mode d'affichage Sur blanc soit actif. Pour bien sélectionner les cheveux, activez l'option Rayon dynamique et fixez la valeur du paramètre Rayon à 10 pixels. Placez le pointeur de la souris sur l'image et appliquez l'outil sur les boucles de cheveux, le long des bras et des jambes pour bien sélectionner tous les détails. Dans le menu local Sortie vers, choisissez Masque de fusion et cliquez sur OK. L'extraction s'opère alors grâce à un masque de fusion. Avec l'outil Pinceau (**B**) en mode Incrustation et la couleur blanche, peignez les contours du joueur qui ont été légèrement effacés par la fonction Améliorer le contour. Enfin, cliquez sur Fichier > Enregistrer pour sauvegarder l'image au format PSD.

Réaliser le montage

Ce montage est un véritable plaisir à réaliser. Une fois l'arrière-plan défini et l'athlète sélectionné, votre objectif est d'adapter ce dernier à son nouveau décor. Pour parvenir à une belle harmonie des éléments montés, quelques ajustements sont généralement nécessaires. Pour cette raison, le sportif est inséré dans le montage en tant qu'objet dynamique, ce qui permet de le modifier directement dans Camera Raw. Ensuite, vous devrez gérer la cohérence des ombres qui jouent un rôle essentiel dans le réalisme du projet. Enfin, la partie la plus amusante du montage est certainement la création de fissures sur la route, qui ajoutent une intensité dramatique à l'image finale.

Étape 1

Ouvrez l'image d'arrière-plan créée au début de ce projet. Si vous prenez ce didacticiel en cours, téléchargez une version complète de ce décor sur le site d'accompagnement de ce livre. Sinon, une fois le fichier ouvert dans Photoshop, cliquez sur Calque > Aplatir l'image. Le document ne contient plus qu'un seul calque *Arrière-plan*.

Étape 2

Ouvrez l'image du basketteur extrait du studio de prise de vue. Si vous prenez cet exercice en cours, téléchargez une version préparée à votre intention sur le site d'accompagnement de ce livre. Ensuite, activez l'outil Déplacement en appuyant sur la touche **V** de votre clavier et glissez-déposez le basketteur sur l'arrière-plan.

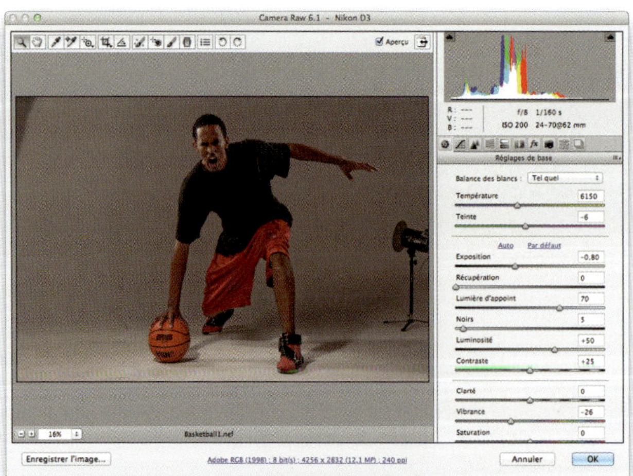

Étape 3

L'homme est trop clair par rapport à l'arrière-plan. Pour corriger ce problème, double-cliquez sur la vignette de son calque, c'est-à-dire sur l'objet dynamique, afin d'ouvrir la photo dans Camera Raw. Fixez alors l'Exposition à –0,80 et portez la valeur du paramètre Lumière d'appoint à 70. Ensuite, fixez la Vibrance à –26 pour réduire l'intensité de la couleur. Ne cliquez pas encore sur le bouton OK.

Étape 4

Les bras, les jambes et les chaussures sont encore trop clairs. Appuyez sur la touche **K** pour activer l'outil Pinceau de retouche de Camera Raw. Fixez sa valeur d'Exposition à –0,10 et sa Luminosité à –5. Ensuite, appliquez l'outil sur les bras, le ballon et les jambes. Peu importe que vous débordiez sur l'arrière-plan, puisqu'il est dissimulé dans le montage par le masque de fusion du calque.
Une fois ce travail réalisé, cliquez sur le bouton radio Nouvelle situé en haut du panneau Pinceau de retouche. Cela permet de définir un nouveau pinceau avec des réglages appropriés aux chaussures. Cette fois, réglez l'Exposition sur –1,05 et la Luminosité sur –20 et appliquez l'outil sur les pieds du basketteur. Une fois cette opération terminée, appliquez vos modifications par un clic sur le bouton OK.

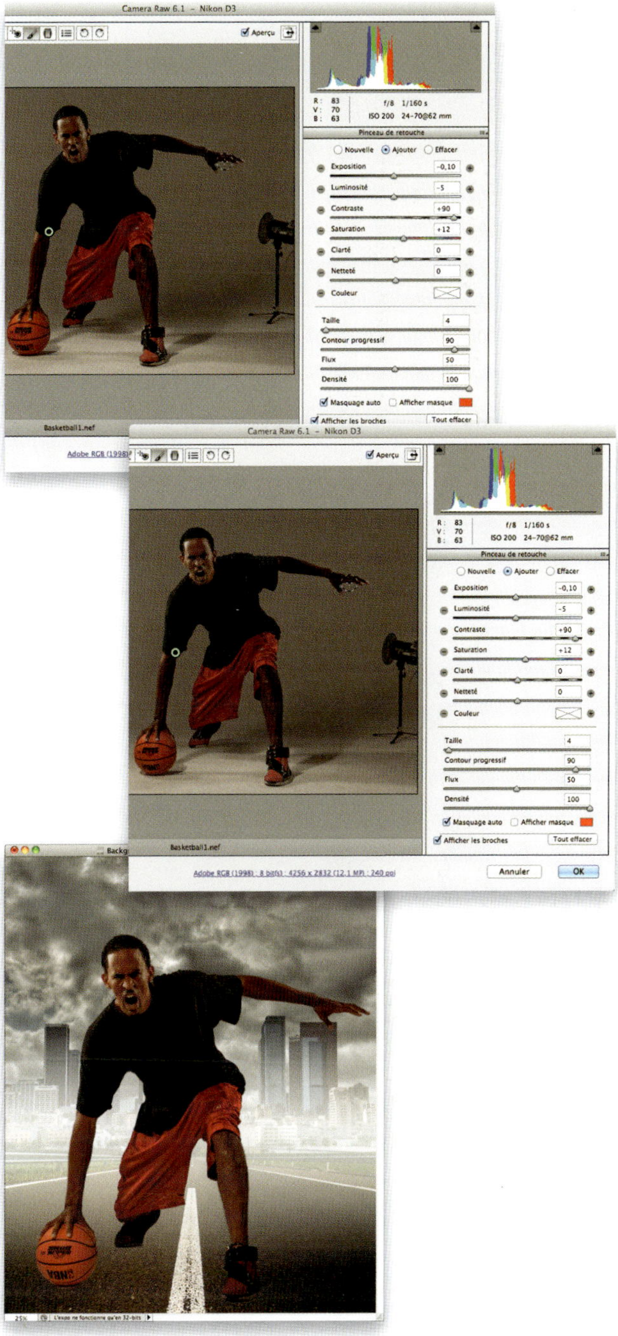

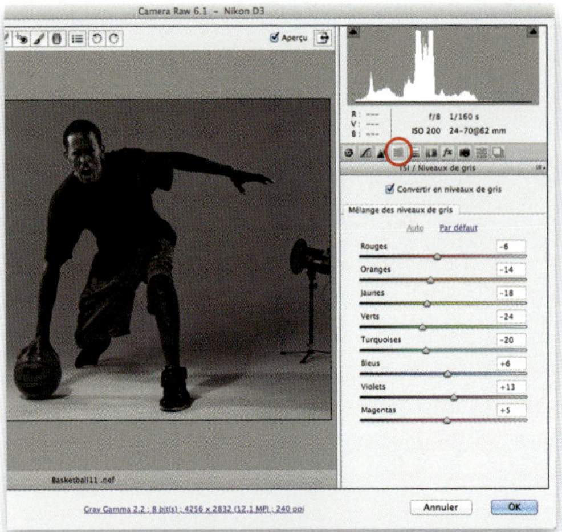

Étape 5

Utilisez maintenant une astuce que nous avons mise en œuvre dans d'autres didacticiels afin de désaturer l'athlète et lui donner un aspect plus angoissant. Effectuez un clic droit sur le calque. Dans le menu contextuel qui s'affiche, exécutez la commande Nouvel objet dynamique par copier pour pour créer une copie de l'objet dynamique original. Double-cliquez sur la vignette de cette copie pour ouvrir son contenu dans Camera Raw. Cliquez sur l'onglet TSL/Niveaux de gris (cerclé en rouge ci-contre) et activez l'option Convertir en niveaux de gris.

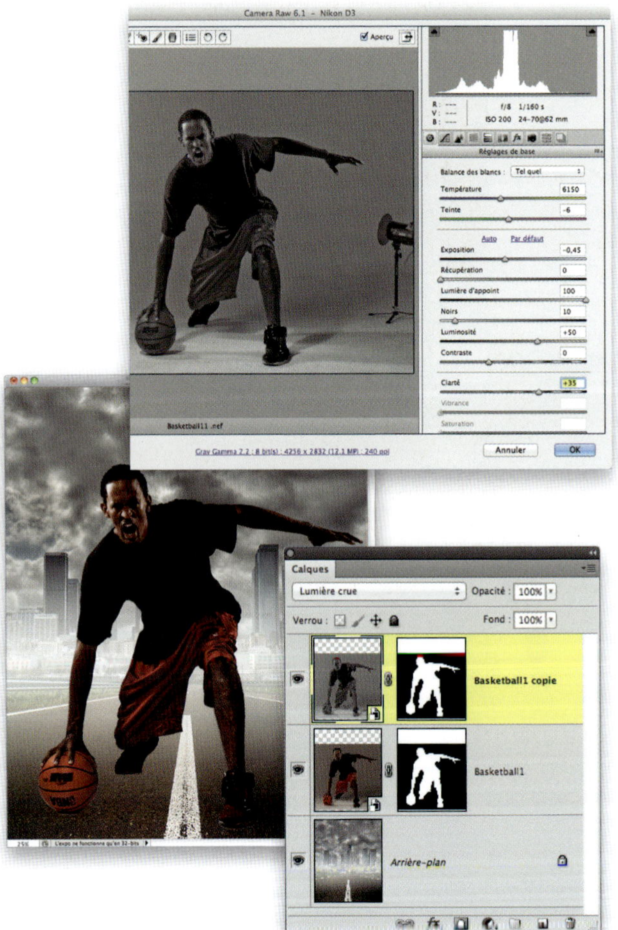

Étape 6

Ensuite, revenez aux Réglages de base et fixez L'exposition à –0,45. Faites glisser le curseur Lumière d'appoint jusqu'à la valeur 100 pour déboucher les ombres. Réglez le paramètre Noirs sur 10 pour assombrir les tons les plus foncés, portez la valeur du Contraste à 0 et celle de la Clarté à 35. Appuyez sur **K** pour activer le Pinceau de retouche. Ensuite, dans la partie inférieure du panneau de droite, cliquez sur le bouton Tout effacer afin de supprimer les corrections sélectives de l'objet dynamique original. Validez vos modifications par un clic sur le bouton OK. Pour obtenir l'effet angoissant recherché, appliquez au calque le mode de fusion Lumière crue.

Étape 7

Ajoutez un peu de chaleur au sportif pour enflammer l'atmosphère de la scène. Cliquez sur l'icône Créer un calque de réglage du panneau Calques. Dans le menu local qui apparaît, choisissez Filtre photo. Vérifiez que l'option Filtre est réglée sur Filtre réchauffant (85), puis cliquez sur le bouton radio Couleur. Ensuite, fixez son paramètre Densité à 55 %. Ajoutez un autre calque de réglage de type Teinte/Saturation et réglez la valeur du paramètre Saturation sur –60 pour réduire l'intensité de la couleur. Maintenant, appuyez sur **Cmd** (**Ctrl**) et cliquez sur le calque de réglage Filtre photo du panneau Calques afin d'en sélectionner les deux calques de réglage. Ensuite, cliquez sur Calque > Créer un masque d'écrêtage. Ainsi, les deux calques n'affectent que le calque contenant la version noir et blanc du basketteur.

Astuce : Enregistrer régulièrement son travail

Si vous n'avez pas encore sauvegardé votre travail, cliquez sur Fichier > Enregistrer pour créer une version PSD de votre image. Il serait en effet dommage de perdre l'ensemble de vos modifications suite à un blocage de Photoshop ou de votre ordinateur. Pour cette raison, je vous conseille d'exécuter régulièrement cette commande en appuyant sur **Cmd+S** (**Ctrl+S**).

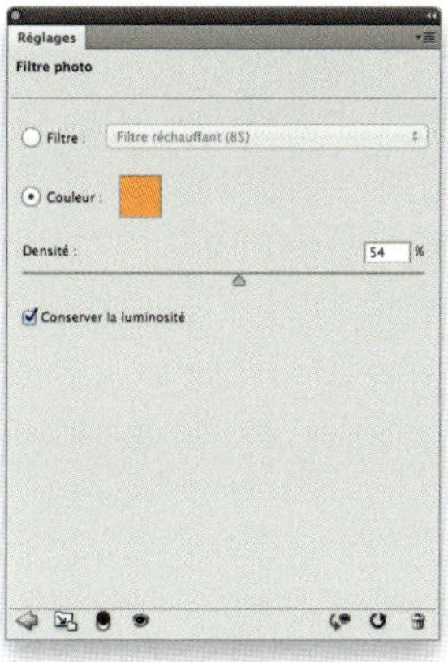

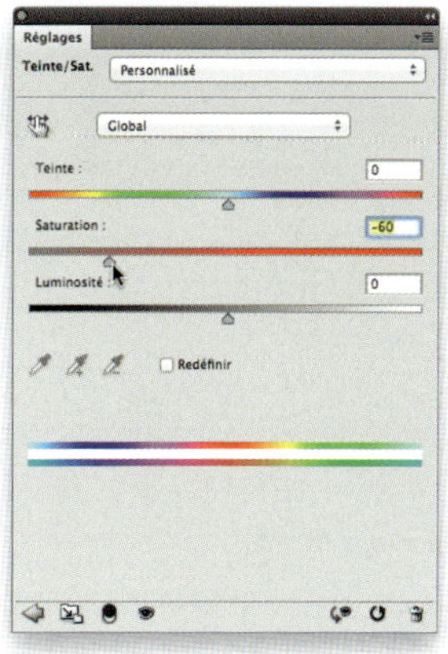

Étape 8

Intéressez-vous maintenant aux ombres. Commencez par cliquer sur l'icône Créer un calque située en bas du panneau Calques et glissez-déplacez-le juste au-dessus du calque *Arrière-plan*. Appuyez sur la touche **B** pour activer l'outil Pinceau. Définissez une petite Épaisseur au contour progressif et faites du noir la couleur de premier plan. Dans la barre d'options de l'outil, fixez la valeur du paramètre Opacité à 75 %. Appliquez du noir pour simuler une ombre sous la chaussure, comme ci-contre. Veillez à ne pas vous éloigner de la semelle. L'ombre projetée sur le sol doit être subtile et réaliste.

Étape 9

Créez un autre calque au-dessus de celui-ci. Augmentez l'épaisseur du Pinceau et fixez son Opacité à 10 %. Appliquez l'outil sur les parties du sol situées devant le basketteur pour créer une ombre projetée générée par la lumière située à l'arrière-plan. Comme l'Opacité du pinceau est de 10 %, chaque passage permet de contrôler la densité de l'ombre. Il semble judicieux de double-cliquer sur le nom de ces deux calques pour leur attribuer une dénomination significative de leur contenu.

Étape 10

Voici venue la phase la plus amusante de ce montage. J'ai choisi cette posture du basketteur pour donner l'impression qu'il plaque violemment son ballon au sol. Pour amplifier le caractère violent de cette action, il semble nécessaire d'endommager le bitume. Pour cela, téléchargez depuis le site d'accompagnement de ce livre l'image d'une portion de route considérablement craquelée. Ouvrez-la et glissez-déposez son calque dans votre montage. Ensuite, placez-le juste au-dessus du calque *Arrière-plan*. Repositionnez-le au niveau des pieds et du ballon, comme ci-contre. Ne fermez pas l'image originale du bitume, vous en aurez encore besoin.

Étape 11

Pour ajuster les fissures à la perspective de la route, invoquez la fonction Transformation manuelle *via* le raccourci clavier **Cmd+T** (**Ctrl+T**). Ensuite, maintenez la touche **Cmd** (**Ctrl**) enfoncée et glissez vers le centre la poignée supérieure gauche du cadre de redimensionnement. Répétez cette action avec la poignée supérieure droite. Ensuite, glissez vers le bas la poignée supérieure centrale, jusqu'à ce que les fissures soient dans la même perspective que la route, comme ci-contre. Enfin, appliquez la transformation en appuyant sur la touche **Retour** (**Entrée**) de votre clavier.

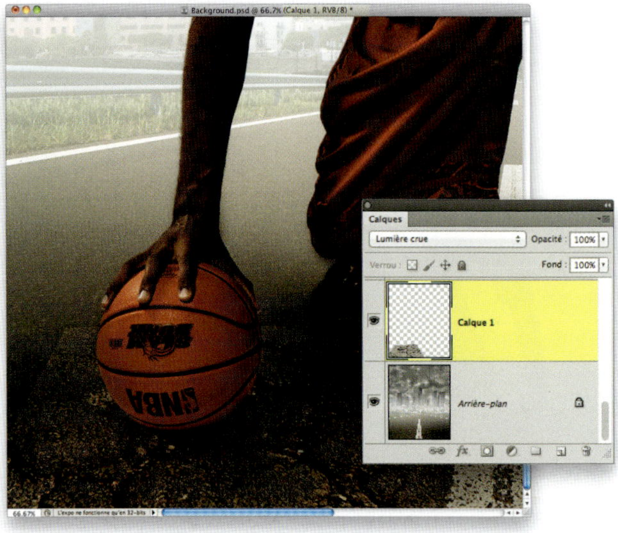

Étape 12

Appliquez au calque des lézardes le mode de fusion Lumière crue pour les incruster dans la route. En fonction de la couleur des éléments montés, les modes de fusion Produit, Lumière tamisée ou Incrustation peuvent donner un meilleur résultat. Testez-les !

Étape 13

Cliquez sur l'icône Ajouter un masque de fusion située en bas du panneau Calques. Appuyez sur **B** pour activer l'outil Pinceau. Définissez le noir comme couleur de premier plan, une petite Épaisseur au contour progressif et une faible Opacité. Appliquez l'outil sur les bords du goudron craquelés pour bien le fusionner dans la route de l'arrière-plan.

Étape 14

Maintenant, affichez de nouveau l'image originale du bitume fissuré. Cliquez sur Image > Rotation de l'image > Symétrie horizontale de la zone de travail. Les craquelures sont alors orientées dans une autre direction. Glissez-déposez leur calque dans le montage et répétez les étapes 11 à 13 de cette procédure. Renommez ces deux calques pour mieux en identifier le contenu.

Étape 15

Pour donner l'impression que le ballon s'enfonce dans le sol, créez un calque vide que vous placez en haut de la pile des calques. Appuyez sur la touche **S** pour activer l'outil Tampon de duplication. Dans la barre d'options, ouvrez le menu local Échantillon et choisissez Tous les calques. Appuyez sur la touche **Option** (**Alt**) et cliquez sur une partie du goudron fissuré pour en dupliquer la texture. Avec une petite épaisseur d'outil au contour progressif, couvrez de matière la base du ballon. N'hésitez pas à changer la zone échantillonnée pour varier la texture du bitume appliquée sur le ballon.

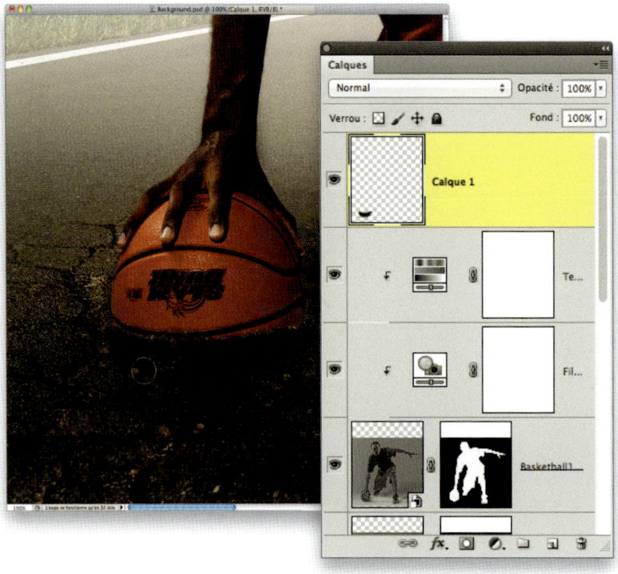

Étape 16

Appuyez sur la touche **O** pour activer l'outil Densité –. Dans le menu local Gamme, choisissez Tons moyens et fixez l'Exposition sur 20 %. Définissez une petite Épaisseur et appliquez l'outil sur le bord supérieur du bitume que vous venez de dupliquer sur le ballon. Appuyez sur **Maj+O** pour activer l'outil Densité + et appliquez-le sur le goudron pour simuler l'ombre du ballon sur la route.

Étape 17

Ajoutez de la lumière provenant de derrière le basketteur. Profitez du ciel lumineux situé au centre et à gauche de la photo pour diffuser une certaine clarté sur le joueur. Créez un calque vide en haut de la pile des calques. Ensuite, cliquez sur Édition > Remplir. Dans le menu local Avec, choisissez Noir et cliquez sur OK. Ensuite, cliquez sur Filtre > Rendu > Halo. Fixez le paramètre Luminosité à 140 % et optez pour le type d'objectif 105 mm (normal). Enfin, placez la petite croix de l'aperçu du filtre sur la gauche et au centre. Cliquez sur le bouton OK. Appliquez à ce calque le mode de fusion Superposition pour masquer le noir. Réduisez l'intensité de l'effet en fixant l'Opacité du calque entre 50 et 60 %.

Étape 18

Il ne reste plus qu'à donner la touche finale. Pour cela, créez une version composite de l'image en appuyant sur **Cmd+Option+Maj+E** (**Ctrl+Alt+Maj+E**). Si vous n'utilisez que Photoshop, appliquez la technique étudiée à la fin du Chapitre 2 pour accentuer le caractère angoissant de la scène. Ici, j'utilise le paramètre prédéfini Tonal Contrast du plug-in Nik Color Efex Pro. Si les nuages et la peau vous paraissent trop texturés, créez un masque de fusion et peignez dessus en noir avec un pinceau à faible opacité.

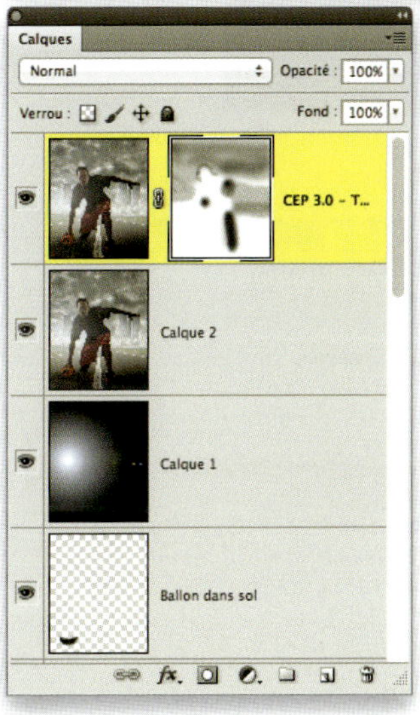

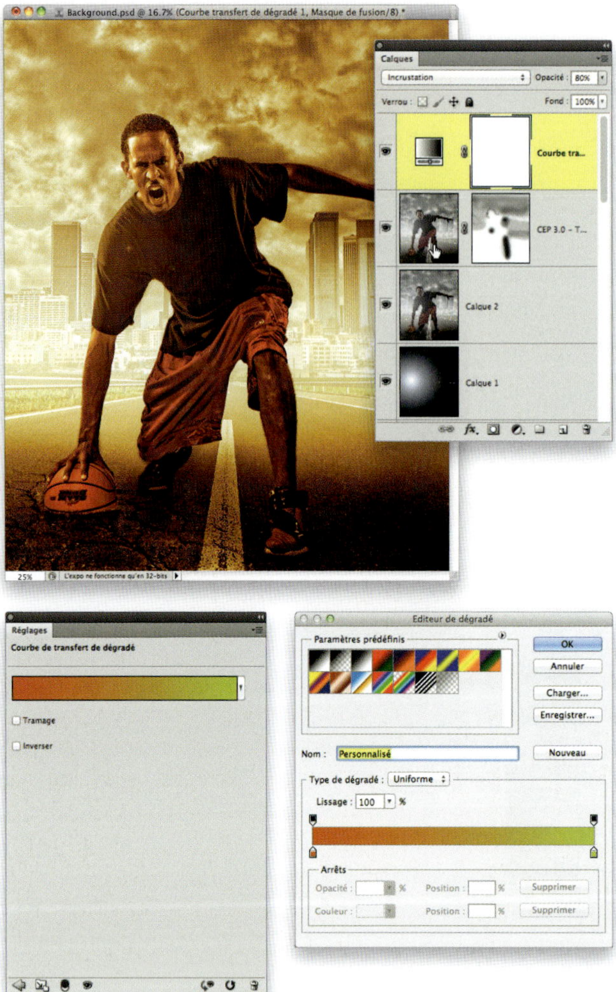

Étape 19

Maintenant, appliquez à ce montage une atmosphère encore plus chaude en utilisant les fonctions de Photoshop. Cliquez sur l'icône Créer un calque de réglage située en bas du panneau Calques. Dans le menu local qui apparaît, choisissez Courbe de transfert de dégradé. Ensuite, cliquez sur l'indicateur de dégradé pour ouvrir l'Éditeur de dégradé. Pour en modifier les couleurs, cliquez simplement sur les petits taquets carrés, puis sur le paramètre Couleur. Dans le Sélecteur de dégradé qui apparaît, appliquez au taquet de gauche une teinte orange dont les valeurs RVB sont R : 176, V : 79 et B : 6, et au taquet de droite une teinte verte aux valeurs RVB : R : 186, V : 186 et B : 53. Validez vos paramètres par un clic sur OK. Assignez au calque de réglage le mode de fusion Incrustation et fixez son Opacité à 80 %. L'atmosphère de l'image devient très chaude.

Astuce : Utiliser le plug-in Nik Color Efex Pro

Si vous possédez le plug-in Nik Color Efex Pro Complete, appliquez son filtre Bi-Color Filters. Il permet d'obtenir une superbe couleur tout en préservant les tons chair.

Étape 20

Voici l'image obtenue avec le filtre Bi-Color Filters. Pour focaliser l'attention sur le sujet principal du montage, assombrissez la zone où se trouvent ses pieds. Pour cela, créez un calque sous le calque de réglage Courbe de transfert de dégradé et appuyez sur **D** pour faire du noir la couleur de premier plan. Ensuite, appuyez sur **G** pour activer l'outil Dégradé. Ouvrez le Sélecteur de dégradé de la barre d'options et optez pour le type de dégradé Premier plan > transparent. Placez le pointeur de la souris en bas de l'image et tracez un dégradé sur le tiers inférieur de l'image, qui devient alors très sombre. Réduisez l'Opacité du calque pour contrôler l'intensité de cet assombrissement.
Sur la page suivante, vous constatez la présence d'un espace suffisant dans la partie supérieure de l'image. Il permet d'ajouter un slogan ou le nom de l'athlète. N'hésitez pas à recadrer l'image si vous n'utilisez pas cette partie du montage.

Image finale 1

Avec Courbe de transfert de dégradé

Image finale 2

Avec le filtre Bi-Color Filters

En concert

8

Ce projet est intéressant à double titre. Tout d'abord, son concept, la réalisation de la photo, et l'assemblage de ses éléments dans Photoshop procurent un immense plaisir. Ensuite, il met en évidence le caractère artistique des montages photo. L'idée sous-jacente de ce travail consiste à faire passer une scène du rêve à la réalité grâce à Photoshop.

Préparer l'arrière-plan

L'arrière-plan de ce projet se compose d'éclairages et de fumée, c'est-à-dire tout un environnement scénique dont je pouvais contrôler la plupart des éléments pour obtenir l'environnement idéal de mon montage. Vous ne pouvez jamais bénéficier d'un tel contrôle quand vous photographiez un concert. En revanche, grâce à Photoshop, vous pouvez agir sur les lumières en modifiant leur puissance et leur couleur, afin de traduire une atmosphère unique.

©ISTOCKPHOTO/NIKADAI

Étape 1

Ouvrez l'image qui servira d'arrière-plan à votre montage. Vous y placerez une rock star dans l'atmosphère sulfureuse d'un concert endiablé, sur une scène baignée de lumières et de fumée.

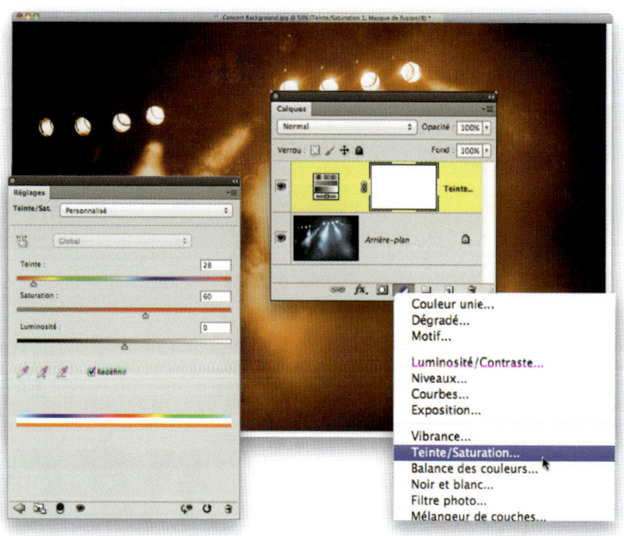

Étape 2

Imaginez une scène très chaude plongée dans des tons rouge orangé. Pour la créer à partir de cette photo bleutée, cliquez sur l'icône Créer un masque de fusion du panneau Calques. Dans le menu local qui apparaît, choisissez Teinte/Saturation. Dans le panneau Réglage, cochez l'option Redéfinir. Fixez la Teinte à 28 et la Saturation à 60 pour intensifier cette nouvelle couleur chaude.

Étape 3

Améliorez l'éclairage en ajoutant un effet de halo. Pour cela, commencez par créer un calque vide en haut du panneau Calques. Ensuite, cliquez sur Édition > Remplir. Dans le menu local Avec, choisissez Noir et cliquez sur OK. Le nouveau calque devient totalement noir.

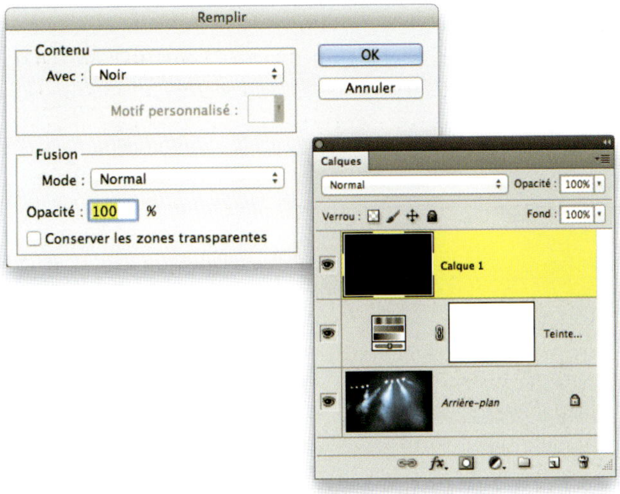

Étape 4

Maintenant, cliquez sur Filtre > Rendu > Halo. Fixez la Luminosité à 100 % et optez pour le type d'objectif 50-300 mm (zoom). Ensuite, glissez la petite croix de l'aperçu du filtre vers la partie supérieure droite comme ci-contre, c'est-à-dire dans la zone contenant des projecteurs. Cliquez sur OK pour appliquer le filtre.

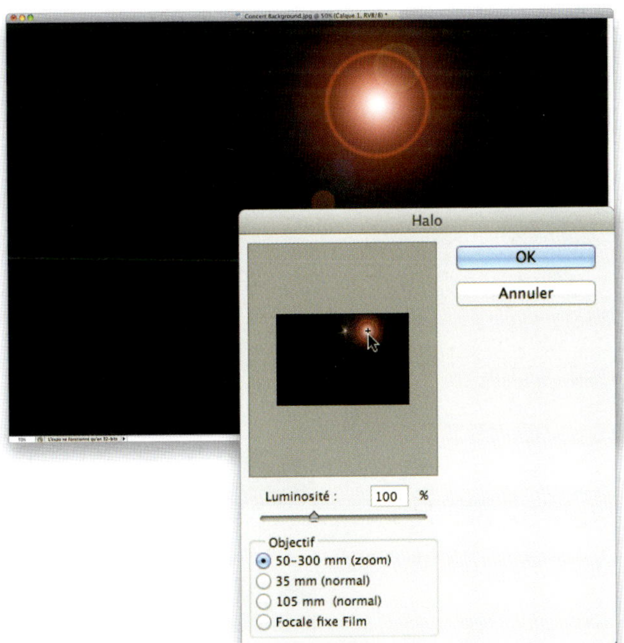

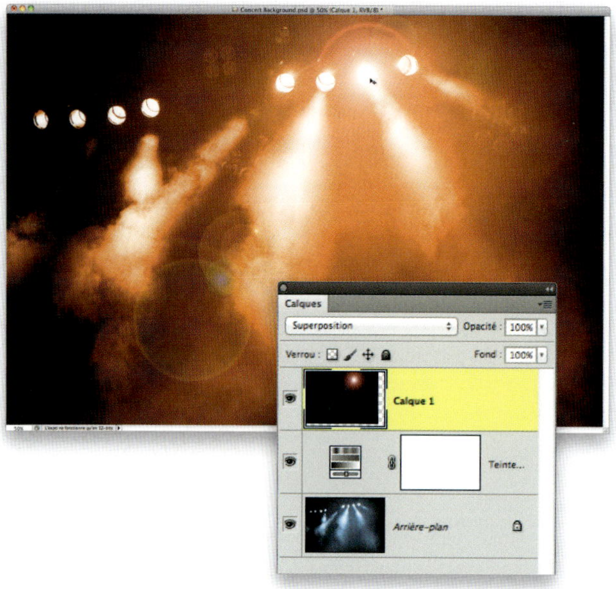

Étape 5

Pour faire apparaître les halos sur les projecteurs, assignez au calque noir le mode de fusion Superposition. Activez l'outil Déplacement (**V**) et placez le halo sur un des projecteurs situés sur la droite, comme ci-contre.

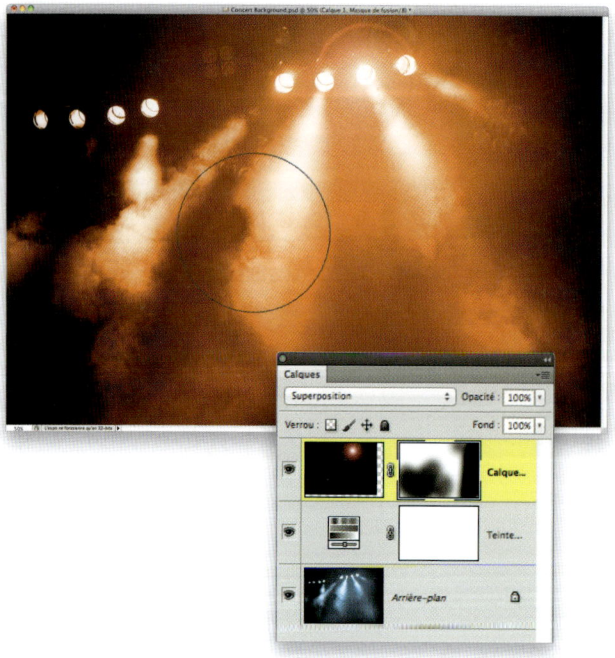

Étape 6

L'ajout du halo et le déplacement du calque font apparaître des bords parasites sur l'image. Pour les éliminer, cliquez sur l'icône Ajouter un masque de fusion du panneau Calques. Choisissez le noir comme couleur de premier plan, activez l'outil Pinceau (**B**) et définissez une large taille de contour progressif. Appliquez l'outil sur les bords inesthétiques. Ensuite, dans la barre d'options du pinceau, fixez son Opacité à 50 % et éliminez également les halos visibles dans la partie inférieure gauche de l'image.

Étape 7

Répétez les étapes 3 à 6 pour créer des halos sur les autres projecteurs. À chaque nouveau halo, glissez la petite croix de l'aperçu dans la zone correspondant au projecteur de l'image. Enfin, variez la luminosité des halos en réduisant l'Opacité de leur calque.

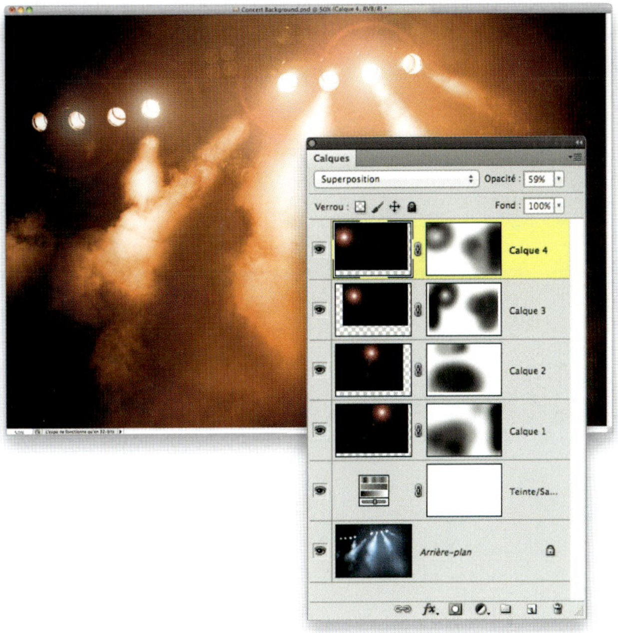

Étape 8

Modifiez la forme et la taille des halos *via* Édition > Transformation manuelle. Appuyez sur la touche **Maj** et faites glisser une des poignées d'angle vers l'intérieur pour réduire le diamètre du halo. Validez vos modifications en appuyant sur la touche **Retour** (**Entrée**).

Étape 9

Une fois l'arrière-plan terminé, sauvegardez-le au format PSD *via* Fichier > Enregistrer. Vous préservez ainsi la totalité des calques du fichier. Vous en aurez besoin pour placer certains halos devant le chanteur que vous insérerez bientôt dans le montage.

Sélectionner le chanteur et les bras du public

Ce montage nécessite deux sélections : la rock star et les bras du public. J'ai renoncé à utiliser des bras sous la forme de silhouettes noires, car elles ne se seraient pas harmonisées avec le chanteur et les éclairages.

Étape 1

Voici une configuration assez classique que j'ai utilisée pour plusieurs projets présentés dans ce livre. Elle consiste en deux boîtes à lumière étroites disposées verticalement et équipées d'une grille. Leur position latérale permet de définir un éclairage de contour qui détache le sujet de l'arrière-plan. L'éclairage principal frontal est assuré par un bol de beauté placé légèrement à droite de l'appareil.

Étape 2

Ouvrez la photo du chanteur prise au format Raw. Elle s'affiche dans Adobe Camera Raw. Fixez la valeur du paramètre Température sur 4400 afin de neutraliser la dominante jaune de l'image. Ensuite, réglez la Lumière d'appoint sur 35 pour déboucher les ombres. Enfin, faites glisser le curseur Vibrance jusqu'à la valeur –33 pour éliminer les teintes rouges et atténuer la couleur globale de l'image. Une fois ces réglages effectués, appuyez sur la touche **Maj** et cliquez sur le bouton Ouvrir un objet. La photo s'affiche dans Photoshop sous la forme d'un objet dynamique.

Étape 3

Activez l'outil Sélection rapide (**W**) pour sélectionner le chanteur. Cette photo contient des zones délicates, comme le micro, sur lesquelles vous serez obligé de zoomer pour réaliser une sélection la plus précise possible. Bien entendu, pour retirer de la sélection une zone que vous avez ajoutée accidentellement, appuyez sur la touche **Option** (**Alt**) afin de basculer l'outil en mode Soustraction. Cliquez alors dans les zones incriminées.

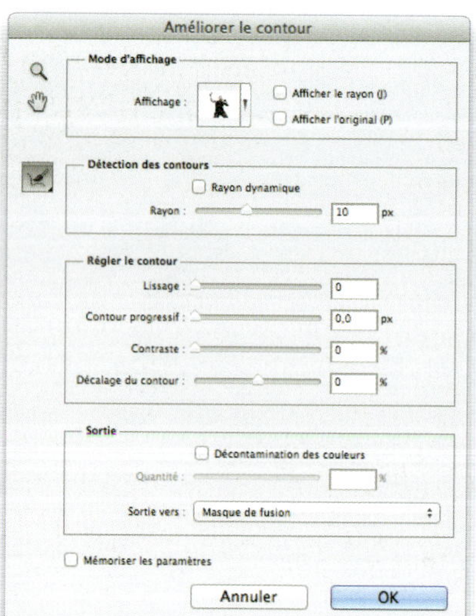

Étape 4

Quand la sélection paraît correcte, cliquez sur le bouton Améliorer le contour de la barre d'options. Fixez la valeur du paramètre Rayon à 10. Inutile cette fois d'activer l'option Rayon dynamique, car vous sélectionnez un sujet aux contours bien définis. De ce fait, aucune zone ne nécessite l'application de l'outil Amélioration du rayon. Dans la section Sortie vers, choisissez Masque de fusion.

Étape 5

La sélection est définie par le masque de fusion, ce qui permet d'en affiner les contours. Commencez par appuyer sur la touche **Cmd** (**Ctrl**) et cliquez sur l'icône Créer un calque du panneau Calques. Un calque vide apparaît sous le calque *Rock Star*. Cliquez alors sur Édition > Remplir. Dans le menu local Avec, optez pour Noir. Cette couleur contraste parfaitement bien avec le chanteur, ce qui permet de mieux localiser et corriger les imperfections de la sélection.

Étape 6

Effectuez un zoom avant et contrôlez les contours du sujet. Cette image nécessite une amélioration des bords de la sélection. Mais cette opération est délicate, car les tons et les couleurs des tatouages ont perturbé Photoshop lors de l'extraction du chanteur de l'arrière-plan de la prise de vue. Vous avez ci-contre l'exemple même d'une perte des détails du bras provoquée par une sélection approximative. Attention ! Le problème posé par votre extraction ne sera pas exactement le même que sur cette illustration.

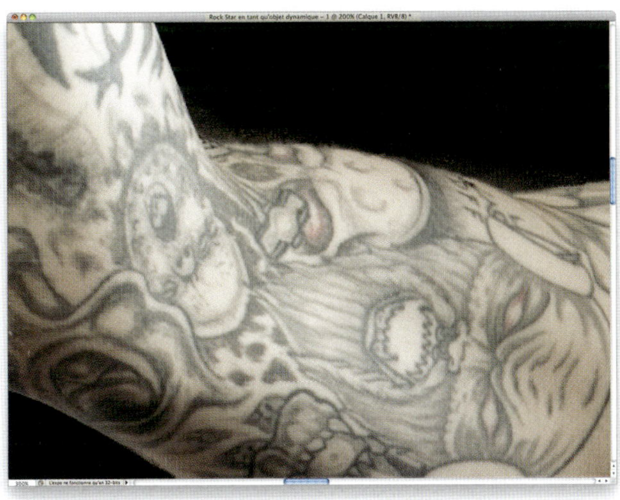

Étape 7

Cliquez sur la vignette du masque de fusion du calque du chanteur. Ensuite, activez l'outil Pinceau (**B**) et, dans sa barre d'options, assignez-lui le mode de fusion Incrustation. Appuyez sur **X** pour faire du blanc la couleur de premier plan. Définissez une petite Épaisseur d'outil au contour progressif et appliquez le pinceau sur des zones où la peau semble manquer. Le mode Incrustation permet de peindre sur l'arrière-plan sans risquer de réintroduire une frange parasite, ce qui facilite la restauration des zones de peau. Vérifiez l'état de la peau sur la totalité du contour et appliquez du blanc avec le pinceau en mode Incrustation pour parfaire le contour du chanteur. Une fois ce travail terminé, cliquez sur Fichier > Enregistrer pour sauvegarder le fichier au format PSD. Ainsi, vous disposerez toujours d'un objet dynamique et d'un masque de fusion sur lesquels intervenir en cas de besoin.

Étape 8

Ensuite, ouvrez les images des bras. Je les ai photographiés en éteignant l'éclairage principal, c'est-à-dire le bol de beauté. Les éclairages latéraux ont permis de marquer davantage les contours, facilitant ainsi la sélection et l'extraction. J'ai alors demandé à des personnes travaillant dans le lieu de prise de vue de prêter leur concours en levant leurs bras et leurs mains. Ils s'amusèrent comme des fous, malgré le caractère singulier de ma requête.

Étape 9

Sélectionnez le premier bras et la main avec l'outil Sélection rapide. Pour ce projet, j'ai également inclus deux têtes de « spectateurs ». Zoomez sur les parties les plus complexes à sélectionner, comme les doigts. Toutefois, ne cherchez pas à réaliser une sélection parfaite, puisque nous les rendrons légèrement floues dans le montage.

Étape 10

Une fois la sélection effectuée, cliquez sur le bouton Améliorer le contour. Fixez la valeur du paramètre Rayon sur 5 et, dans le menu local Sortie vers, optez pour Masque de fusion. Cliquez sur le bouton OK.

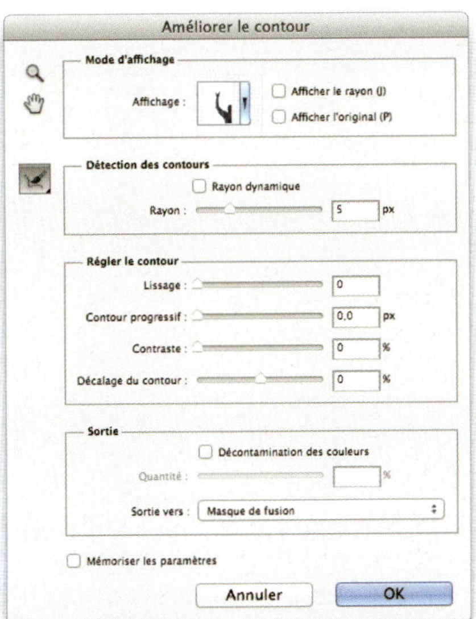

Étape 11

Répétez cette procédure pour toutes les autres images de bras et de mains. Ensuite, réunissez-les dans un seul document que vous enregistrez au format PSD. Si vous souhaitez éviter de sélectionner chaque bras, récupérez le fichier PSD ci-contre sur le site d'accompagnement de ce livre.

Réaliser le montage

L'objectif de ce montage est de créer une ambiance qui préserve la chaleur de l'arrière-plan que vous avez créé en début de didacticiel. Ce travail va enrichir votre expérience de la composition d'images disparates et vous montrer comment, à partir des photos d'un chanteur qui n'est pas sur scène, de bras levés, et d'un peu de fumée, vous pouvez donner l'illusion d'un concert.

Étape 1

Ouvrez l'image d'arrière-plan et regardez ses calques. Vous constatez la présence d'un calque de réglage Teinte/Saturation qui modifie la couleur du décor et de quatre calques contenant des halos. Vous devez impérativement placer le calque du chanteur entre le calque de réglage et les calques des halos.

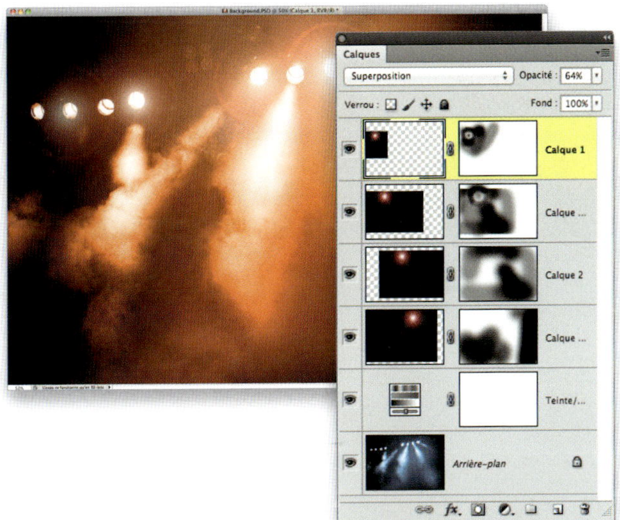

Étape 2

Ensuite, ouvrez l'image du chanteur sélectionné, qui consiste en un calque traité en tant qu'objet dynamique. Activez l'outil Déplacement (**V**), puis glissez-déposez cet objet dynamique sur l'arrière-plan du montage. Enfin, dans le panneau Calques, placez le calque du chanteur juste au-dessus du calque de réglage Teinte/Saturation.

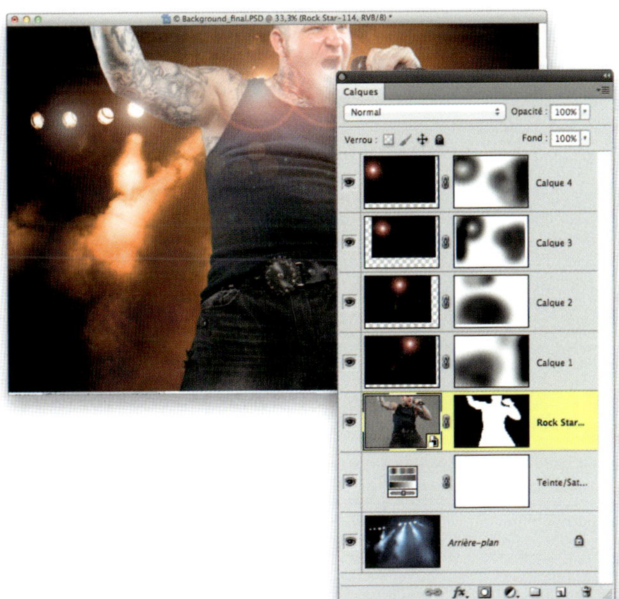

Étape 3

Notre rock star est bien trop grande pour occuper convenablement l'espace que nous lui réservons dans le montage. Pour corriger cela, cliquez sur Édition > Transformation manuelle. Dans la barre d'options, fixez la hauteur et la largeur à 62 % et appuyez sur la touche **Retour** (**Entrée**) de votre clavier.

Astuce : Conserver les proportions

Si vous cliquez sur l'icône du maillon de la barre d'options (Conserver les proportions), la Hauteur et la Largeur seront modifiées dans les mêmes proportions. Ainsi, lorsque vous tapez la valeur 62 % dans le champ Hauteur, elle s'applique aussi au champ Largeur et réciproquement. En revanche, pour redimensionner proportionnellement en intervenant directement sur l'image, maintenez la touche **Maj** enfoncée et glissez une poignée d'angle du cadre de transformation.

Étape 4

Les bras et le pantalon du chanteur sont trop clairs. Comme son calque est un objet dynamique, double-cliquez sur sa vignette pour l'ouvrir dans Camera Raw. Activez l'outil Pinceau de retouche (**K**) et fixez l'Exposition à –0,50 et la Luminosité à –17.

Étape 5

Fixez la Taille de l'outil à 7 et appliquez le Pinceau de retouche sur les bras et les jambes pour les assombrir. Vous pouvez déborder sur l'arrière-plan, puisqu'il est protégé par le masque de fusion de l'extraction. Une fois la modification terminée, validez-la en cliquant sur le bouton OK. Vous voici revenu dans Photoshop.

Étape 6

Sa peau est également trop froide pour un décor aussi chaud. Pour harmoniser le montage, cliquez sur l'icône Créer un calque de réglage du panneau Calques. Dans le menu local qui apparaît, choisissez Filtre Photo. Dans le panneau Réglages, gardez le réglage par défaut, mais portez la Densité à 60 %. Pour limiter l'impact du calque de réglage au chanteur, cliquez sur Calque > Créer un masque d'écrêtage. Cette fois, l'effet n'affecte que le calque situé juste en-dessous du calque de réglage.

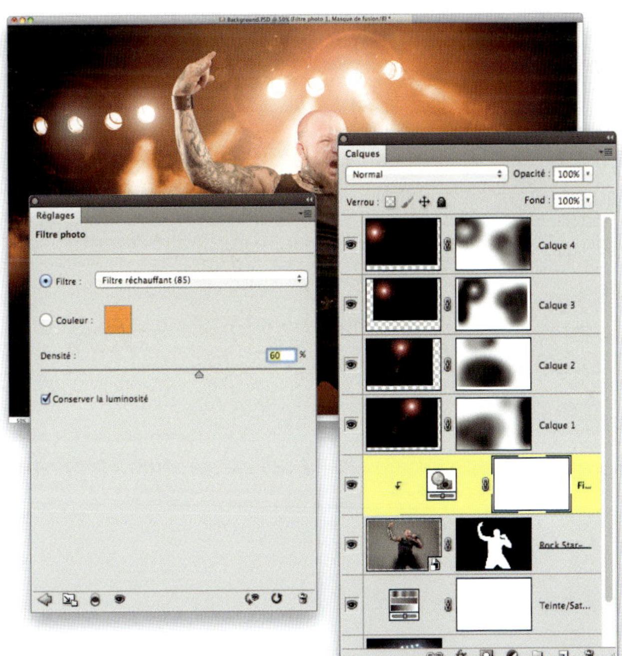

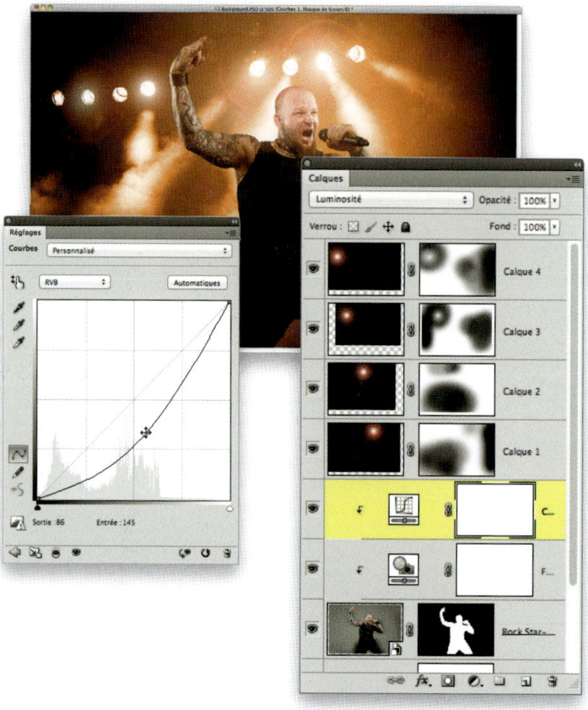

Étape 7

Globalement, cette rock star est encore trop claire. Ajoutez cette fois un calque de réglage Courbes. Cliquez au centre de la courbe pour y créer un point de réglage que vous glissez ensuite vers le bas, comme ci-contre. Cliquez sur Calque > Créer un masque d'écrêtage pour que le calque de réglage n'affecte que le chanteur. Enfin, appliquez à la courbe le mode de fusion Luminosité.

©ISTOCKPHOTO/PLAINVIEW

Étape 8

L'arrière-plan contient de la fumée. Il serait intéressant d'en ajouter davantage en utilisant une photo achetée sur un site de collections d'images comme iStockphoto (**www.istockphoto.com**). Dans le moteur de recherche interne du site, tapez le mot « smoke » pour y trouver la photo ci-contre.

Étape 9

Ouvrez la photo de la fumée et, avec l'outil Déplacement, glissez-déposez son unique calque sur le montage. Il apparaît au-dessus du calque de réglages Courbes et sous les calques des halos.

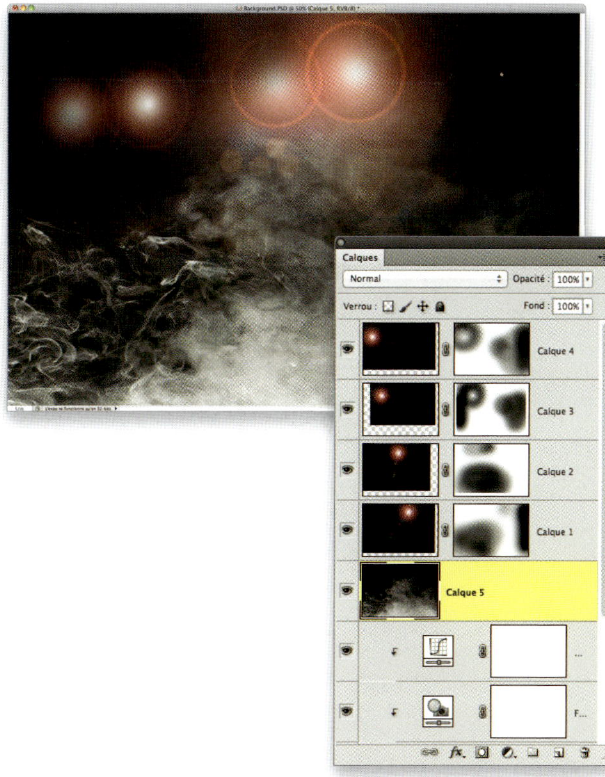

Étape 10

Assignez au calque le mode de fusion Densité couleur - et fixez son Opacité à 85 % pour mélanger la fumée à l'arrière-plan. Dès que vous désirez ajouter de la vapeur, du brouillard, de la brume, ou tout autre type de matière organique reposant sur un fond noir, essayez ce mode de fusion ou bien le mode Superposition. Ils permettent d'éliminer les zones noires de l'image pour ne conserver que la matière de l'élément naturel.

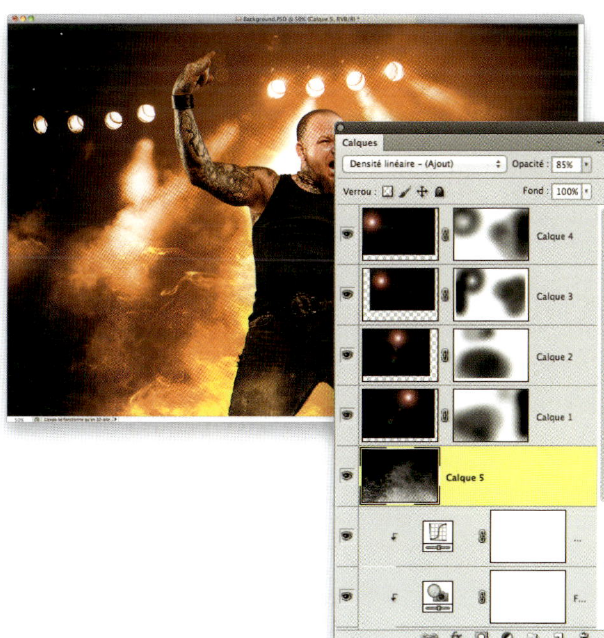

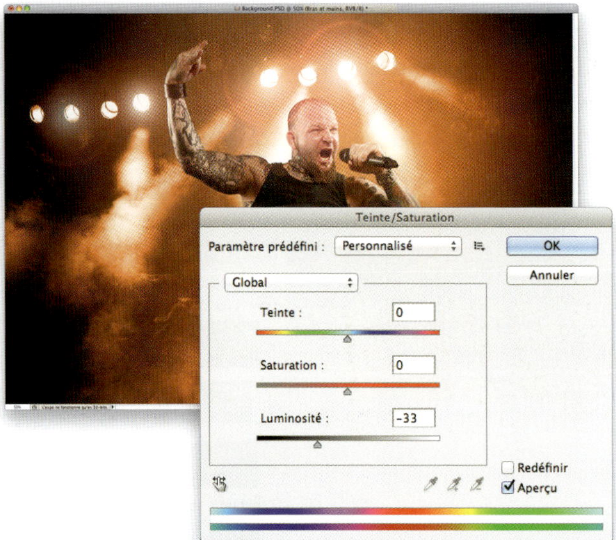

Étape 11

Glissez la fumée vers le bas de l'image pour ne pas polluer le visage du chanteur. La fumée est si claire qu'elle ressemble plus à un feu, ce qui n'est pas souhaitable pour ce montage. Pour réduire cette clarté, ouvrez la boîte de dialogue Teinte/Saturation en exécutant le raccourci clavier **Cmd+U** (**Ctrl+U**). Assignez au paramètre Luminosité la valeur –33 et cliquez sur OK. La fumée est toujours visible, mais sa tonalité s'harmonise avec le reste du montage.

Étape 12

Toute rock star a ses fans. Par conséquent, vous devez ajouter les bras d'une foule en délire. Pour cela, ouvrez l'image du public préparée au précédent didacticiel, ou bien utilisez celle qui est mise à votre disposition sur le site d'accompagnement de ce livre. Comme la fumée se trouve sur la scène, placez les bras au-dessus de son calque et positionnez-les en bas du montage.

Étape 13

Le chanteur est net et impose *de facto* un effet de profondeur de champ destiné à rendre les bras légèrement flous. Cliquez sur Filtre > Flou > Flou gaussien. Fixez le Rayon à 5 pixels, puis cliquez sur OK. Cette opération donne davantage de réalisme à la photo et permet d'attirer l'attention sur le chanteur et non pas sur le public.

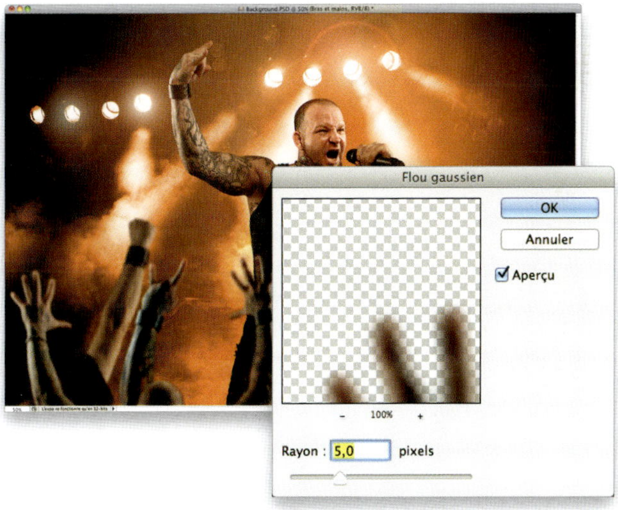

Étape 14

Lorsque je travaille sur une photo contenant de nombreuses sources de lumière, j'ajoute un éclairage qui tombe délicatement sur les contours du sujet principal. Pour cela, créez un calque vide en haut du panneau calques. Ensuite, appuyez sur la touche **I** du clavier pour activer l'outil Pipette et prélevez une teinte orange de l'arrière-plan. Activez l'outil Pinceau (**B**) et définissez une large Épaisseur au contour progressif. Dans la barre d'options, fixez son Opacité à 10 %. Appliquez l'outil sur l'éclairage. Appliquez le pinceau par quelques clics successifs. En d'autres termes, évitez de peindre sur l'image. N'oubliez pas que l'effet doit être subtil en faisant tomber cette lumière supplémentaire sur les contours du chanteur. Si l'effet est trop intense, réduisez l'Opacité du calque.

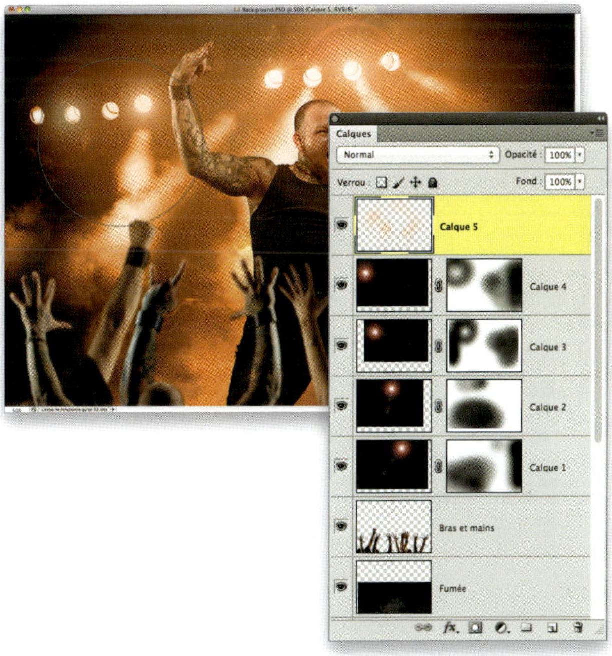

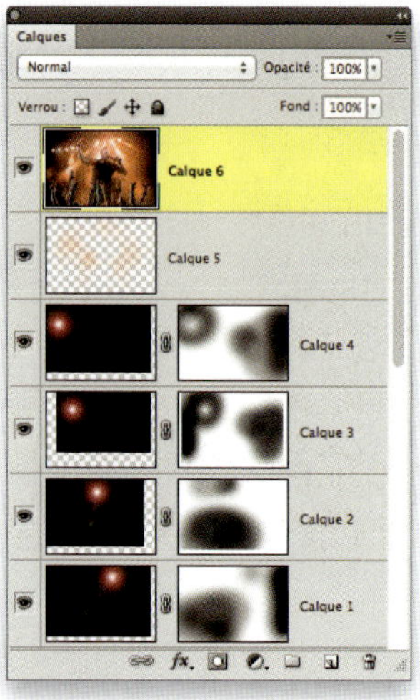

Étape 15

La touche finale que vous allez ajouter concerne la totalité de la photo. Par conséquent, fusionnez les calques sans aplatir l'image en exécutant le raccourci clavier **Cmd+Option+Maj+E** (**Ctrl+Alt+Maj+E**). L'ensemble des calques est alors combiné en un seul calque composite affiché en haut du panneau Calques.

Étape 16

Ouvrez le menu Filtre et cliquez sur Divers > Passe-haut. Dans la boîte de dialogue qui s'affiche, fixez la valeur du Rayon à 9 pixels, puis cliquez sur OK. L'image est grise. Pour obtenir l'effet souhaité, appliquez au calque le mode de fusion Lumière crue. L'image devient alors beaucoup plus nette, ce qui donne à ce montage un aspect résolument rock'n'roll !

Étape 17

Une autre méthode consiste à appliquer le plug-in Color Efex Pro 3.0 Complete, dont je parle à la section « Dix choses à savoir sur le montage photo » au début de ce livre. Ce module tierce partie permet d'obtenir un bien meilleur effet qu'avec le filtre Passe-haut. Ainsi, dans la fenêtre du plug-in, cliquez sur l'effet Tonal Contrast situé dans la colonne de gauche. Ensuite, assignez la valeur 30 aux paramètres Highlight, Contrast, Midtone Contrast et Shadow Contrast. Enfin, fixez la Saturation à 5 et cliquez sur OK. Cet effet, analogue à celui du filtre Passe-haut, est de bien meilleure qualité.

Étape 18

Quelle que soit la méthode utilisée, l'effet donne un résultat insatisfaisant sur les halos et les mains. Pour améliorer cela, cliquez sur l'icône Ajouter un masque de fusion située en bas du panneau Calques. Ensuite, activez l'outil Pinceau. Définissez le noir comme couleur de premier plan et appliquez une forme de petite taille au contour progressif. Réduisez son Opacité pour mieux contrôler l'intensité de la correction. Peignez sur les mains et dans les zones contenant des halos.

Image finale

DÉCOMPOSITION D'UNE ACTION

9

TOM BOL

Ce projet est intéressant à double titre. Tout d'abord, son concept, la réalisation de la photo, et l'assemblage de ses éléments dans Photoshop procurent un immense plaisir. Ensuite, il met en évidence le caractère artistique des montages photo. L'idée sous-jacente de ce travail consiste à faire passer une scène du rêve à la réalité grâce à Photoshop.

Les préparatifs

La préparation de ce type de prise de vue est très simple et facilite le travail de post-production que vous réaliserez dans Photoshop. Je tiens à remercier mon ami et photographe talentueux Tom Bol (**www.tombolphoto.com**) pour la photo utilisée dans la réalisation de ce montage. Pourquoi ? Parce que je réside en Floride, et que mon réfrigérateur est le seul endroit vers chez moi où je puisse trouver de la neige.

Étape 1

Pour réaliser ce type de montage spectaculaire et dynamique, vous avez besoin d'un sujet en mouvement. Bien entendu, ce genre de photo n'est pas réservé aux skieurs et autres snowboarders. Il concerne bien d'autres sports comme le basketball, le football américain, le baseball, le football, ou encore le motocross, pour ne citer qu'eux. L'arrière-plan joue ici un rôle prépondérant, c'est évident. Dans ce projet, nous suivons l'action d'un snowboarder virevoltant dans les airs. La gestion du ciel et de l'environnement hivernal est une des clés de la réussite du montage.

Étape 2

Un trépied est indispensable à la réalisation d'une prise de vue en continu d'une action. Ainsi, le cadrage restera le même pour chaque photo, ce qui facilitera l'extraction et le montage final. Ensuite, réglez l'appareil en mode Priorité à l'ouverture et faites un test. Notez la valeur de cette ouverture et de la vitesse d'obturation choisie par l'appareil. Supposons que vous ouvriez à *f*/8 et que l'appareil détermine une vitesse d'obturation de 1/500e de seconde. Basculez en mode Manuel et appliquez ces mêmes réglages. Vous êtes alors certain que l'appareil ne modifiera jamais la mesure de l'exposition. Ces réglages perdureront pendant toute la session de prises de vues.

Étape 3

Maintenant, réglez l'appareil en mode de prise de vue en Continu ou en Rafale. L'idée L'idée maîtresse est de prendre des photos le plus rapidement possible. Bien entendu, la cadence varie d'un appareil à un autre. Les reflex numériques d'entrée de gamme peuvent capturer 4 images par seconde, contre 10 pour les modèles professionnels. Cette cadence détermine le temps qui s'écoule entre chaque photo du sujet en mouvement. Plus le nombre d'images par seconde est faible, et plus l'espace entre chaque photo est important. En revanche, plus il est élevé et plus l'action est décomposée. Lorsque le sujet bouge très rapidement, certaines prises de vue peuvent se chevaucher. Les deux illustrations ci-contre montrent les résultats obtenus avec des cadences de prise de vue faible et élevée.

Cadence de prise de vue faible.

Cadence de prise de vue élevée.

ADAM ROHRMANN

Étape 4

Voici une configuration typique pour décomposer une action. Ici, Tom photographie un skieur mais, quel que soit le sport, le principe reste le même. Vous constatez que l'appareil de Tom est fixé sur un trépied pour capturer les diverses phases du saut de ce skieur.

Technique de montage simple

Le titre de ce didacticiel évoque une « technique simple », induisant l'existence d'une méthode plus complexe. En effet, j'explique comment profiter des automatisations de Photoshop pour composer facilement une image. Toutefois, comme cette technique ne fonctionne pas avec tous les types de prise de vue, je vous présente également une méthode plus complexe, mais dont le niveau de difficulté reste raisonnable.

Étape 1

Vous devez ouvrir toutes les images dans Photoshop. Plutôt que d'y procéder manuellement, je vous invite à exécuter un script prédéfini du logiciel. Pour cela, cliquez sur Fichier > Scripts > Chargement des fichiers dans une pile. La boîte de dialogue Charger les calques apparaît.

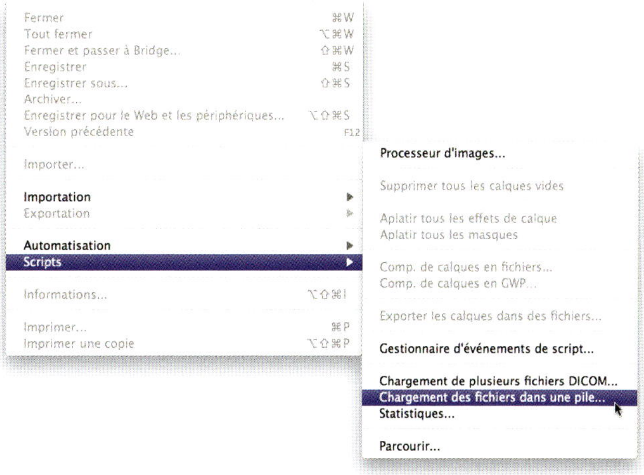

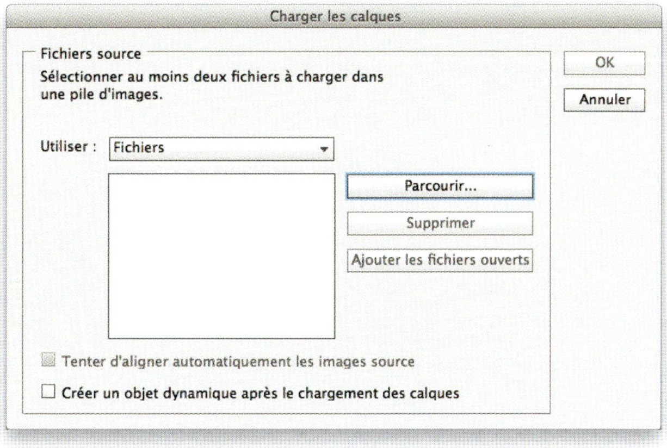

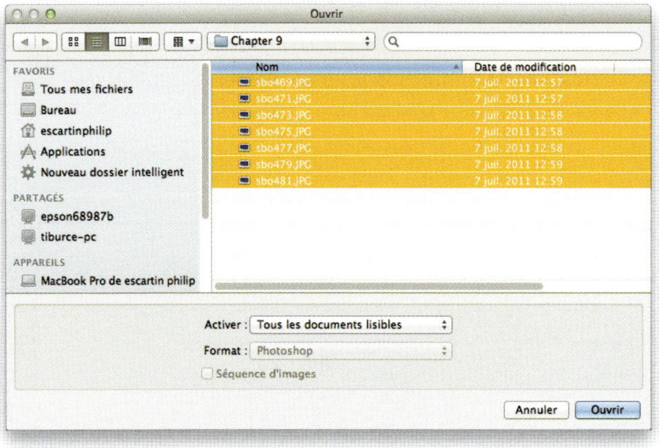

Étape 2

Cliquez sur le bouton Parcourir. Dans la boîte de dialogue qui s'affiche, naviguez jusqu'au dossier contenant les photos de l'action que vous avez photographiée, ou bien utilisez celles que vous pouvez télécharger sur le site d'accompagnement de ce livre. Cliquez sur le premier fichier pour le sélectionner dans la boîte de dialogue. Ensuite, maintenez la touche **Maj** enfoncée et cliquez sur le dernier. Tous les fichiers à ouvrir sont ainsi sélectionnés.

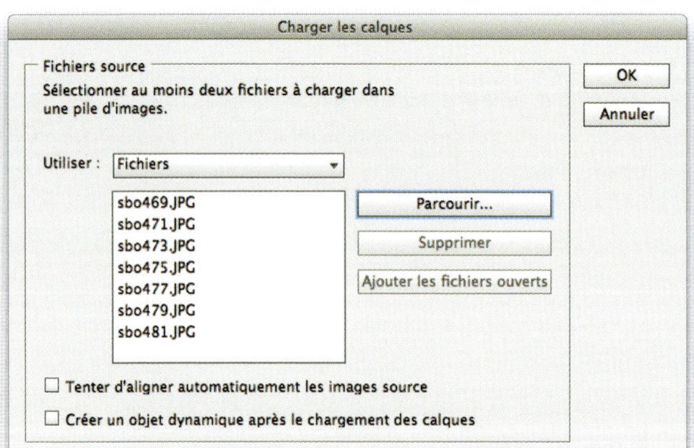

Étape 3

Cliquez sur le bouton Ouvrir. Une fois les fichiers présents dans la boîte de dialogue Charger les calques, cliquez sur le bouton OK. La procédure d'empilement des images dans un seul document commence et ne devrait pas dépasser les 30 secondes.

Étape 4

Une fois que c'est terminé, les photos sont groupées dans un document unique sous forme de calques indépendants. Dans le panneau Calques, cliquez sur le calque situé en bas de la pile. Ensuite, maintenez la touche **Maj** enfoncée et cliquez sur le calque situé en haut de la pile. Tous les calques sont alors sélectionnés.

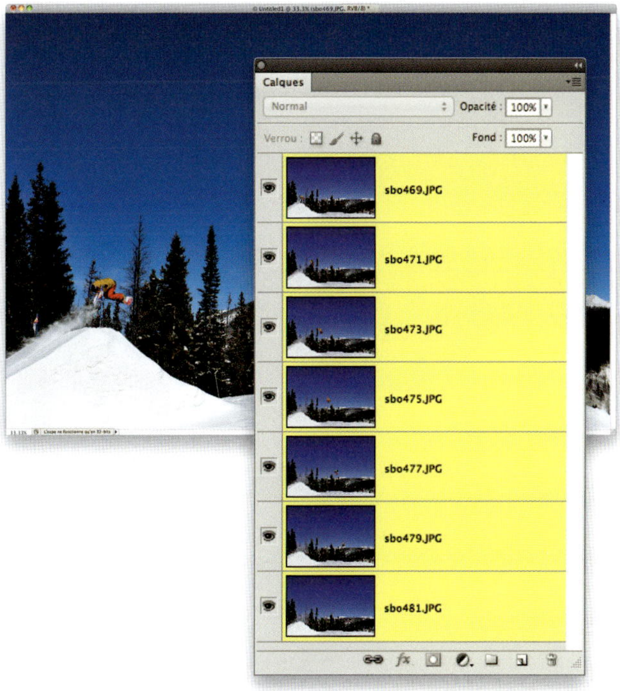

Étape 5

Voyons comment créer le montage en recourant à des fonctionnalités automatiques de Photoshop. Cliquez sur Édition > Fusion automatique des calques. Dans la boîte de dialogue Fusionner automatiquement les calques, activez l'option Empiler les images. Cochez la case Tons et couleurs continus. Validez vos réglages par un clic sur le bouton OK. Le temps de la fusion dépend du nombre de photos utilisées et de la puissance de votre ordinateur.

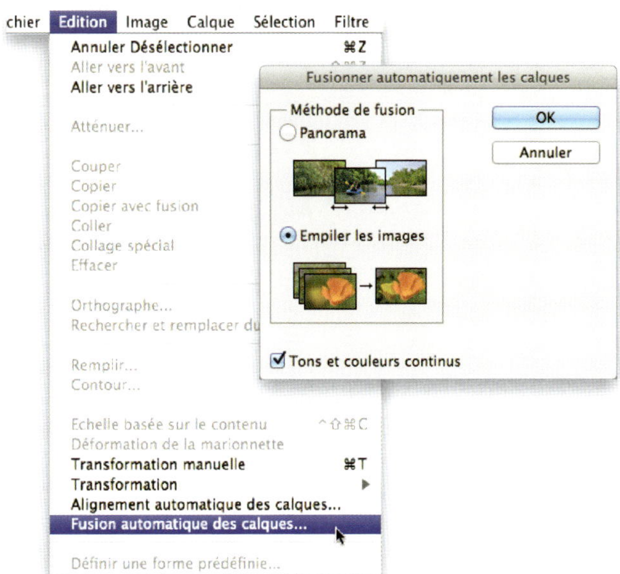

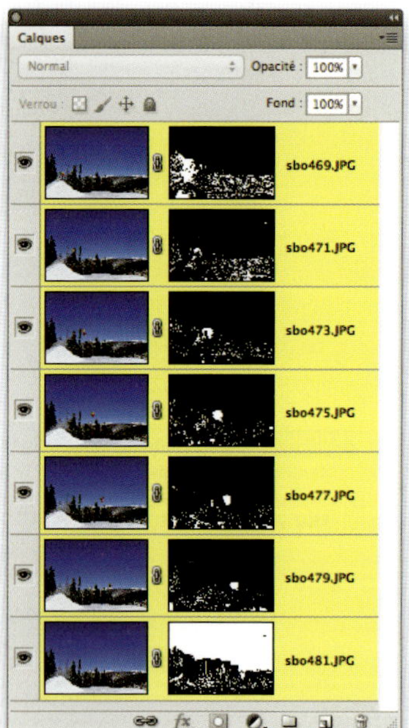

Étape 6

Lorsque la fusion est terminée, vous obtenez un montage équivalent à celui illustré ci-contre. Le résultat est étonnant. Pas de masque, pas de coups de pinceaux, absolument aucune intervention de votre part. La fonction de fusion automatique des calques a réalisé un travail formidable. Jetez un œil au panneau Calques. Les masques de fusion créés pour chaque calque sont d'une précision et d'une complexité « informatique ». Tout semble parfait, à l'exception de la deuxième image en partant de la gauche, où le skieur est estompé. Cette imperfection peut se corriger en intervenant sur le masque de fusion du calque correspondant.

Mais avant de poursuivre le montage, je dois vous expliquer pourquoi cette technique ne donne pas toujours les résultats escomptés. La principale raison tient au fait qu'il existe une certaine distance entre chaque copie du snowboarder. De ce fait, s'il y a chevauchement d'éléments, ou interaction avec l'arrière-plan, vous constaterez des imperfections rendant le montage inexploitable. Pour cette raison, je vous propose de découvrir maintenant une technique de montage plus complexe.

Technique de montage complexe

La précédente technique, fondée sur la fonction de fusion automatique des calques, peut être utilisée lorsque le sujet photographié ne chevauche aucune de ses occurrences dans le montage. Toutefois, j'ai triché pour parvenir à ce résultat en n'utilisant que la moitié des photographies. Or, la décomposition de l'action est bien plus spectaculaire lorsque vous assemblez la totalité des images. Dans ce cas, vous êtes confronté au problème de chevauchement des différentes poses du snowboarder. Pour l'éviter, vous devez effectuer le montage manuellement, comme l'explique cette nouvelle section.

Étape 1

Avant de commencer, observons le montage obtenu avec la fusion automatique des calques. L'illustration ci-contre montre que certaines occurrences du snowboarder sont transparentes à cause du caractère extrême des masques de fusion automatiquement créés par Photoshop. Le résultat n'est guère convainquant, et une intervention manuelle ne permettra pas de corriger efficacement les imperfections du montage. Il est donc préférable de fusionner manuellement les images.

Étape 2

Au début, cette nouvelle procédure est identique à celle du précédent exercice. Cliquez sur Fichier > Script > Charger les fichiers dans une pile pour ouvrir la boîte de dialogue Charger les calques. Cliquez sur le bouton Parcourir et naviguez jusqu'au dossier contenant la série de photos à empiler que nous avons utilisées dans le précédent didacticiel.

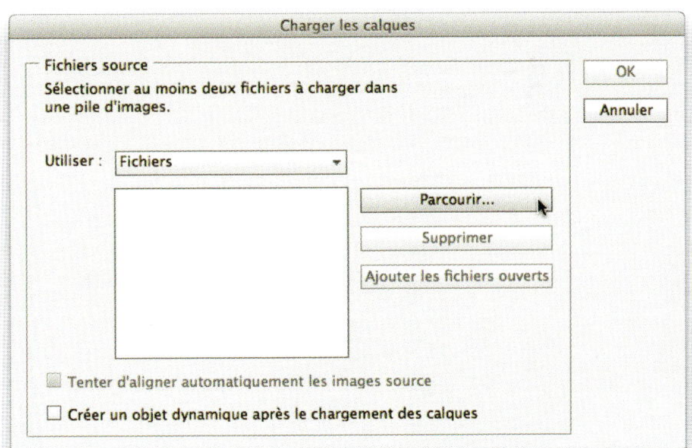

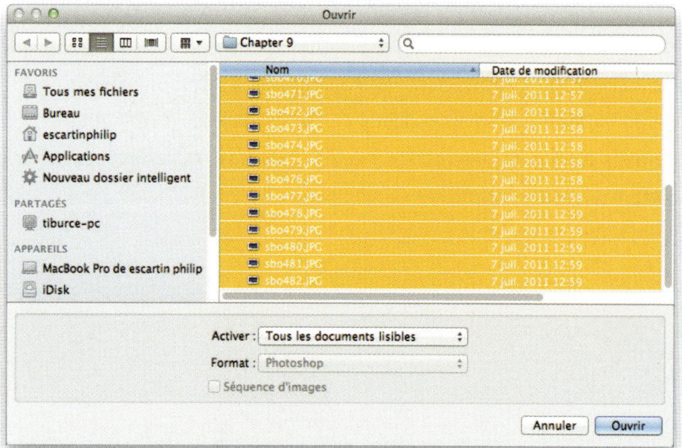

Étape 3

Dans la boîte de dialogue Ouvrir, sélectionnez le premier fichier en cliquant simplement dessus. Ensuite, maintenez la touche **Maj** enfoncée et cliquez sur le dernier fichier. Toutes les photos à empiler sont alors sélectionnées. Cliquez sur le bouton Ouvrir. Les fichiers apparaissent dans la zone Utiliser de la boîte de dialogue Charger. Cliquez de nouveau sur OK pour générer la pile de calques.

Étape 4

Photoshop répartit toutes les photos sur des calques. Le contenu de chaque calque se combinera avec celui des autres pour créer un montage aussi précis que possible. Pour le moment, seul le contenu du calque situé en haut du panneau Calques est visible. Commencez par cliquer sur l'icône Ajouter un masque de fusion, tout en appuyant sur la touche **Option** (**Alt**). Un masque de fusion noir apparaît à droite de la vignette du premier calque de la pile. Son contenu est donc invisible, révélant ainsi celui du deuxième calque du panneau Calques.

Étape 5

Répétez cette procédure sur tous les autres calques, à l'exception du dernier de la pile. Pour ajouter plus rapidement le masque de fusion, appuyez sur la touche **Option** (**Alt**). Ensuite, glissez-déposez la vignette du masque en question sur chacun des autres calques. Cette technique permet de copier le masque de fusion noir de calque en calque.

Étape 6

N'ajoutez pas de masque de fusion au dernier calque du panneau Calques. Comme tous les calques sont masqués à l'exception de celui-ci, seul son contenu est désormais visible dans la fenêtre du document. Il s'agit de la dernière pose du snowboarder.

Étape 7

Activez l'outil Zoom (**Z**) et zoomez au niveau du drapeau situé à gauche du cadre. Nous révélerons le contenu des calques à partir de cette zone qui localise le début du saut du snowboarder. Mais le sujet est invisible à cause du masque de fusion noir. Pour travailler convenablement, désactivez-le temporairement en cliquant sur sa vignette, tout en maintenant la touche **Maj** enfoncée. Une croix rouge indique que le masque n'est plus opérationnel. En effet, le snowboarder apparaît sur l'image.

Étape 8

Appuyez sur **Maj** et cliquez sur la vignette de masque de fusion pour le réactiver. Le sujet disparaît, mais vous avez sa position en mémoire. Activez l'outil Pinceau (**B**) et définissez une forme de petite Épaisseur au contour progressif. Appuyez sur **D** pour faire du blanc la couleur de premier plan. En peignant en blanc sur un masque de fusion noir, vous révélez le contenu du calque. Appliquez le pinceau sur la zone où se situe le sujet. Il apparaît progressivement. Vérifiez qu'il est totalement visible en désactivant et en réactivant la vignette du masque de fusion.

Étape 9

Appliquez également le pinceau sur la gauche pour révéler la neige soulevée par le saut du snowboarder.

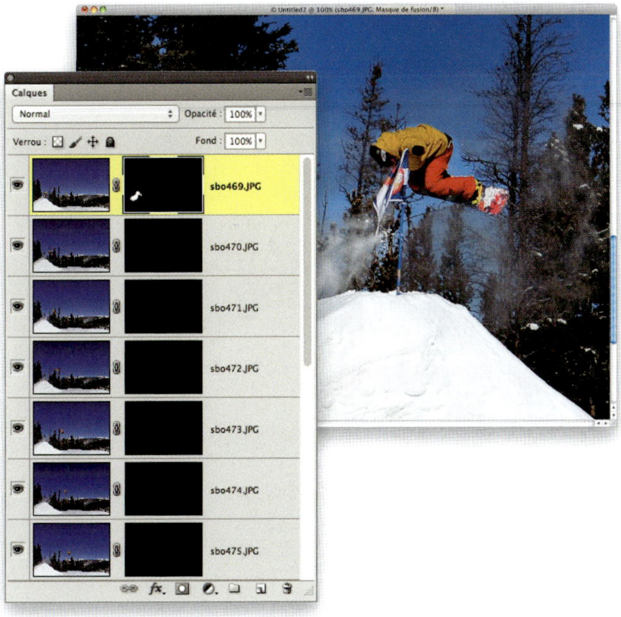

Étape 10

Le procédé est sensiblement le même avec les autres calques du montage. Appuyez sur **Maj** et cliquez sur leur vignette pour localiser la position du snowboarder.

Étape 11

Appuyez sur **Maj** et cliquez de nouveau sur la vignette du masque de fusion pour le réactiver. Appliquez l'outil Pinceau sur la zone contenant la deuxième pose du snowboarder. Bien qu'il ne soit pas nécessaire d'être très précis, restez le plus proche possible des contours du sujet. Au bout de quelques secondes, deux snowboarders sont visibles dans le montage.

Étape 12

Poursuivez avec les autres calques. Dès le troisième calque, un problème survient : si vous vous éloignez du contour du sujet, une partie du ciel contenu dans ce calque apparaît. Or le bleu est bien plus clair que sur les deux premiers calques. Vous devez réduire la taille du pinceau et l'appliquer le plus près possible des contours du sujet. Pourquoi rencontrons-nous ce type de problème ? La première raison tient au fait que l'appareil est probablement réglé en mode Priorité à l'ouverture (et non pas Manuel). De ce fait, la mesure de l'exposition a été corrigée lors de la modification de la vitesse d'obturation. La seconde raison réside dans une balance des blancs en mode Auto qui a sensiblement changé avec la lumière du jour.

Étape 13

Lorsque l'arrière-plan devient plus lumineux ou change de couleur, évitez de déborder du contour du sujet. Pour cela, réduisez l'Épaisseur du Pinceau et peignez en blanc sur votre modèle. Si vous réintroduisez des éléments de l'arrière-plan du calque, appuyez sur **X** pour faire du noir la couleur de premier plan et appliquez l'outil sur les pixels du décor pour les rendre de nouveau invisibles. Cette fois encore, ajustez la taille du pinceau de manière à ne pas effacer les pixels du snowboarder.

Étape 14

Descendez ainsi de calque en calque. Lorsque vous rencontrez des poses qui se chevauchent, ce qui peut constituer un bel effet, vous devez décider de la partie du sujet qui sera placée devant l'autre. Dans cet exemple, tout est question de logique. Dans la mesure où le snowboarder se dirige vers la droite, je considère que les images doivent se superposer en respectant cette direction. En d'autres termes, les calques sont placés les uns au-dessus des autres. Pour obtenir un tel résultat, vous veillerez à ce que les pixels de la pose précédente ne soient pas visibles sur la pose suivante. Seule une intervention précise sur les masques de fusion permet de superposer logiquement les divers snowboarders les uns par-dessus les autres.

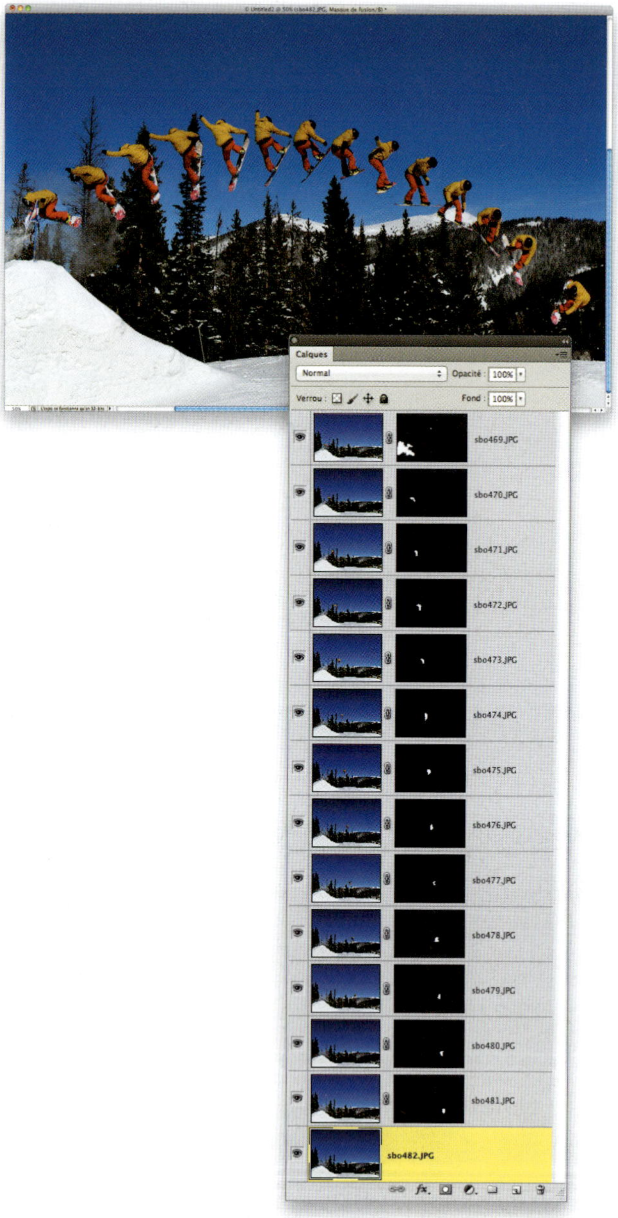

Étape 15

Une fois que vous avez terminé, l'action du snowboarder est décomposée dans le montage. Enregistrez ce fichier au format PSD au cas où vous auriez besoin de le modifier ultérieurement. Il serait dommage d'être obligé de recommencer l'ensemble de cette procédure.

Image finale

BECAUSE NOBODY REMEMBERS THE LAST
THE
FIRST
SAMURAI
CORYUKI BARKBE
CINDOKU SNYDIRO
KIM WON DOKI
FROM THE DIRECTOR OF "THE PHOTOSHOP LAYERS BOOK"
MATT KLOSKOWSKI AND KELBY MEDIA GROUP PRESENT PHOTOSHOP COMPOSITING SECRETS
DIRECTED BY CINDY SNYDER AND KIM DOTY COVER BY JESSICA MALDONADO
WITH PEACHPIT PUBLISHING PHOTOS BY MATT KLOSKOWSKI LOTS OF INPUT BY COREY BARKER
JULY (OR MAYBE AUGUST) 2011

10

Affiche de film

L'affiche de film est le domaine de production graphique qui recourt le plus au montage photo afin de mettre en scène des environnements irréels. Le travail des infographistes ne poursuit qu'un seul but : vendre le film au public !

Les préparatifs

Pour composer une affiche de film, la production et la distribution communiquent un certain nombre de photos et d'informations aux graphistes : le titre du film, en l'occurrence *The First Samurai*, un château japonais, et quelques autres éléments qui seront tous assemblés au montage.

©ISTOCKPHOTO/PEI LIN SHANG

Arrière-plan

Le décor est un château japonais. Le ciel est assez esthétique, mais le film impose une affiche plus dramatique. Pour cette raison, vous le remplacerez par le contenu de la photo suivante.

Nuages

Voici une photo de nuages denses et inquiétants. Elle fait partie de la collection d'images que je me constitue en photographiant tous les lieux que je visite. Comme les nuages et les ciels jouent un rôle fondamental dans de nombreux montages, j'essaie d'en photographier un maximum pour enrichir ma bibliothèque d'arrière-plans.

Samouraï

Voici la photo que j'ai réalisée d'un acteur vêtu en samouraï. Je l'ai photographié dans la cabine d'éclairage Westcoot à la Photoshop World Conference & Expo.

Intrigue romanesque

L'amour joue aussi un rôle dans ce film. Voici donc une autre photo dont vous n'insérerez que la femme dans le montage final.

©FOTOLIA/DIMITAR MARINOV

Combat de samouraïs

Pour montrer qu'il s'agit d'un film d'action, vous monterez l'image d'un combat de samouraïs. Comme pour l'intrigue romanesque, il s'agit d'une photo de second plan.

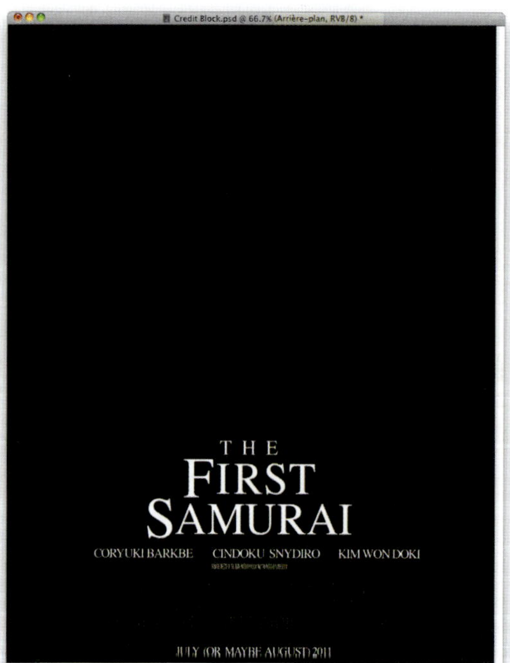

Titre du film et générique

Bien entendu, vous ajouterez le titre du film et son générique principal. Vous apprendrez également à sélectionner la police de caractères la mieux adaptée à la création d'un texte.

Préparer l'arrière-plan

Il manque peu de choses à l'image d'arrière-plan pour traduire, à travers son affiche, l'atmosphère dramatique d'un film. Vous connaissez l'intérêt que je porte aux nuages pour densifier les décors les plus anodins. Dans ce projet, nous devons intensifier le ciel pour rendre l'ambiance de l'affiche beaucoup plus inquiétante.

Étape 1

Ouvrez les photos du château et des nuages dont le montage définira le décor de l'affiche. La photo du château est à la taille d'une affiche de film traditionnelle, dont les dimensions sont 70 × 100 cm. Bien entendu, j'ai adapté ces dimensions aux besoins de ce projet, mais en préservant les proportions des images.

Étape 2

Activez l'outil Sélection rapide (**W**) et appliquez-le sur le ciel de l'image du château. Ensuite, cliquez sur le bouton Améliorer le contour de la barre d'options. Dans la boîte de dialogue éponyme, cochez l'option Rayon dynamique et portez la valeur du paramètre Rayon à 40. Dans le menu local Sortie vers, choisissez Sélection, puis cliquez sur OK.

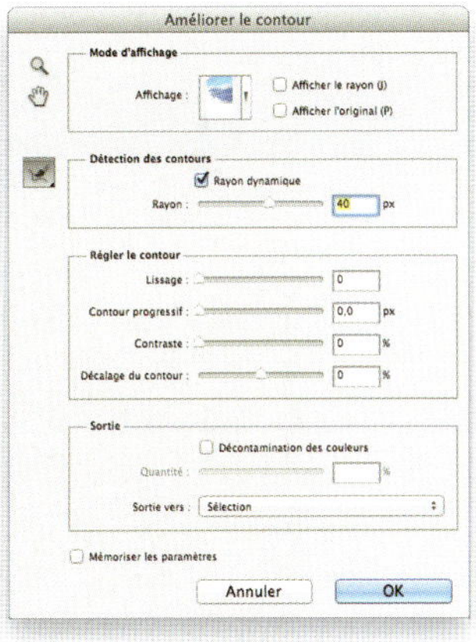

Étape 3

Activez la fenêtre du document contenant les nuages. Cliquez sur Sélection > Tout sélectionner, puis sur Édition > Copier. Ensuite, basculez vers la photo du château dont le ciel est toujours sélectionné et cliquez sur Édition > Collage spécial > Coller dedans. Les nuages remplacent le ciel d'origine grâce à un masque de fusion automatiquement créé par l'exécution de cette commande.

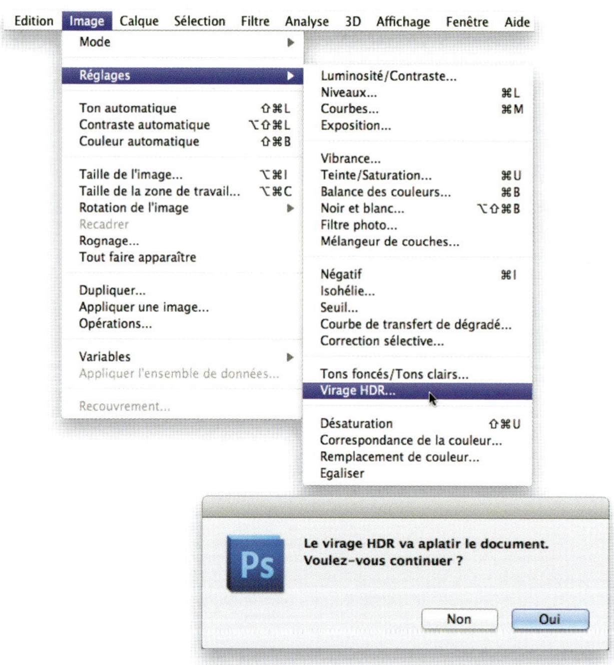

Étape 4

Les nuages manquent de cette densité nécessaire à la création d'une atmosphère spectaculaire et inquiétante. Pour obtenir l'effet recherché, vous devez simuler un traitement HDR. Cliquez donc sur Image > Réglages > Virage HDR, puis sur le bouton Oui du message indiquant que cette fonction aplatit le document.

Étape 5

Dans la boîte de dialogue Virage HDR, appliquez les réglages ci-contre. Les valeurs des paramètres Rayon, Intensité et Détail ont été considérablement augmentées, donnant aux nuages une incroyable densité. Appliquez l'effet par un clic sur le bouton OK.

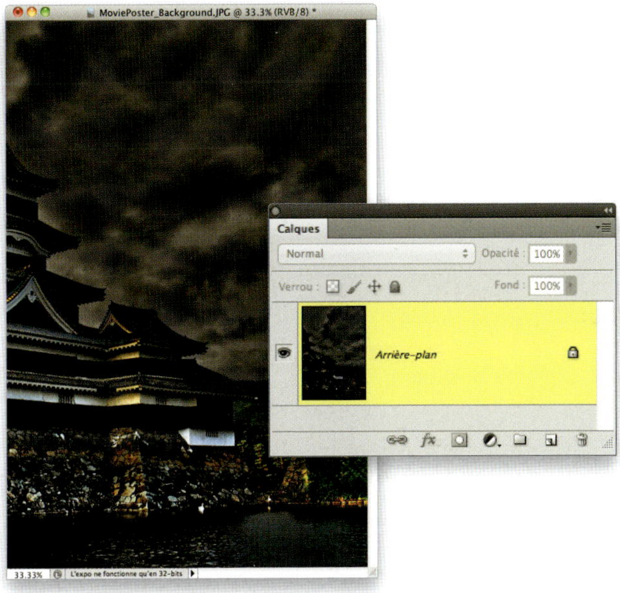

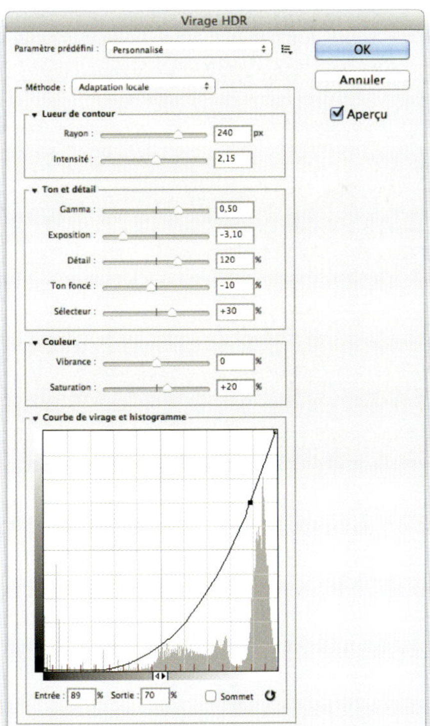

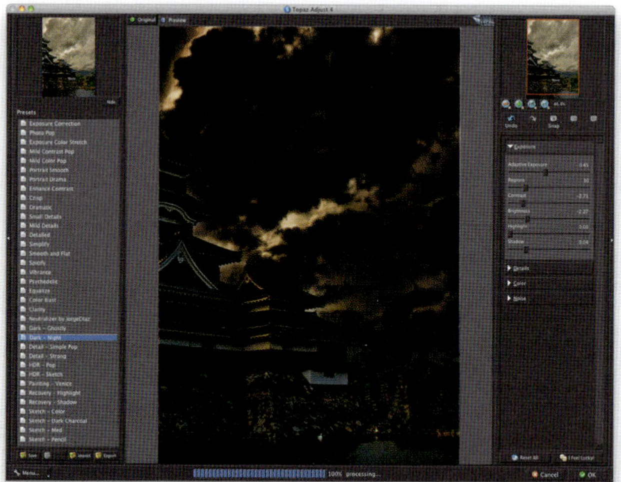

Étape 6

Le Virage HDR crée une ambiance lourde et dramatique. Toutefois, pour intensifier davantage cette atmosphère, appliquez le plug-in Topaz Adjust. Commencez par annuler le Virage HDR en appuyant sur **Cmd+Z** (**Ctrl+Z**). Ensuite, fusionnez les calques sans aplatir l'image en exécutant le raccourci clavier **Cmd+Option+Maj+E** (**Ctrl+Option+Maj+E**). Une version composite du montage apparaît en haut du panneau Calques, sous le nom *Calque 2*. Si nécessaire, téléchargez le plug-in à l'adresse **www.topazlabs.com/adjust**. Une fois installé sur votre ordinateur, invoquez-le *via* Filtre > Topaz Labs > Topaz Adjust. Dans le panneau Presets, cliquez sur Dark – Night pour transformer en prise de vue nocturne une photo de jour. Le résultat est plus convaincant que le Virage HDR de Photoshop. Si vous ne possédez pas ce plug-in, téléchargez, sur le site d'accompagnement de ce livre, la version de l'arrière-plan traitée avec cet effet.

Sélectionner le samouraï

Le samouraï représente une des sélections les plus complexes à réaliser, parce qu'il repose devant un fond noir. Comme il n'est pas toujours possible de configurer un studio exactement comme nous le souhaiterions, nous sommes obligés de travailler avec les photos que nous confie le client.

Étape 1

Ouvrez la photo du Samouraï. Il s'agit d'un fichier Raw qui apparaît alors dans la fenêtre de Camera Raw. Vous constatez que l'image n'est pas correctement orientée. Pour remédier à ce problème, cliquez sur le bouton Rotation antihoraire de 90° de la barre d'outils, ou appuyez sur la touche **L** de votre clavier.

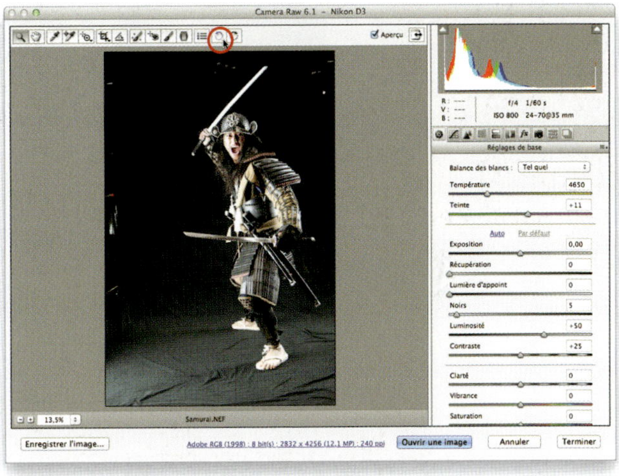

Étape 2

Nous savons que plus le contraste est important entre le sujet et l'arrière-plan, plus la sélection devient facile à réaliser. Ici, le fond du studio est trop sombre. Pour compenser cela, portez la valeur du paramètre Lumière d'appoint à 30. L'éclaircissement obtenu facilitera la sélection du samouraï. Ensuite, appuyez sur la touche **Maj** et cliquez sur le bouton Ouvrir un objet afin de convertir l'image en objet dynamique.

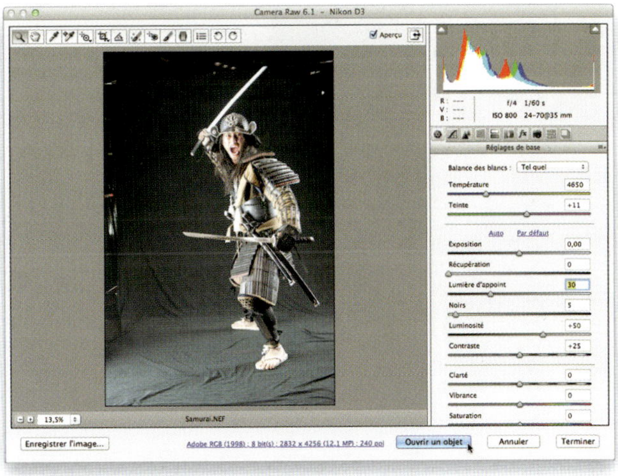

Étape 3

Sélectionnez le samouraï avec l'outil Sélection rapide (**W**). La tenue du samouraï et ses sabres obligent à varier la taille de l'outil pour réaliser une sélection le plus proche possible des contours. Zoomez sur les zones les plus délicates et n'oubliez pas d'appuyer sur la touche **Option** (**Alt**) pour basculer l'outil Sélection rapide en mode Soustraction afin de retirer de la sélection certaines parties de l'arrière-plan. Ne perdez pas de temps sur les pieds, car ils ne seront pas visibles dans le montage.

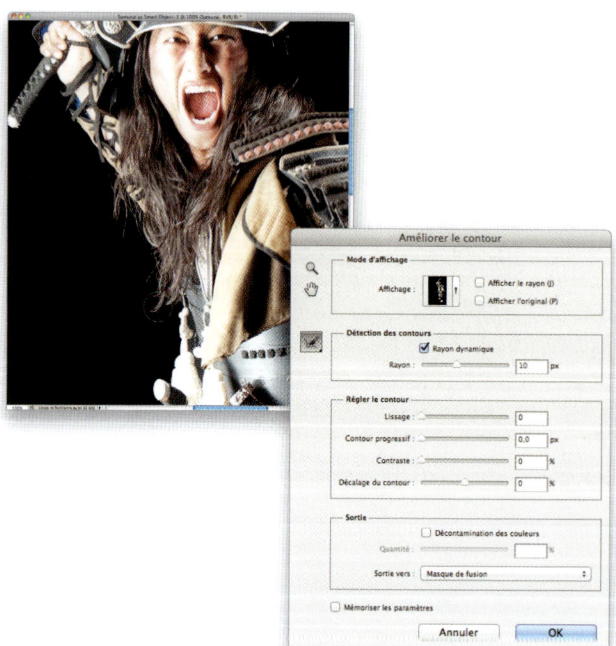

Étape 4

Dans la barre d'options, cliquez sur le bouton Améliorer le contour. Appuyez sur la touche **B** pour activer l'affichage Sur noir, car le samouraï reposera sur un arrière-plan sombre. Cochez l'option Rayon dynamique et portez la valeur du paramètre Rayon à 10. Cela permet d'affiner la sélection autour des cheveux et sur des contours difficiles d'accès. Ensuite, appliquez l'outil Amélioration du rayon sur les cheveux situés au niveau du bras et du torse. Dans le menu local Sortie vers, optez pour Masque de fusion. Validez vos réglages par un clic sur le bouton OK.

Étape 5

Appuyez sur **Cmd** (**Ctrl**) et cliquez sur l'icône Créer un calque du panneau Calques. Un calque vide apparaît sous celui du samouraï. Cliquez sur Édition > Remplir. Dans le menu local Avec, choisissez Noir pour apprécier la sélection sur une couleur d'arrière-plan proche de celle du montage final. Vous devez maintenant parfaire la sélection en agissant sur le masque de fusion du samouraï. Activez donc l'outil Pinceau (**B**) et utilisez la couleur noire ou blanche pour éliminer ou récupérer des éléments omis par la fonction Améliorer le contour.

Étape 6

Enfin, double-cliquez sur l'icône de l'objet dynamique pour l'ouvrir dans Camera Raw. Fixez la valeur du paramètre Lumière d'appoint sur 0 et cliquez sur OK. Nous en avons terminé avec cette photo. Vous utiliserez également l'image du samouraï et de la jeune femme. Toutefois, comme il s'agit d'un élément de seconde importance fondu dans l'arrière-plan, elle ne nécessite aucune sélection précise.

Réaliser le montage

Les affiches de films représentent une catégorie de montages qui nécessitent l'ajout de nombreux éléments en plus du sujet principal et de l'arrière-plan. Malgré cela, pour harmoniser l'image, vous appliquerez des techniques identiques à celles développées jusqu'à présent dans ce livre.

Étape 1

Ouvrez le décor composé du château et des nuages. Comme vous n'avez pas besoin de tous ses calques, cliquez sur Calque > Aplatir l'image. Ouvrez ensuite la photo du samouraï. Activez l'outil Déplacement (**V**) et glissez-déposez l'objet dynamique sur l'arrière-plan.

Étape 2

Cliquez sur Édition > Transformation manuelle pour adapter la taille du samouraï à celle de l'arrière-plan. Appuyez sur **Cmd+0** (**Ctrl+0**) pour accéder aux poignées de redimensionnement. Ensuite, maintenez la touche **Maj** enfoncée et glissez une poignée d'angle vers l'intérieur du cadre de transformation pour réduire la taille du samouraï. Pour cela, aidez-vous des champs Hauteur et Largeur de la barre d'options en fixant leur valeur à 80 %. Appuyez sur **Retour** (**Entrée**) pour valider la transformation. La position relativement haute du samouraï dans le montage s'explique par l'espace que vous devez réserver au texte du générique.

Étape 3

Comparés au décor, le samouraï est trop clair et la température de couleur beaucoup trop froide. Comme il s'agit d'un objet dynamique, double-cliquez sur son icône pour l'ouvrir dans Camera Raw. Fixez la valeur du paramètre Exposition sur –2,00 et celle du paramètre Récupération sur 25 afin de réduire les tons clairs. Enfin, fixez la Température à 5400 pour ajouter de la chaleur à l'image.

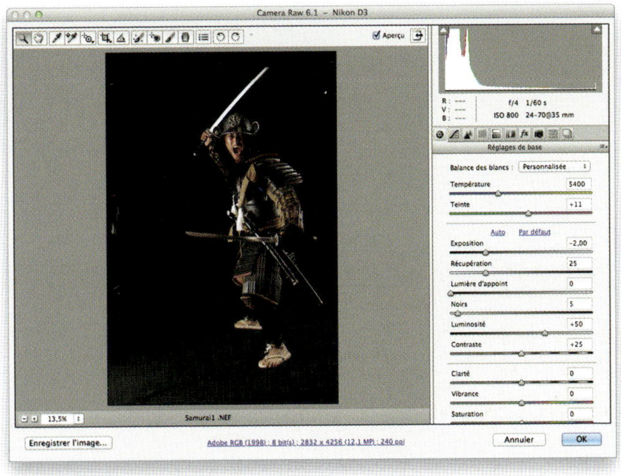

Étape 4

Malgré ces réglages, les vêtements sont encore trop clairs. Pour les assombrir, activez l'outil Pinceau de retouche (**K**) et fixez son Exposition à –0,50 et sa Luminosité à –10. Définissez une Taille moyenne et peignez sur le torse, les bras et la main levée. Inutile d'être très précis, puisque le samouraï est protégé par un masque de fusion. Cliquez sur OK pour revenir dans Photoshop.

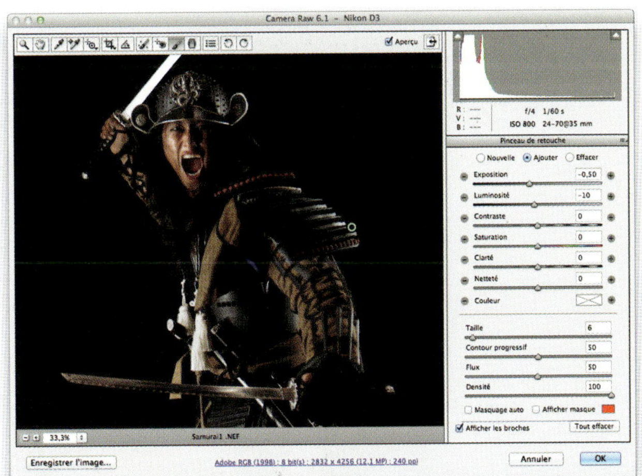

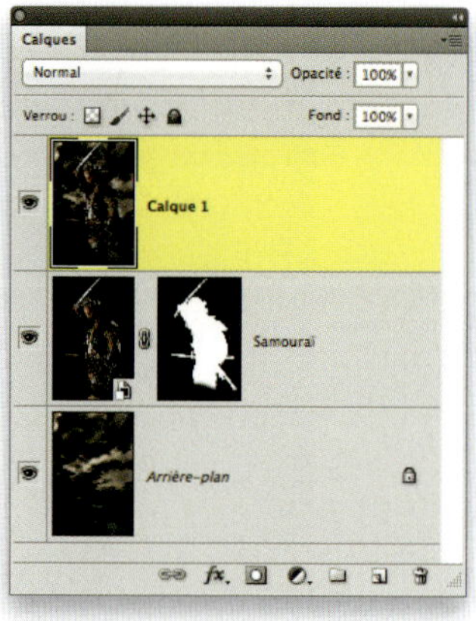

Étape 5

Bien souvent, les images ont besoin d'un jeu de couleurs commun pour parfaitement s'harmoniser. Je pense que c'est le cas pour cette affiche. Pour cela, appuyez sur **Cmd+Option+Maj+E** (**Ctrl+Alt+Maj+E**) afin de fusionner les calques sans aplatir l'image.

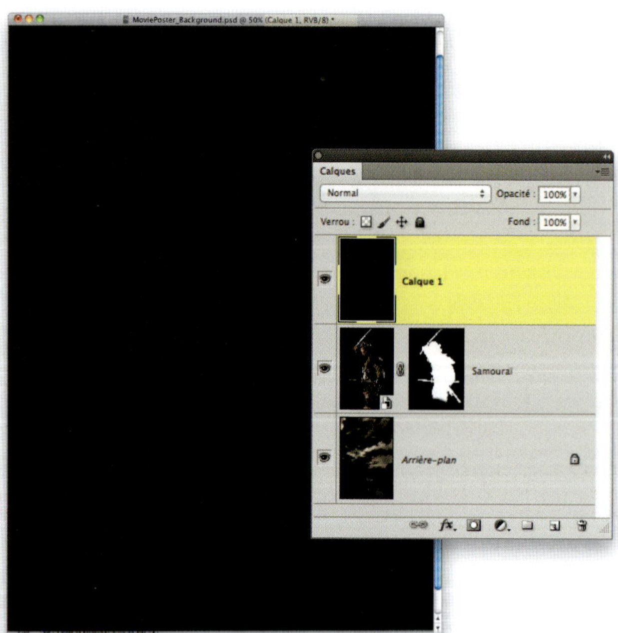

Étape 6

Ensuite, cliquez sur Filtre > Atténuation > Moyenne. L'effet s'applique sans ouvrir de boîte de dialogue. Il prélève la couleur moyenne de la photo et l'atténue au point de la convertir en une seule teinte. Le calque montre désormais la couleur globale de l'image.

Étape 7

Cliquez sur Calque > Créer un masque d'écrêtage pour limiter l'effet au samouraï. Appliquez au calque le mode de fusion Couleur et fixez son Opacité à 20 %. Cette technique est le meilleur moyen d'équilibrer les teintes d'une composition et ainsi faire disparaître tout décalage chromatique.

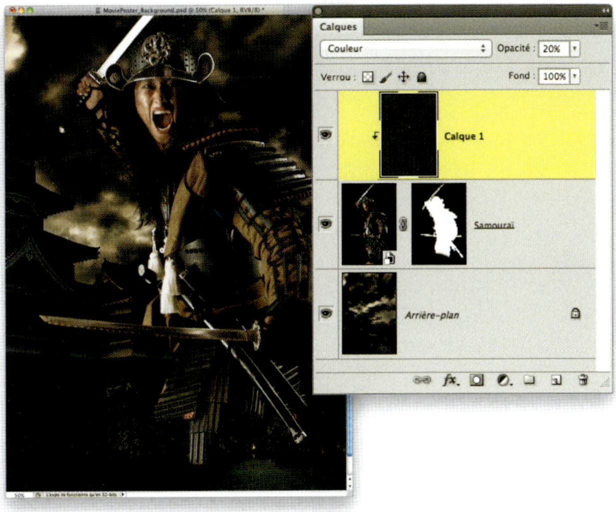

Étape 8

Ouvrez la photo du combat de samouraïs. Avec l'outil Déplacement, glissez-déposez-la dans la partie inférieure du montage. Ensuite, cliquez sur Calque > Annuler le masque d'écrêtage.

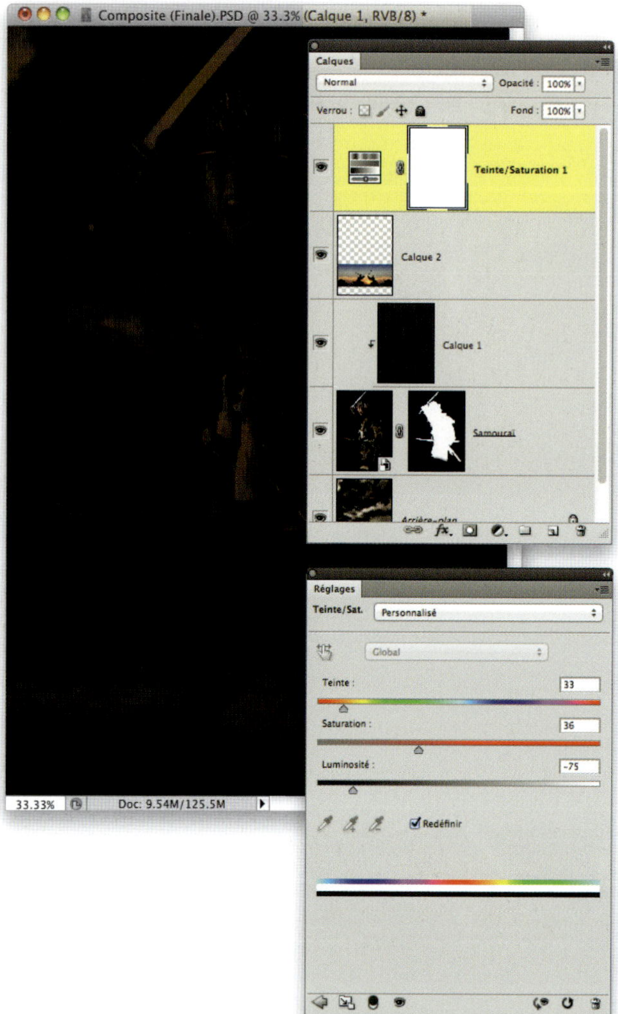

Étape 9

Les couleurs vives du crépuscule dénotent avec l'ambiance générale de l'affiche. Pour corriger cela, cliquez sur l'icône Créer un calque de réglage du panneau Calques. Dans le menu local qui apparaît, choisissez Teinte/Saturation. Dans le panneau Réglages, cochez l'option Redéfinir. Ensuite, fixez la Teinte à 34, la Saturation à 36 et la Luminosité à –75. L'image s'assombrit considérablement avec un effet très marqué de désaturation.

Étape 10

Le calque de réglage Teinte/Saturation affecte la totalité de l'image. Pour en limiter l'effet au calque du combat de samouraï, cliquez sur Calque > Créer un masque d'écrêtage ou exécutez le raccourci clavier **Cmd+Option+G** (**Ctrl+Option+G**).

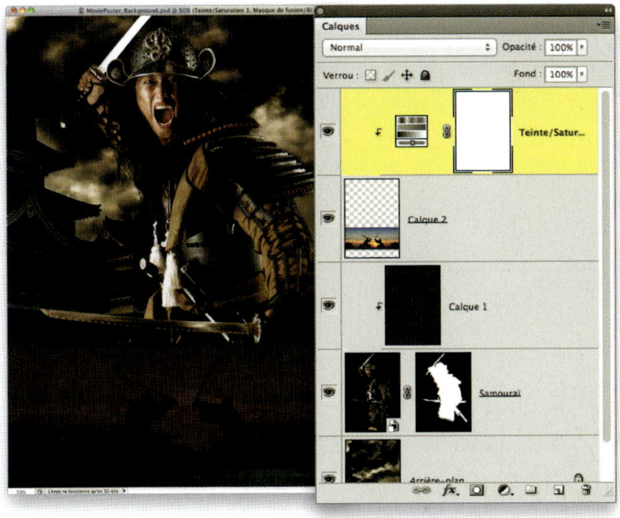

Étape 11

Les bords de la photo du combat sont nettement définis. Ils délimitent un espace réservé qui masque une partie du samouraï. *De facto*, les éléments ne fusionnent pas harmonieusement les uns avec les autres. Pour corriger cela, appliquez un dégradé noir qui révélera progressivement le contenu du combat. Activez l'outil Dégradé (**G**) et, dans la barre d'options, optez pour le dégradé Réfléchi. Ensuite, cliquez sur la flèche située à droite de l'indicateur de dégradé (aperçu) et choisissez Premier > transparent. Enfin, appuyez sur **D** pour faire du noir la couleur de premier plan.

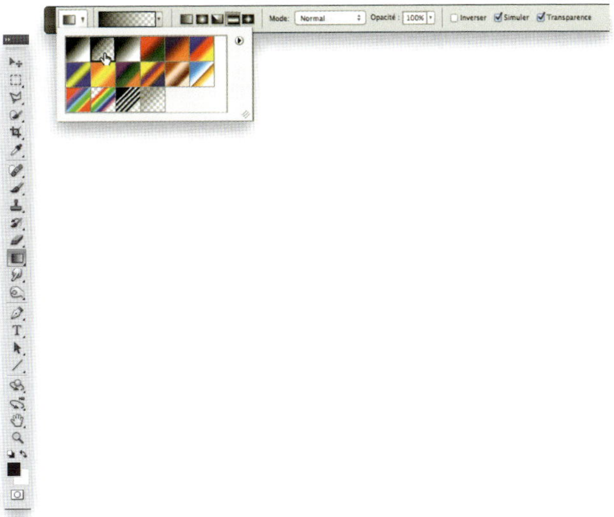

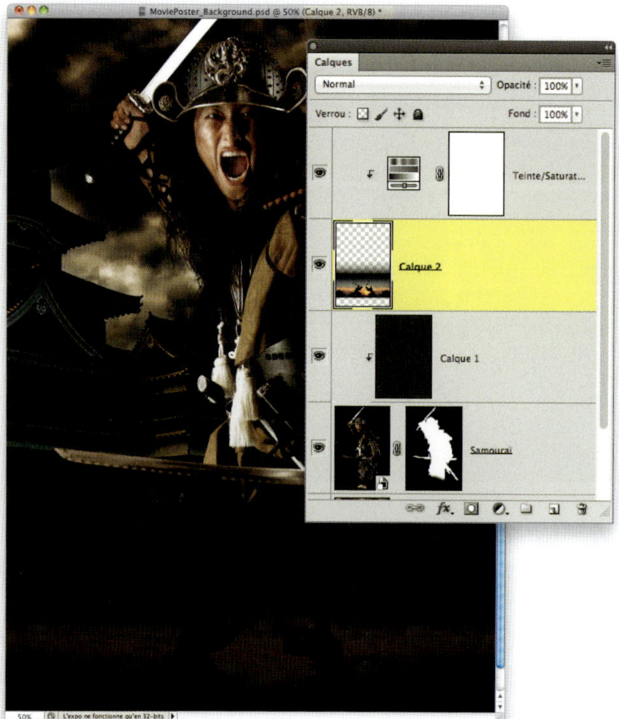

Étape 12

Dans le panneau Calques, activez le calque contenant le combat de samouraï. Ensuite, placez le curseur juste au-dessus de l'image. Cliquez et, sans relâcher le bouton de la souris, faites glisser l'outil d'un tiers vers le bas pour créer le dégradé. Répétez cette opération sur le bas de l'image, puis activez l'outil Déplacement (**V**) et placez le contenant du calque bien en bas de l'image pour afficher convenablement le sabre du samouraï, comme ci-contre.

Étape 13

Ouvrez la photo du samouraï et de la jeune femme. Activez l'outil Déplacement (**V**) et glissez-la dans le montage. Ensuite, placez son calque en haut de la pile des calques. Si l'image est écrêtée, cliquez sur Calque > Annuler le masque d'écrêtage. Fixez son Opacité à 20 %. Enfin, placez le visage de la femme dans le coin supérieur droit du montage.

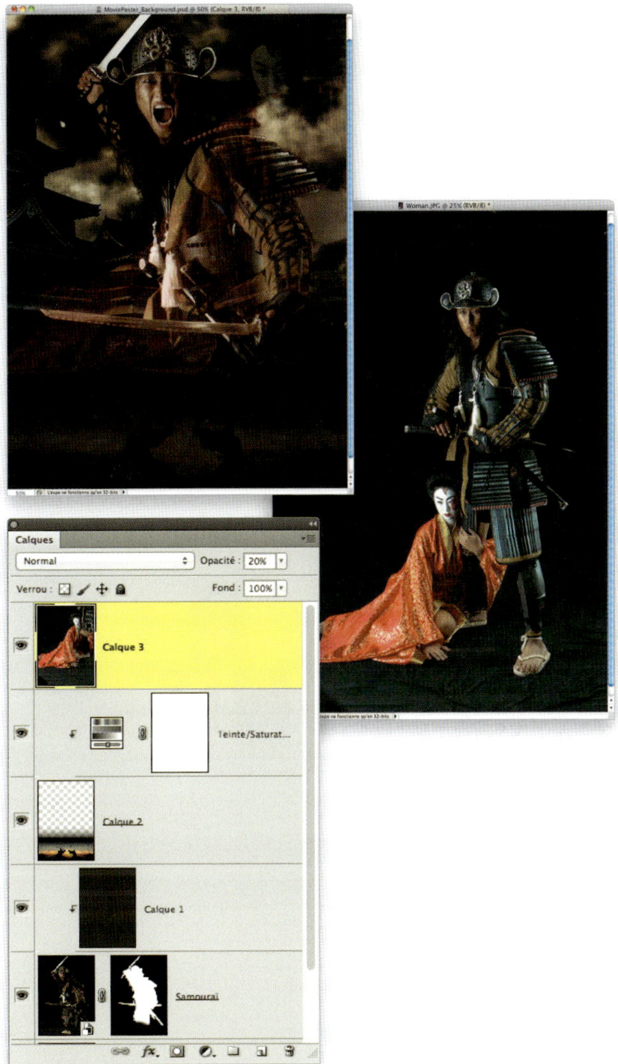

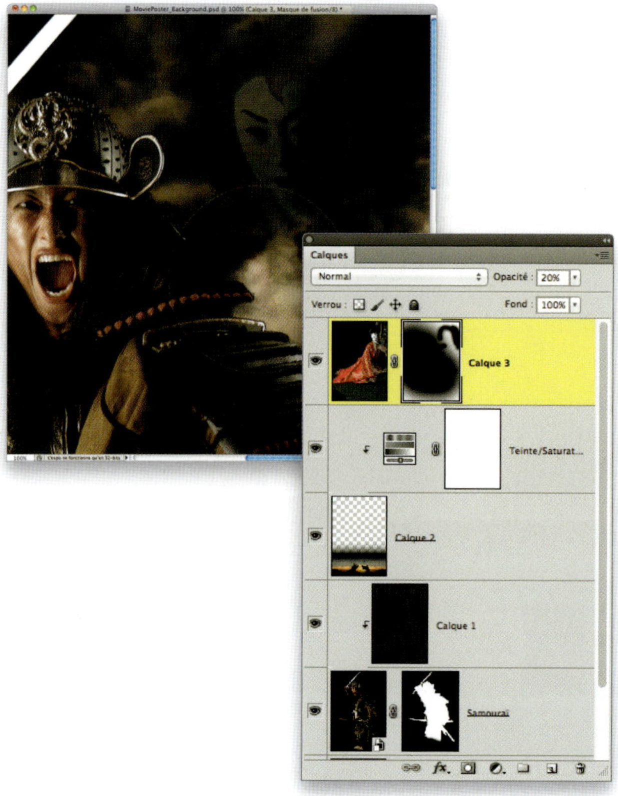

Étape 14

Cliquez sur l'icône Ajouter un masque de fusion situé dans la partie inférieure du panneau Calques. Faites du noir la couleur de premier plan et activez l'outil Pinceau (**B**). Définissez une Épaisseur assez importante au contour progressif et appliquez l'outil de manière à ne conserver que le visage de la femme, comme ci-contre.

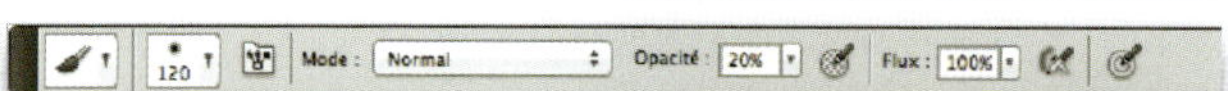

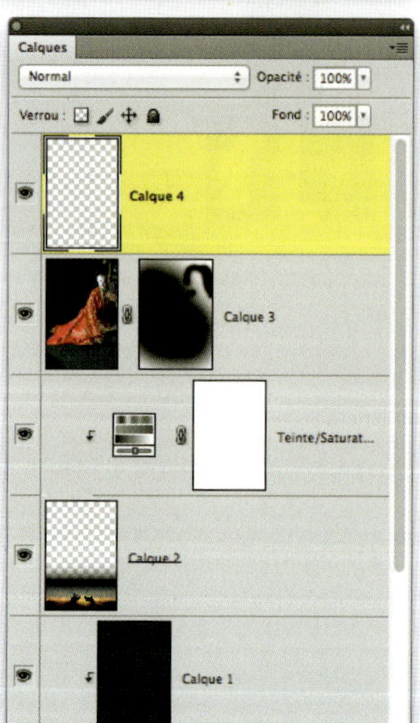

Étape 15

Le moment est venu d'ajouter une source d'éclairage en amplifiant la lumière naturelle située dans le coin supérieur gauche du montage. Commencez par cliquer sur l'icône Créer un calque du panneau Calques. Dans la barre d'options du Pinceau qui est toujours actif, fixez son Opacité à 20 % et appuyez sur **X** pour faire du blanc la couleur de premier plan.

Étape 16

Avec un Pinceau de grande taille au contour progressif, cliquez deux fois dans cette zone supérieure gauche. Cette luminosité additionnelle permet d'intégrer davantage le samouraï à l'arrière-plan en donnant l'impression qu'il est éclairé par la source de lumière du décor. Comme cette source d'éclairage est appliquée sur un calque autonome, vous pouvez en varier l'intensité en modifiant son Opacité.

Étape 17

Pour donner davantage de réalisme au montage, ajoutez un halo sur le sabre que le samouraï tient dans sa main gauche. Créez un calque vide, puis cliquez sur Édition > Remplir. Dans le menu local Avec, choisissez Noir et cliquez sur OK. Ensuite, cliquez sur Filtre > Rendu > Halo. Optez pour le type d'objectif 105 mm (normal) et réglez la Luminosité à 80. Cliquez sur OK pour appliquer le halo.

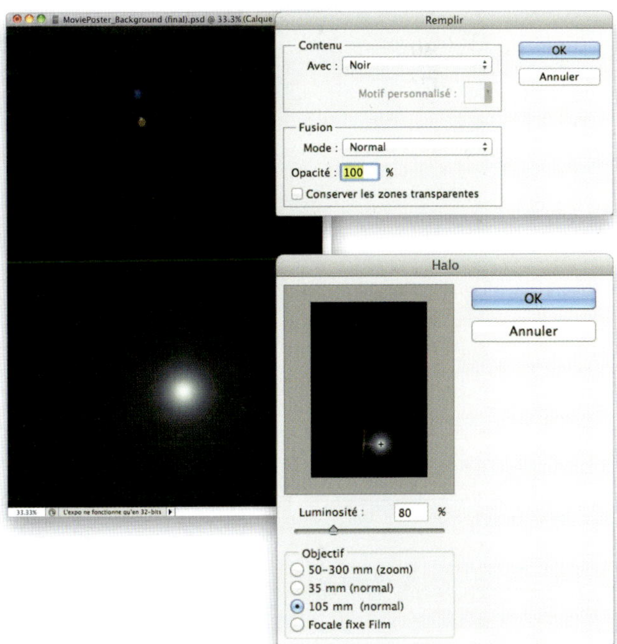

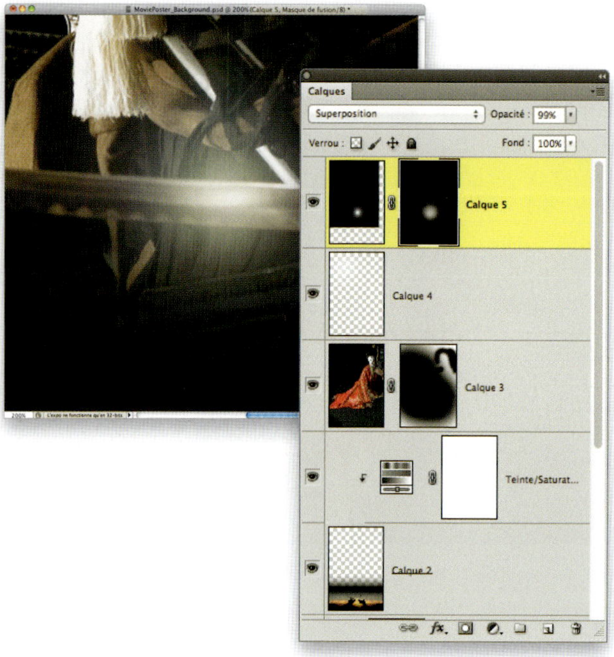

Étape 18

Assignez au calque le mode de fusion Superposition pour masquer le fond noir. Ensuite, avec l'outil Déplacement, positionnez le halo sur le sabre. Si ce reflet vous paraît trop intense, appuyez sur la touche **Option** (**Alt**) et cliquez sur l'icône Ajouter un masque de fusion du panneau Calques. Cela crée un masque noir qui dissimule totalement le halo. Appuyez alors sur **X** pour faire du blanc la couleur de premier plan. Activez l'outil Pinceau et définissez une large Épaisseur au contour progressif. Réduisez l'Opacité de l'outil et appliquez-le par touches successives au niveau du reflet pour révéler progressivement le halo. Contrôlez l'intensité de ce halo en réduisant l'Opacité du calque.

Étape 19

Enfin, vous devez intégrer le texte de l'affichage, que vous trouverez dans une image mise à votre disposition sur le site d'accompagnement de ce livre. Ce texte n'est pas contenu dans un calque *Texte* standard. Il s'agit donc d'un texte pixellisé que vous ne pouvez pas modifier.

Étape 20

J'ai composé le titre principal avec l'outil Texte horizontal (**T**) et le panneau Caractère où j'ai choisi la police Times New Roman. Vous constatez que toutes les lettres du mot « THE » ont la même taille, tandis que les premières des mots « FIRST » et « SAMOURAI » sont légèrement plus grandes que les autres. J'ai utilisé la même police pour le nom des acteurs visibles sous le titre et pour le texte d'accroche situé en haut de l'affiche. J'ai réduit l'Opacité du calque contenant cette ligne de texte.

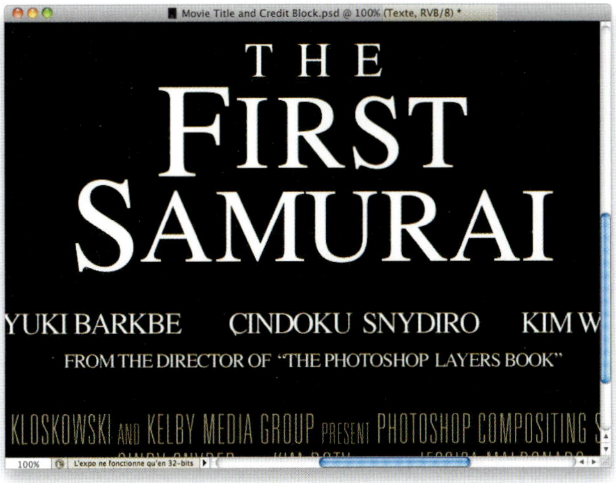

Étape 21

Pour le bloc de texte du générique, j'ai utilisé une police appelée Univers 39 Thin Ultra Condensed. Vous pouvez l'acheter sur divers sites spécialisés. Le générique inscrit en bas d'une affiche ne reprend que les principaux intervenants du film, comme le réalisateur, le producteur, le directeur de la photo, etc.

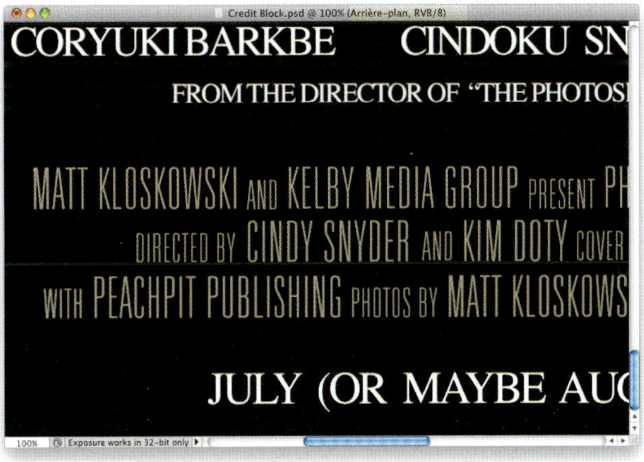

Étape 22

Appuyez sur la touche **Maj** et glissez-déposez le calque *Texte* dans le montage. Il prend automatiquement place dans la partie inférieure de l'affiche. Ensuite, positionnez ce calque en haut du panneau Calques. Ajoutez un calque vide sous le calque *Texte*. Sélectionnez la zone contenant le texte d'accroche et remplissez-la de noir.

Étape 23

Une fois le montage terminé, améliorez-le en renforçant sa netteté et son contraste. Pour cela, fusionnez les calques sans aplatir l'image en exécutant le raccourci clavier **Cmd+Option+Maj+E** (**Ctrl+Alt+Maj+E**). Bien que vous puissiez obtenir un résultat probant avec le filtre Passe-haut de Photoshop, comme cela est expliqué à la fin du Chapitre 8, préférez-lui le filtre Tonal Contrast du plug-in Color Efex Pro. Conservez les réglages par défaut et ajoutez un masque de fusion pour que l'effet ne s'applique pas aux nuages et aux zones où il est trop intense.

Image finale

ARRIÈRE-PLAN HDR INTENSE

11

Ce didacticiel montre comment réaliser un des montages les plus tendance du moment. Ce style a été créé par Joel Grimes, photographe, professionnel de l'éclairage et artiste Photoshop. Son interprétation d'une scène dès les prises de vues et son anticipation du travail qu'il exécutera dans Photoshop font de lui l'un des meilleurs monteurs de sa génération. Visitez son site web à l'adresse **www.joelgrimes.com** pour trouver quelques sources d'inspiration. La plupart des montages de Joel ont en commun des arrière-plans créés à partir de photos HDR, ce qui élève ses images à un très haut niveau artistique. Lorsque ces décors sont combinés avec des portraits inquiétants aux éclairages intenses, vous obtenez des images absolument phénoménales.

Créer l'arrière-plan

Pour ce style de montage, l'arrière-plan est généralement sombre et insalubre. La meilleure méthode pour obtenir pareille atmosphère consiste à utiliser la fonction HDR de Photoshop.

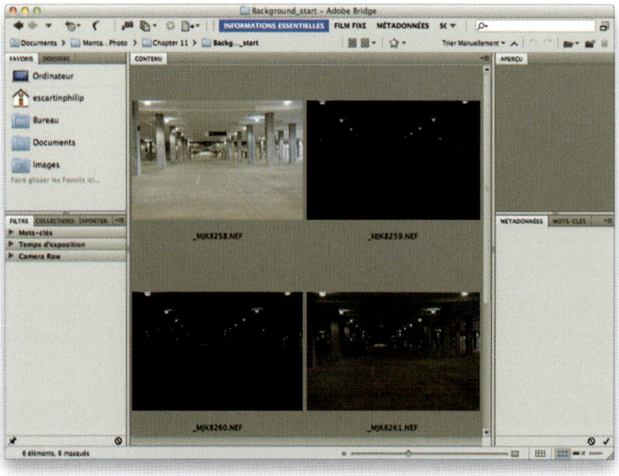

Étape 1

Affichez dans Adobe Bridge les photos originales du parking souterrain qui ont été prises avec des valeurs d'exposition différentes. Pour réaliser ce genre de photos, installez l'appareil sur un trépied et réglez l'ouverture. Ensuite, variez la vitesse d'obturation à chaque prise de vue pour obtenir des versions sur et sous-exposées de la scène. La majorité des reflex numériques dispose d'une fonction appelée bracketing qui effectue ces réglages automatiquement. Une fois la prise de vue effectuée, vous disposez de plusieurs photos qui, combinées, mettent à votre disposition une large plage dynamique augmentant les détails dans les tons clairs et foncés

Étape 2

Dans Photoshop, cliquez sur Fichier > Automatisation > Fusion HDR Pro. Dans la boîte de dialogue qui s'ouvre, cliquez sur le bouton Parcourir et affichez le dossier contenant les fichiers Raw originaux. Dans la boîte de dialogue Ouvrir, cliquez sur le premier fichier. Ensuite, maintenez la touche **Maj** enfoncée et cliquez sur le dernier. Enfin, cliquez sur le bouton Ouvrir.

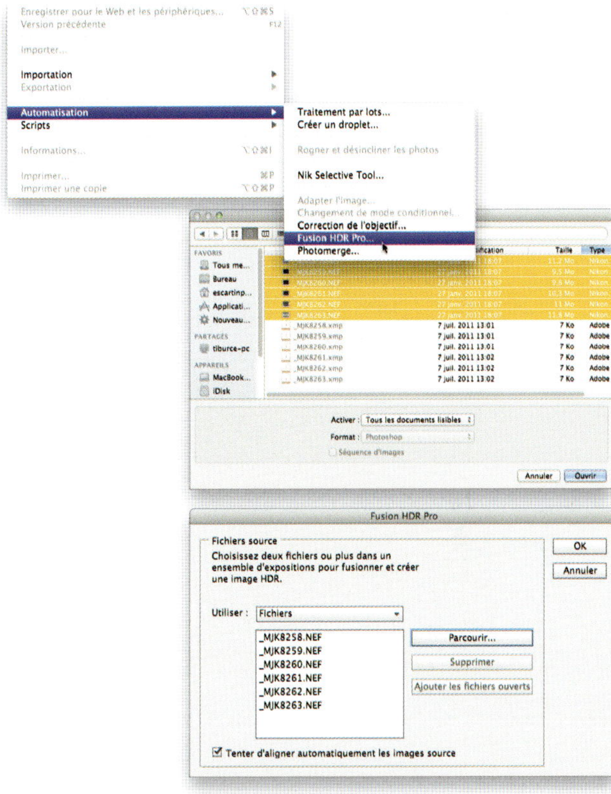

Étape 3

La boîte de dialogue Fusion HDR Pro liste les fichiers utilisés pour la création de l'arrière-plan. Cliquez sur OK pour lancer la fusion. Au bout de quelques minutes, la boîte de dialogue des paramètres de la fusion HDR s'affiche. Pour donner un aspect insalubre au décor, portez la valeur du paramètre Rayon à 145. Ensuite, fixez l'Intensité à 2,05. Placez les curseurs Ton clair complètement à droite et Ton foncé complètement à gauche. Assignez au paramètre Gamma la valeur de 0,21 et ne modifiez pas l'Exposition. Enfin, appliquez ces réglages par un clic sur OK.

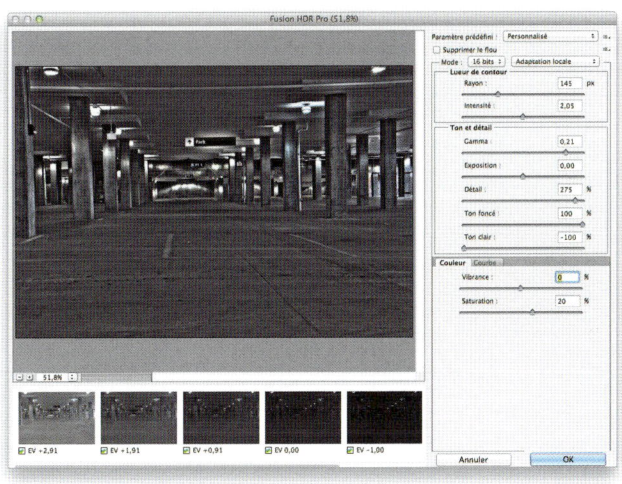

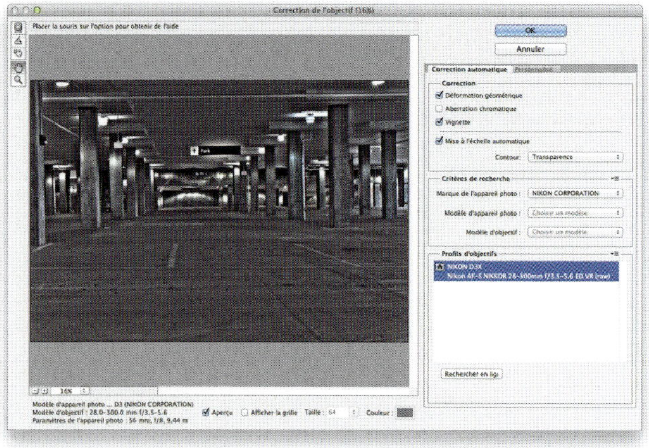

Étape 4

Photoshop fusionne de nouveau les images pour créer une exposition HDR. Avant de travailler avec cette photo, vous devez corriger des problèmes de perspective. Pour cela, cliquez sur Filtre > Correction de l'objectif. Dans l'onglet Correction automatique, activez l'option Déformation géométrique. Photoshop lit les informations concernant l'appareil et l'objectif, et corrige automatiquement leurs problèmes de déformation.

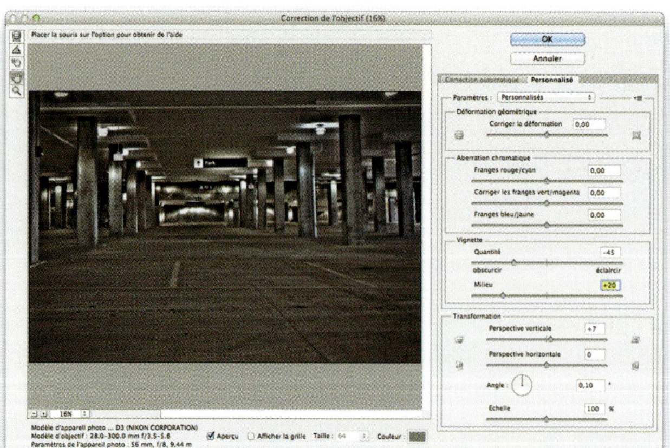

Étape 5

Cliquez sur l'onglet Personnalisé et fixez la valeur du paramètre Perspective à +7, et l'Angle à 0,10. Dans la section Vignette, faites glisser le curseur Quantité à –45 et le curseur Milieu à 20 pour assombrir légèrement les angles. Cliquez sur OK pour appliquer vos réglages.

Étape 6

Activez l'outil Recadrage (**C**) et recadrez l'image de manière à créer un effet symétrique.

Étape 7

Vous disposez maintenant d'un arrière-plan insalubre, mais qui manque de profondeur. L'atmosphère du lieu gagnerait à être plus poussiéreuse. Cet effet est relativement simple à simuler. Cliquez sur l'icône Créer un calque du panneau Calques et appuyez sur **D** pour que les couleurs de premier et d'arrière-plan soient respectivement noire et blanche. Ensuite, cliquez sur Filtre > Rendu > Nuages. Le calque se remplit d'une texture nuageuse.

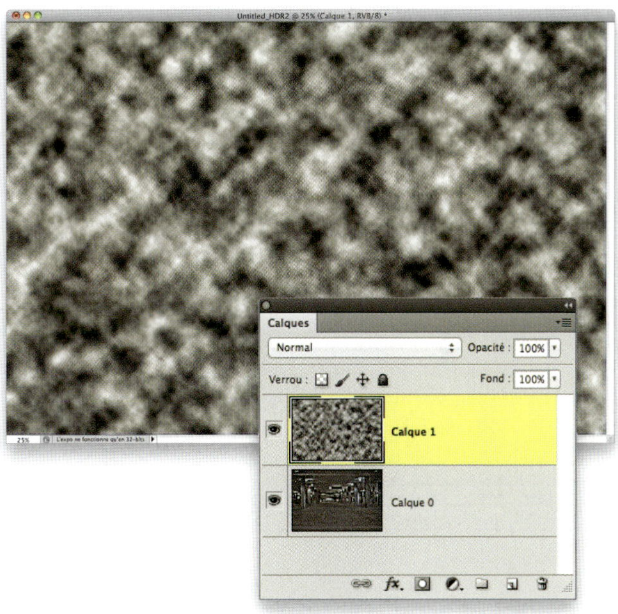

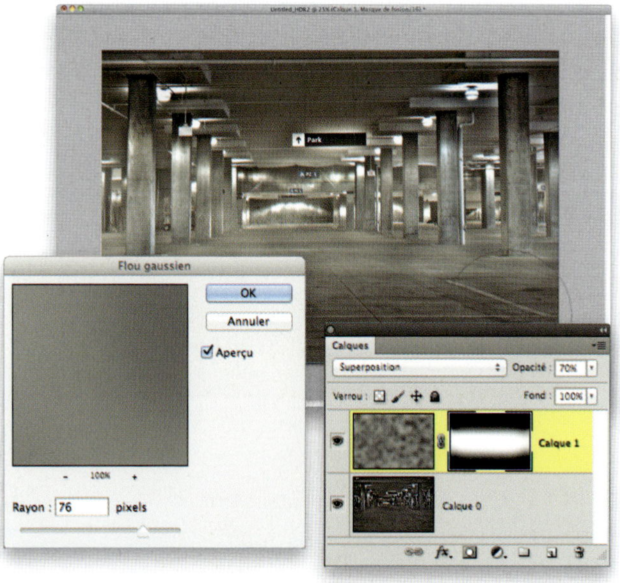

Étape 8

Assignez au calque le mode de fusion Superposition pour masquer les zones noires. Ensuite, fixez son Opacité à 70 %. L'effet est à la fois trop dense et trop net. Cliquez sur Filtre > Atténuation > Flou gaussien. Dans la boîte de dialogue du filtre, assignez au paramètre Rayon la valeur de 78 pixels, puis cliquez sur OK. L'effet de poussière est intéressant, mais insuffisamment localisé. Pour obtenir un rendu plus réaliste, commencez par ajouter un masque de fusion en cliquant sur l'icône éponyme du panneau Calques. Appuyez sur **B** pour activer l'outil Pinceau, puis sur **X** pour faire du noir la couleur de premier plan. Ensuite, peignez dans les parties supérieure et inférieure de l'image afin de limiter l'effet Nuages au centre de l'image.

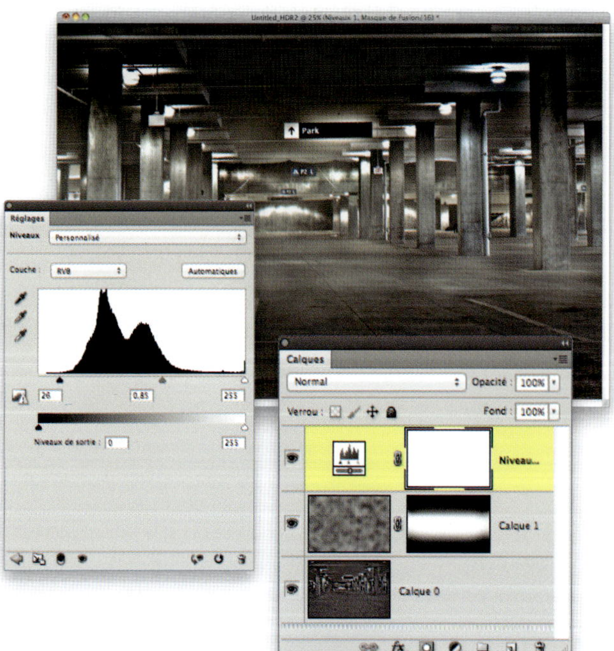

Étape 9

Assombrissez l'image avant de poursuivre le montage. Cliquez sur l'icône Créer un calque de réglage du panneau Calques. Dans le menu local qui s'affiche, choisissez Niveaux. Faites glisser les curseurs des tons foncés et des tons clairs vers la droite pour assombrir l'image. Enfin, sauvegardez votre image au format PSD *via* Fichier > Enregistrer.

Sélectionner et préparer le portrait

Pour que le montage soit cohérent, il faut préparer un sujet dont l'apparence coïncide avec celle de l'arrière-plan. Le modèle utilisé pour ce projet n'a pas l'air très content. Cette expression s'harmonise assez bien avec l'environnement dans lequel il va prendre place. Le plus paradoxal est que, dans la vie, Willie est un garçon adorable, et un athlète de classe mondiale.

Étape 1

Ouvrez la photo du sujet principal de ce montage. Appuyez sur **W** pour activer l'outil Sélection rapide et sélectionnez la totalité du sujet. Les zones les plus complexes sont le bras et l'épaule situés à droite du cadre, car les brillances provoquées par l'éclairage fondent la peau dans la couleur de l'arrière-plan. Il vous faut donc zoomer sur ces parties de l'image et réduire la taille de l'outil Sélection rapide pour effectuer une sélection plus précise. Appuyez sur **Option** (**Alt**) pour basculer l'outil en mode Soustraction, et ainsi retirer de la sélection les zones de l'image sélectionnées par erreur.

Étape 2

Une fois le sujet sélectionné, cliquez sur le bouton Améliorer le contour de la barre d'options. Contentez-vous de porter la valeur du paramètre Rayon à 10. Ensuite, dans le menu local Sortie vers, choisissez Masque de fusion. Cliquez sur OK pour extraire l'homme grâce au masque de fusion automatiquement créé.

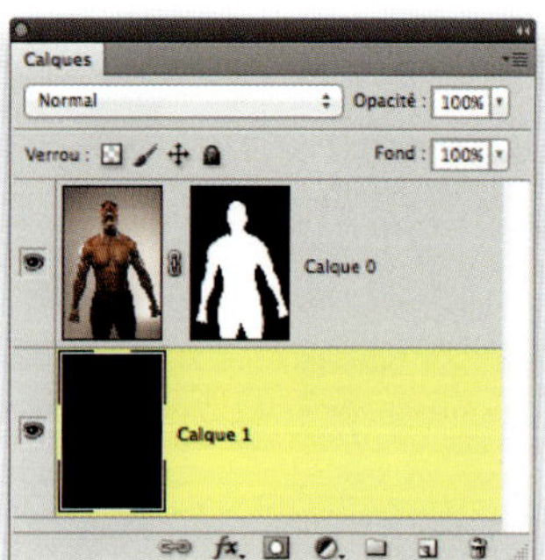

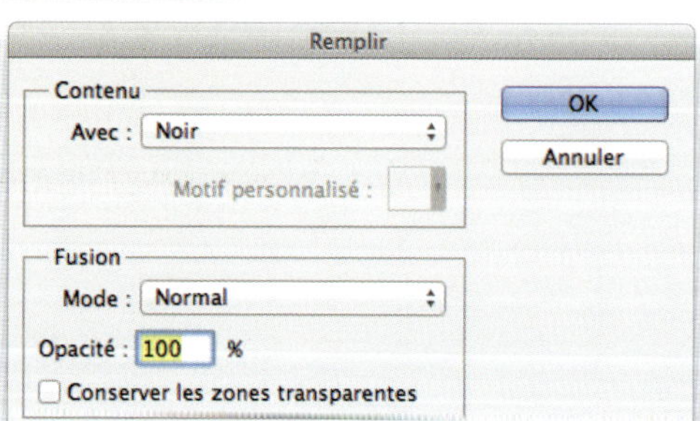

Étape 3

Appuyez sur la touche **Cmd** (**Ctrl**) et cliquez sur l'icône Créer un calque du panneau Calques pour afficher un calque vide sous le calque du sujet. Ensuite, cliquez sur Édition > Remplir. Dans le menu local Avec choisissez Noir et cliquez sur OK.

Étape 4

Une frange est visible sur les contours du sujet. Comme nous y avons procédé dans la majorité des précédents didacticiels, appuyez sur la touche **Cmd** (**Ctrl**) et cliquez sur la vignette du masque de fusion pour récupérer la sélection. Ensuite, cliquez sur la vignette du calque lui-même et appuyez sur **Cmd+J** (**Ctrl+J**) pour copier la zone sélectionnée sur son propre calque. Cliquez sur l'icône de l'œil du calque contenant le masque de fusion afin d'en désactiver l'affichage.

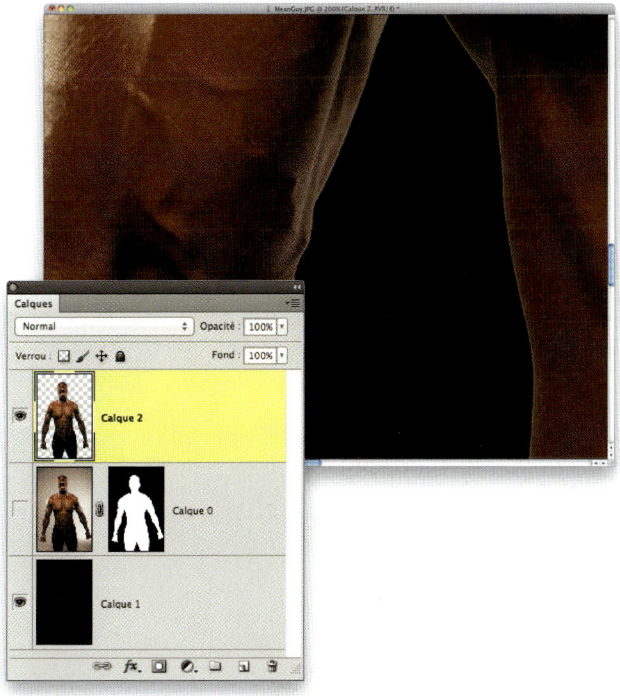

Étape 5

Le calque supérieur du panneau Calques étant actif, cliquez sur Calques > Cache > Supprimer la frange. Assignez au paramètre Largeur la valeur de 1 pixel et cliquez sur OK.

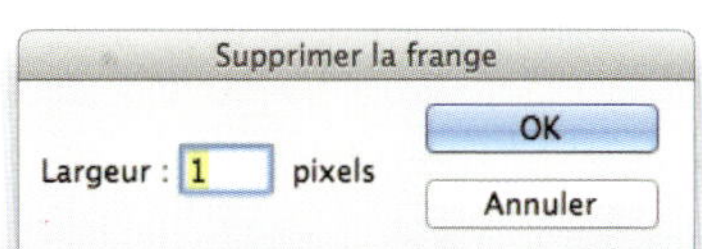

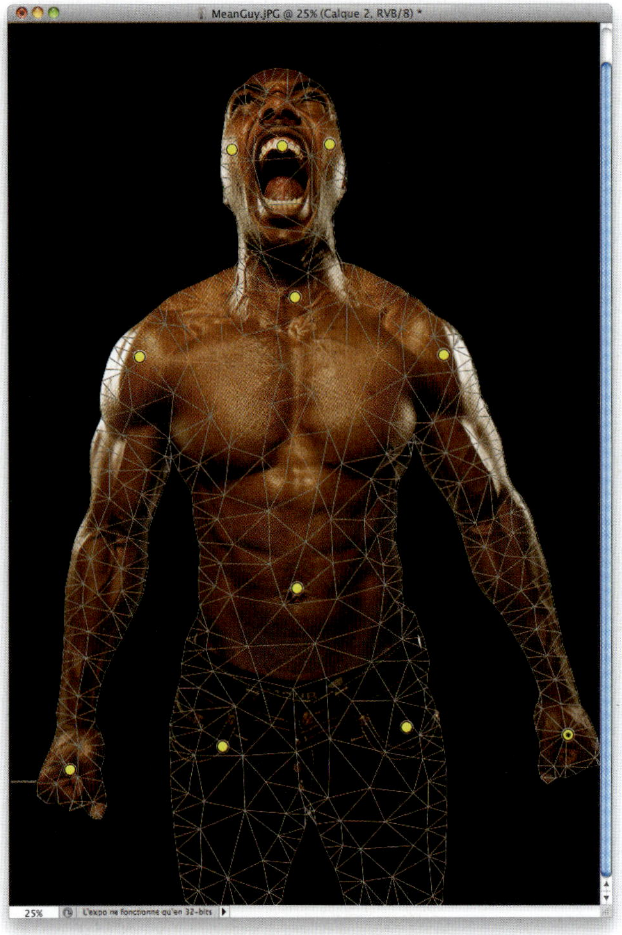

Étape 6

Vous devez maintenant obtenir une symétrie parfaite des bras. Pour y parvenir, mettez en œuvre la nouvelle fonctionnalité de Photoshop CS5 appelée Déformation de la marionnette que vous invoquez depuis le menu Édition. Ajoutez des points de déformation sur certaines zones du corps, comme ci-contre.

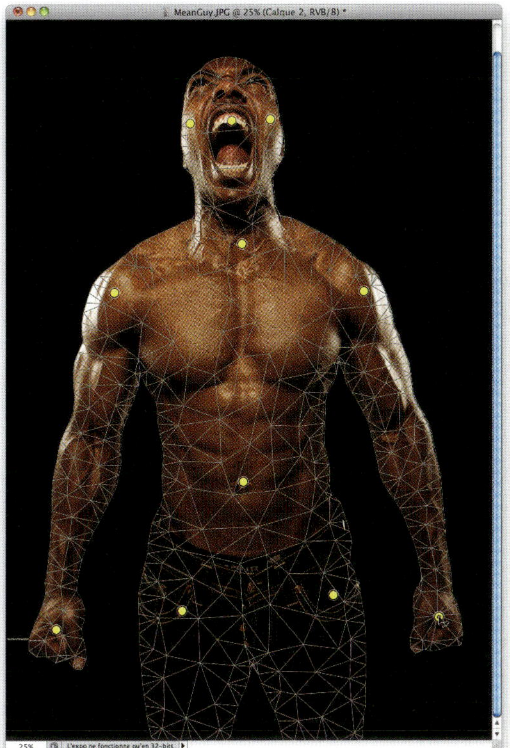

Étape 7

Une fois l'emplacement des points déterminé sur le corps du sujet, cliquez sur celui de la main droite, comme ci-contre. Ensuite, faites-le glisser vers l'intérieur pour que les deux bras soient symétriques. Répétez cette opération avec l'épaule gauche. Une fois vos déformations réalisées, appuyez sur **Retour** (**Entrée**) pour valider ces modifications. Cliquez sur Fichier > Enregistrer pour sauvegarder ce document au format Photoshop.

Créer le montage

Lorsque le sujet est sélectionné, vous n'avez plus qu'à l'insérer dans l'arrière-plan. Avec quelques calques de réglage et modes de fusion, vous parviendrez à harmoniser ces deux éléments pour obtenir un montage spectaculaire et esthétique.

Étape 1

Ouvrez l'image d'arrière-plan du montage. Si vous prenez ce didacticiel en cours, téléchargez une version complète de cette image sur le site d'accompagnement de ce livre. Sinon, aplatissez les calques *via* Calque > Aplatir l'image. Le document se compose alors d'un seul calque d'arrière-plan. Ensuite, ouvrez la photo de Willie extrait de son environnement. Vous pouvez, cette fois encore, télécharger une version sélectionnée de cet athlète sur le site précité. Enfin, activez l'outil Déplacement (**V**) et glissez-déposez Willie sur le parking souterrain.

Étape 2

La première constatation que nous pouvons faire est que la couleur de Willie et celle du décor ne coïncident pas. Pour corriger ce problème, activez le calque *Arrière-plan*, puis cliquez sur l'icône Ajouter un calque de réglage du panneau Calques. Dans le menu local qui apparaît, choisissez Filtre photo. Appliquez le réglage par défaut Filtre réchauffant (85) et portez la valeur de son paramètre Densité à 30 %.

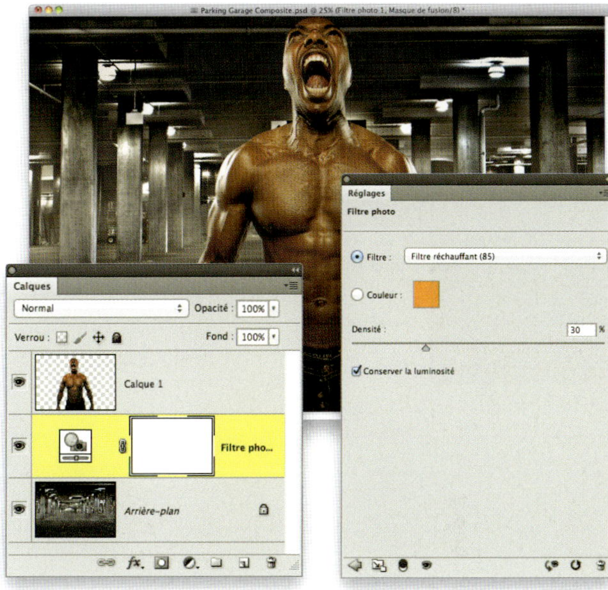

Étape 3

La couleur de la peau de Willie est trop intense par rapport à celle du décor. Pour réduire cette saturation, activez le calque contenant Willie et dupliquez-le en exécutant le raccourci clavier **Cmd+J** (**Ctrl+J**). Ensuite, cliquez sur Image > Réglages > Désaturation. Appliquez au calque le mode de fusion Lumière crue et fixez son Opacité à 50 %.

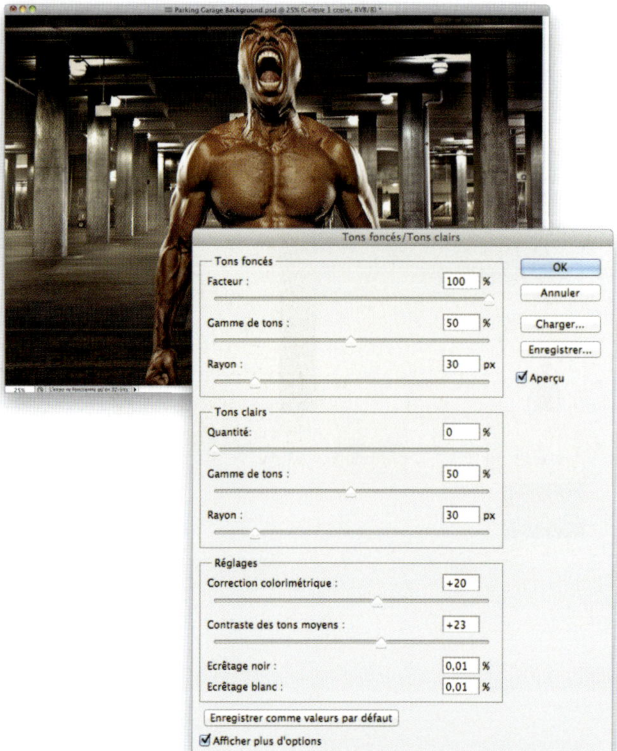

Étape 4

Le résultat obtenu est encourageant, mais insuffisant. Vous devez renforcer cette puissance et cette agressivité positive. Pour cela, cliquez sur Image > Réglages > Tons foncés/Tons clairs. Dans la section Tons foncés, fixez la valeur du paramètre Facteur à 100 %. Pour faire ressortir davantage les veines du corps, portez la valeur du paramètre Contraste des tons moyens de la section Réglages à environ 25. Si vous ne voyez pas ce paramètre, cochez la case Afficher plus d'options située dans le coin inférieur gauche de la boîte de dialogue Tons foncés/Tons clairs. Cliquez sur OK pour appliquer vos réglages.

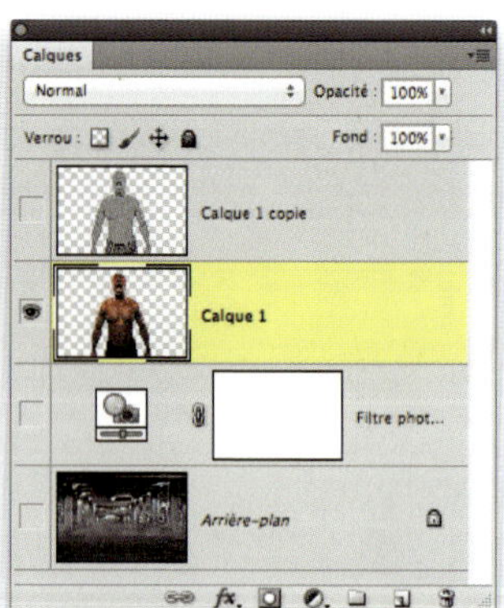

Étape 5

Malgré toutes ces modifications, Willie est encore trop lumineux et saturé pour le décor de ce montage. Intéressez-vous d'abord à la luminosité. Une intervention sur les couches de l'image permet d'agir séparément sur les zones contenant des tons clairs et des tons foncés. Affichez uniquement le contenu du calque où Willie est en couleurs. Pour cela, appuyez sur la touche **Option** (**Alt**) et cliquez sur l'icône de visibilité (œil) située à gauche de la vignette de son calque.

Étape 6

Maintenant, affichez le panneau Couches (Fenêtre > Couches). Maintenez la touche **Cmd** (**Ctrl**) enfoncée et cliquez sur la vignette de la couche RVB située en haut de ce panneau. Photoshop récupère la luminosité sous la forme d'une sélection.

Étape 7

Dans le panneau Calques, cliquez sur l'icône Créer un calque de réglage. Dans le menu local qui s'affiche, choisissez Courbes. Cliquez au centre de la courbe pour créer un point de réglage que vous glissez ensuite vers le bas afin d'assombrir les zones claires des bras et du visage.

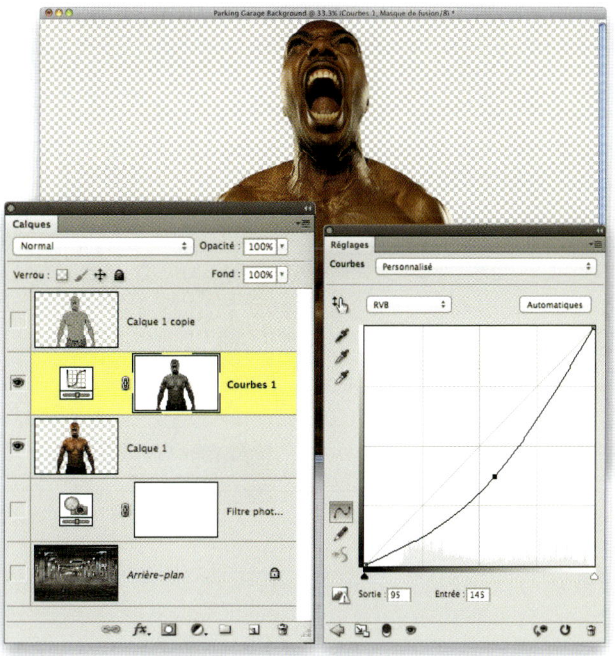

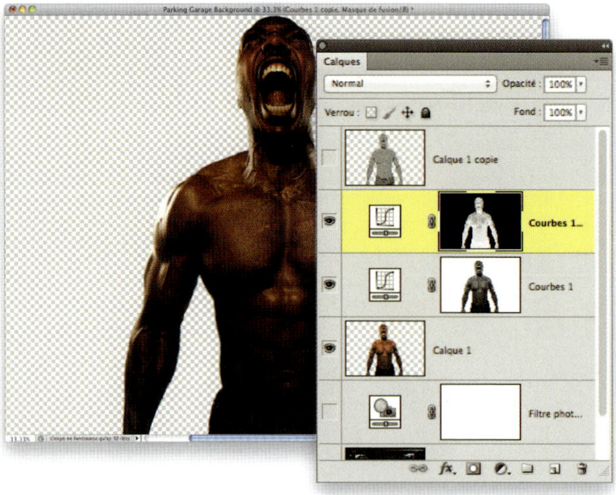

Étape 8

Appuyez sur **Cmd+J** (**Ctrl+J**) pour dupliquer le calque de réglage. Ensuite, exécutez le raccourci clavier **Cmd+I** (**Ctrl+I**) pour convertir en négatif le masque de fusion de cette copie. Cette fois, Willie est considérablement assombri, puisque la courbe cible les tons foncés.

Info

Peut-on obtenir un résultat identique en appliquant une seule courbe ? Oui, si l'on n'ajoute pas de masque de fusion. Toutefois, en matière de montage, on essaie constamment d'harmoniser le sujet principal et l'arrière-plan. Il est donc important de garder un contrôle permanent sur les tons clairs et les tons foncés. Pour cela, vous devez appliquer la technique présentée dans ce didacticiel.

Étape 9

Affichez de nouveau tous les calques en réactivant leur visibilité dans le panneau Calques. Vous constatez alors que les deux calques de réglage Courbes affectent également l'arrière-plan. Pour limiter leur effet à Willie, appuyez sur la touche **Cmd** (**Ctrl**) et cliquez sur chacun de ces deux calques pour les sélectionner. Ensuite, cliquez sur Calque > Créer un masque d'écrêtage, ou bien appuyez sur **Cmd+G** (**Ctrl+G**). Le décor ne subit plus l'impact des courbes.

Étape 10

Le niveau de saturation de l'athlète est encore trop intense. Cliquez sur le premier calque de réglage Courbes pour l'activer dans le panneau Calques. Ensuite, ouvrez le menu local des calques de réglage et choisissez Teinte/Saturation. Fixez la valeur du paramètre Saturation à –45, puis cliquez sur Calque > Créer un masque d'écrêtage pour en limiter l'effet à Willie.

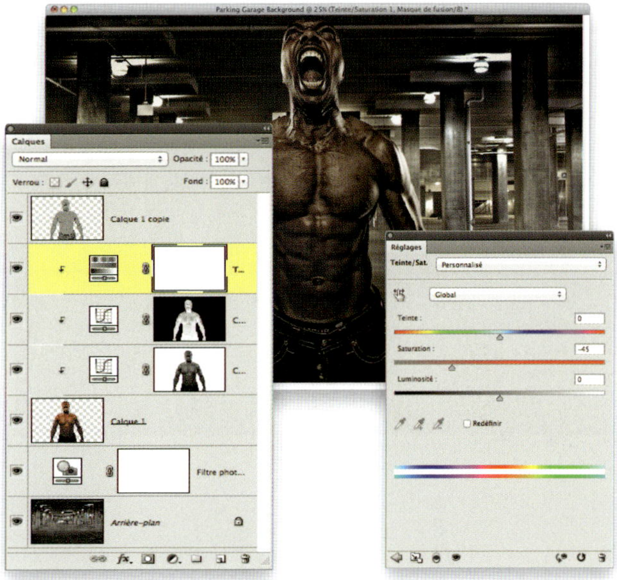

Étape 11

Il ne reste plus qu'à ajouter des éclairages à l'arrière-plan. Vous constatez que deux sources de lumière sont assez proches du sujet, ce qui éclaire ses épaules et ses bras. Essayez d'amplifier légèrement cet effet en cliquant sur l'icône Créer un calque du panneau Calques. Positionnez ce calque vide en haut de la pile des calques. Appuyez sur **B** pour activer l'outil Pinceau, puis sur **D** et enfin sur **X** pour faire du blanc la couleur de premier plan. Définissez une forme d'Épaisseur moyenne au contour progressif. Cliquez sur la lampe située dans le coin supérieur droit du montage, et ne déplacez pas le pinceau. Ensuite, maintenez la touche **Maj** enfoncée et cliquez au niveau de la hanche située à gauche. Un trait blanc apparaît.

Info

Avec le stylet d'une tablette Wacom, vous pouvez varier l'épaisseur du trait sur toute la longueur.

Étape 12

Répétez cette opération pour créer autant de rayons que ci-contre. Variez l'épaisseur de l'outil pour donner plus de réalisme à cet effet. Sept à huit rayons devraient suffire.

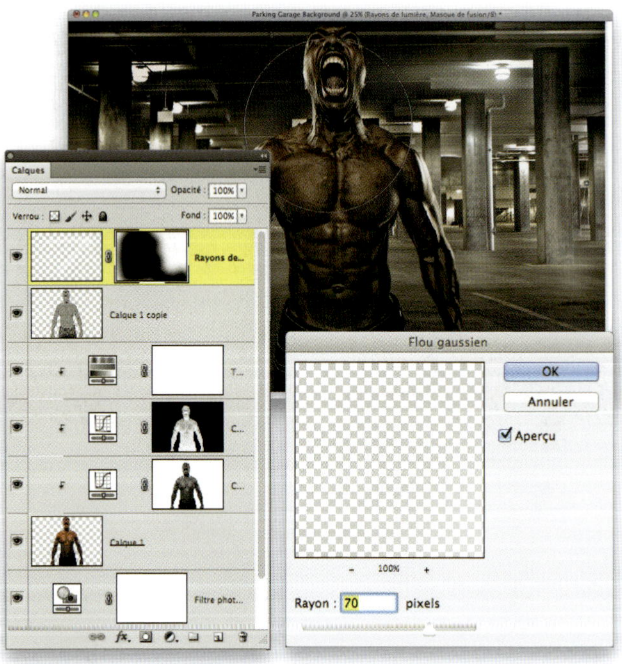

Étape 13

Cliquez sur Filtre > Atténuation > Flou gaussien et fixez la valeur du paramètre Rayon à 70 pixels. Ensuite, cliquez sur l'icône Ajouter un masque de fusion du panneau Calques. Définissez une très grosse Épaisseur d'outils au contour progressif, et peignez sur les rayons de lumière qui passent sur le corps de Willie et sur la partie gauche du cadre. Si les rayons semblent trop clairs, réduisez l'Opacité de leur calque.

Étape 14

Appuyez sur **Cmd+J** (**Ctrl+J**) pour dupliquer ce calque. Ensuite, cliquez sur Édition > Transformation > Symétrie axe horizontal pour appliquer un effet miroir au calque. Activez l'outil Déplacement et faites glisser le contenu du calque sur la lampe située sur le bord gauche du cadre, comme ci-contre.

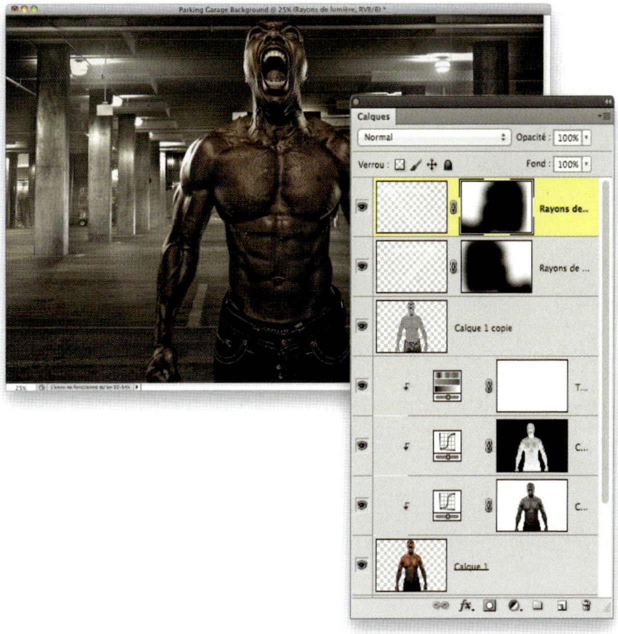

Astuce : Ajouter de la granulosité

L'atmosphère du montage communique une sensation de puissance et d'angoisse dans un lieu presque insalubre. Il est possible d'ajouter de la granulosité avec la technique du filtre Passe-haut ou en appliquant l'effet Tonal Contrast du plug-in Nik Software, comme nous l'avons fait à la fin du Chapitre 8. L'illustration ci-contre montre l'image obtenue après application du filtre Tonal Contrast sur l'arrière-plan.

Image finale

FALL 2011 SPORTS
FOOTBALL
2/3 VS. NEW YORK 7:30PM
2/10 VS. PITTSBURGH 3:30PM
2/17 VS. ATLANTA 7:30PM
2/24 VS. MIAMI 3:30PM
3/1 VS. ORLANDO 3:30PM
3/8 VS. ALABAMA 1:30PM
3/15 VS. PENN STATE 7:30PM
3/22 VS. WEST MERCER 1:30PM
SOCCER
2/5 VS. CAROLINA 7:30PM
2/12 VS. JACKSONVILLE 3:30PM
3/17 VS. ALABAMA 7:30PM
3/19 VS. AKRON 3:30PM
3/26 VS. STONY BROOK 3:30PM
4/10 VS. SYRACUSE 1:30PM
4/14 VS. VILLANOVA 7:30PM
5/21 VS. RUTGERS 1:30PM

Calendrier sportif 12

La création d'un calendrier sportif comprenant des collages est un exercice de montage photo intéressant. En effet, que vous soyez un enfant, un collégien, un étudiant ou un professionnel, vous aimez admirer vos sportifs préférés en action. En assemblant du texte, des fanions et une texture, vous pouvez créer le calendrier d'une saison, des affiches, ou un méli-mélo des meilleures photos de l'équipe à laquelle vous appartenez.

Créer l'arrière-plan

Vous allez créer le calendrier d'une saison de football américain et constaterez que, pour ce type de montage, l'arrière-plan est déterminant. Ici, l'ajout des athlètes se fait par une simple sélection rapide. En revanche, vous devez aménager suffisamment d'espace sur l'arrière-plan pour intégrer les joueurs, les logos, les éléments graphiques et le texte.

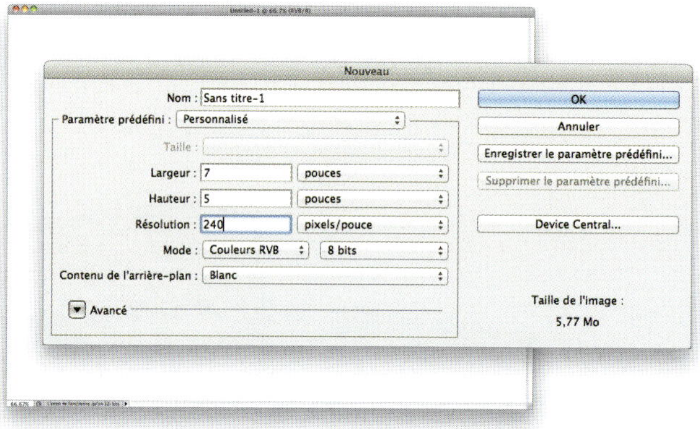

Étape 1

Créez un document *via* Fichier > Nouveau. Définissez une zone de travail dont les dimensions sont de 7 pouces de large sur 5 pouces de haut, dans une résolution de 240 ppp.

©ISTOCKPHOTO/DENIS GAGARIN

Étape 2

Ensuite, ouvrez la texture d'arrière-plan que vous trouverez sur des sites de collections d'images comme iStockphoto (**www.istockphoto.com**). Ensuite, activez l'outil Déplacement (**V**) et glissez-déposez l'arrière-plan dans la fenêtre du nouveau document. Redimensionnez-le à la taille de la zone de travail en appuyant sur **Cmd+T** (**Ctrl+T**), puis sur **Cmd+0** (**Ctrl+0**) pour accéder aux poignées de redimensionnement. Faites glisser les poignées d'angle ou latérales pour ajuster la texture aux dimensions de la zone de travail. Validez la transformation en appuyant sur **Retour** (**Entrée**). Placez la zone claire en bas du document en cliquant sur Image > Rotation de l'image > 180°.

Étape 3

Activez l'outil Ellipse (Forme) de la boîte à outils en appuyant plusieurs fois sur **Maj+U**. Ensuite, dans la boîte à outils, cliquez sur l'icône Calque de forme (première en partant de la gauche). Appuyez sur **D** pour faire du noir la couleur de premier plan et tracez une ellipse dans la partie supérieure de l'image, comme ci-contre.

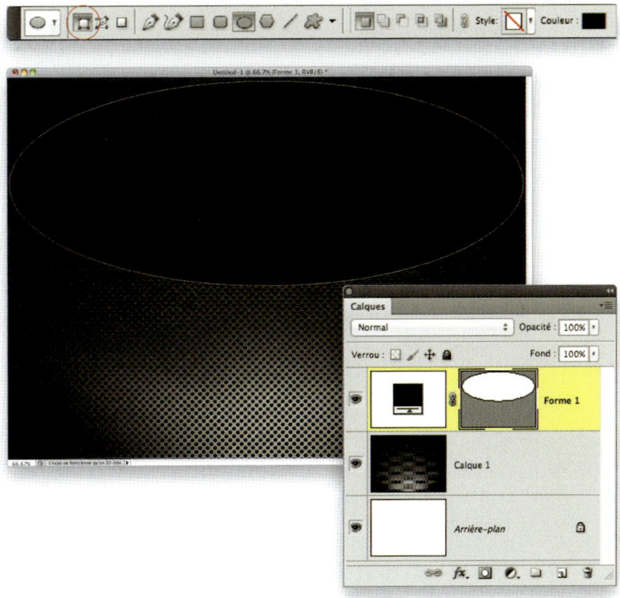

Étape 4

Activez de nouveau la Transformation manuelle. Appuyez sur **Option+Maj** (**Alt+Maj**) pour préserver les proportions, puis étirez l'ellipse depuis le centre en glissant une des poignées d'angle vers l'extérieur. Étirez la forme au-delà des limites de la fenêtre du document et repositionnez-la de telle sorte que sa partie inférieure occupe environ le quart supérieur de l'image, comme ci-contre. Validez la transformation en appuyant sur **Retour** (**Entrée**).

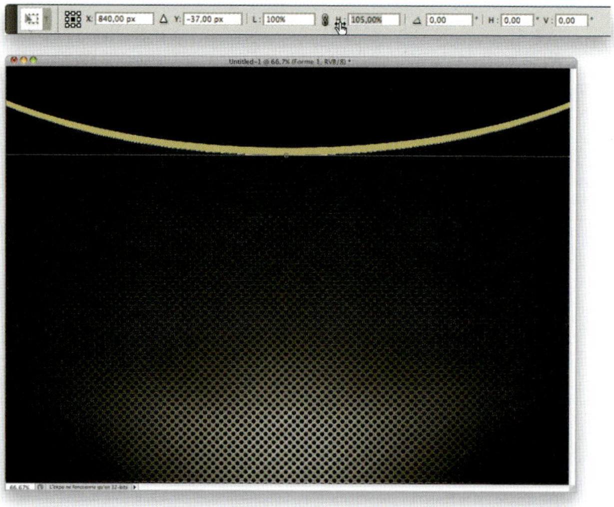

Étape 5

Appuyez deux fois sur **Cmd+J** (**Ctrl+J**) pour créer deux copies de cette ellipse. Double-cliquez sur la vignette de la copie inférieure et, dans le Sélecteur de couleurs, définissez une teinte dont les valeurs sont R : 201, V : 181 et B : 126. Validez par un clic sur le bouton OK. Vous ne voyez aucun changement de couleur, parce que la forme se situe sous une autre forme. Exécutez donc la fonction Transformation manuelle et placez le pointeur de la souris sur le paramètre H (Hauteur) de la barre d'options. Cliquez et faites glisser l'outil vers la droite pour augmenter la taille de la forme. Cette fois, une partie apparaît à la base du calque de forme situé juste au-dessus.

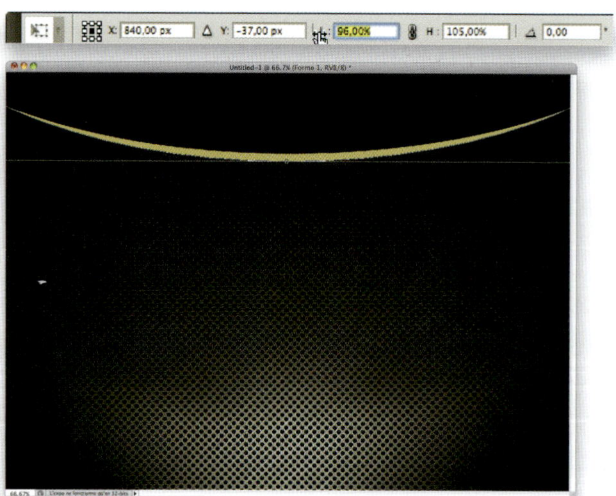

Étape 6

Placez maintenant le pointeur de la souris sur L (Largeur) et réduisez légèrement sa valeur. Cette action rapproche la forme du centre. Validez la transformation en appuyant sur **Retour** (**Entrée**). Vous venez de créer un contour original, car il n'est pas symétrique à la forme située juste au-dessus.

Étape 7

Répétez cette opération avec le calque central, mais en utilisant la couleur blanche. Vous ajoutez de la profondeur à cette conception graphique. Ensuite, ajustez les deux calques de contour pour obtenir un bord esthétique et régulier.

Étape 8

Cliquez sur le calque contenant l'ellipse supérieure noire pour lui appliquer les couleurs du club sportif. Pour cela, cliquez sur l'icône Ajouter un style de calque situé dans la partie inférieure du panneau Calques. Dans le menu local qui apparaît, choisissez Incrustation en dégradé. Dans l'Éditeur de dégradé qui s'affiche, cliquez sur la vignette du dégradé. Modifiez les couleurs du dégradé en double-cliquant sur les taquets des différentes étapes qui le composent. Cela ouvre le Sélecteur de couleurs. Assignez au taquet de gauche un vert semi-foncé, et au taquet de droite un vert foncé. Cliquez sur OK pour fermer l'Éditeur de dégradé.

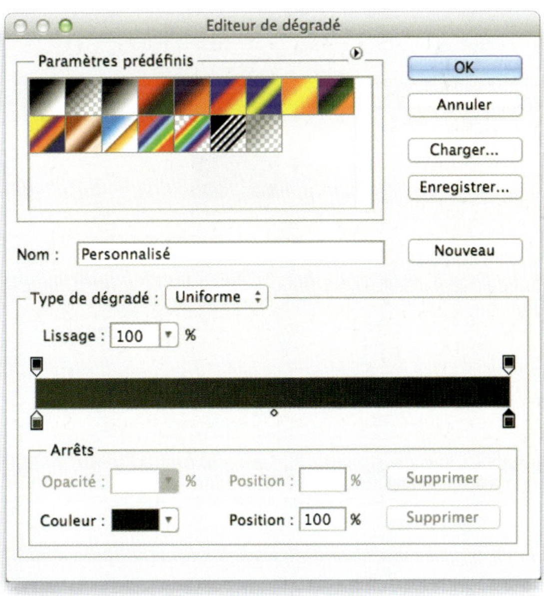

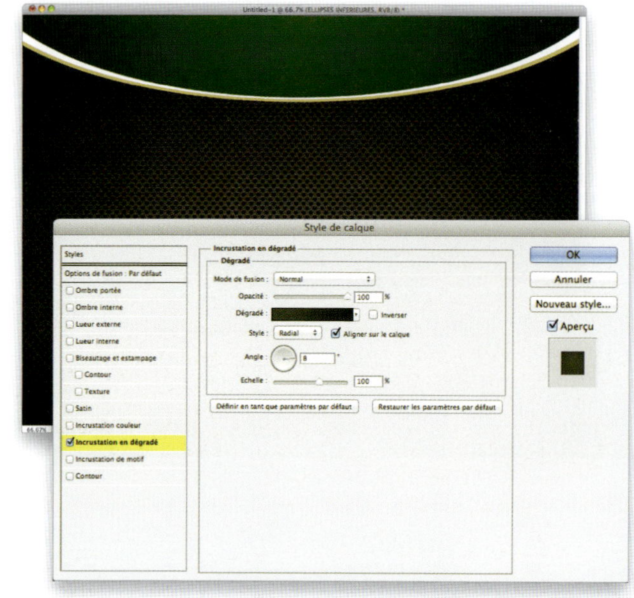

Étape 9

Dans le menu local Style, choisissez Radial, fixez l'Angle à 8° et cliquez sur OK. Désormais, le calque supérieur contient un dégradé vert radial qui ajoute de la profondeur à la composition. Un dégradé subtil améliore toujours les images de ce genre.

Étape 10

Le haut du montage est terminé. Cliquez maintenant sur le calque de forme situé en haut du panneau Calques. Ensuite, appuyez sur la touche **Maj** et cliquez sur le dernier calque de forme afin de les sélectionner tous les trois. Enfin, cliquez sur Calque > Associer les calques ou appuyez sur **Cmd+G** (**Ctrl+G**). Les calques sont alors réunis dans un groupe. Les groupes sont des dossiers qui facilitent l'organisation des calques d'un montage. Double-cliquez sur son nom et assignez-lui un nom représentatif de son contenu, comme ci-contre.

Étape 11

Faites un clic droit sur le groupe. Dans le menu contextuel qui apparaît, exécutez la commande Dupliquer le groupe. Dans la boîte de dialogue qui s'affiche, assignez à cette copie un nom descriptif. Activez l'outil Déplacement et faites glisser le contenu du groupe dans la partie inférieure du document. Tous les calques du groupe sont solidaires et une ellipse identique à celle située en haut de l'image apparaît cette fois en bas du montage. Si nécessaire, exécutez la fonction Transformation manuelle pour ajuster la forme des ellipses. Le bas de l'image est maintenant terminé.

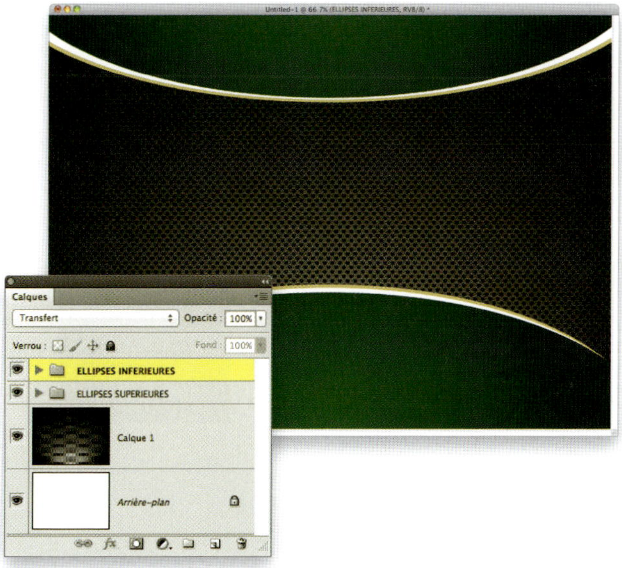

Étape 12

Ajoutez du texte dans la partie supérieure du montage. Activez l'outil Texte horizontal (**T**) et appuyez sur **D**, puis sur **X** pour faire du blanc la couleur de premier plan. Commencez à saisir du texte avec la police Varisty Regular en taille 30, que vous pouvez télécharger gratuitement à l'adresse **www.dafont.com/varsity-regular**. Si nécessaire, repositionnez le texte avec l'outil Déplacement. Ensuite, cliquez sur l'icône Ajouter un style de calque du panneau Calques. Dans le menu local qui apparaît, choisissez Incrustation en dégradé. Dans l'Éditeur de dégradé, assignez au taquet de droite la couleur définie à l'étape 5. Cochez la case Inverser, puis ouvrez le menu local Style et choisissez Réfléchi.

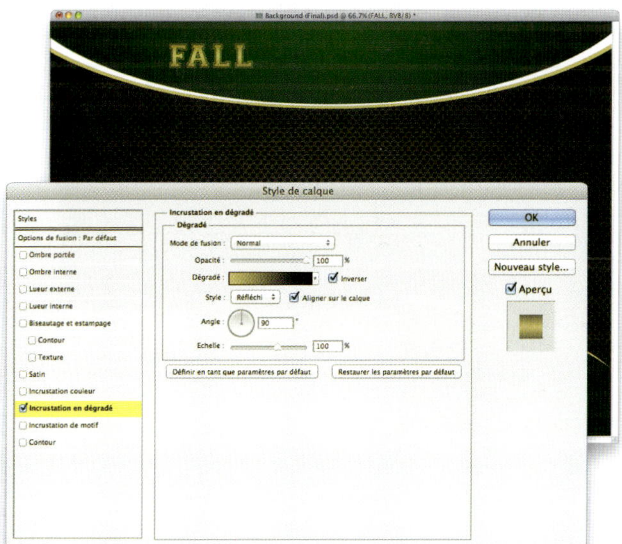

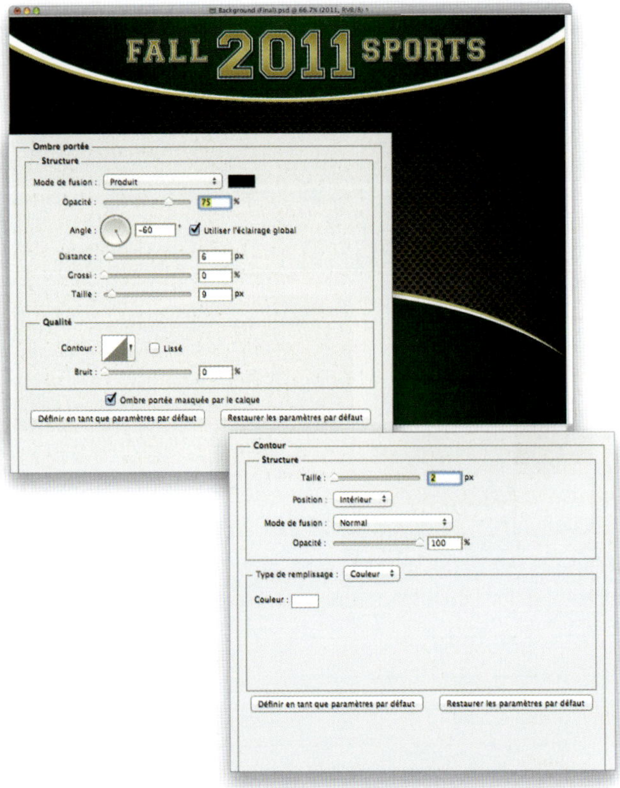

Étape 13

La boîte de dialogue Style de calque étant toujours ouverte, ajoutez une Ombre portée et un Contour. Appliquez un contour de petite épaisseur et assignez-lui la Position Intérieur. Validez vos paramètres par un clic sur le bouton OK. Créez deux autres textes, comme ci-contre, en portant la taille de l'année 2011 à 62 points. Ensuite, appuyez sur **Option** (**Alt**) et faites glisser l'icône *fx* du calque *FALL* sur les deux autres calques de texte, afin de leur appliquer les mêmes styles de calque. Enfin, groupez ces trois calques.

©ISTOCKPHOTO/ID-WORK

Étape 14

Ouvrez l'image du logo et glissez-déposez-le dans le tiers inférieur du montage. Placez le calque du logo au-dessus du groupe des ellipses inférieures. Redimensionnez-le avec la fonction Transformation manuelle. Ensuite, ajoutez les styles de calque Ombre portée et Contour avec les paramètres ci-contre.

Étape 15

Enfin, ajoutez les dates et heures des matchs en utilisant la police Myriad Pro. Inscrivez les noms « Soccer » et « Football » en gras (Bold), mais laissez les autres informations en Regular. Organisez le contenu du panneau Calques en créant des dossiers pour chaque groupe de texte.

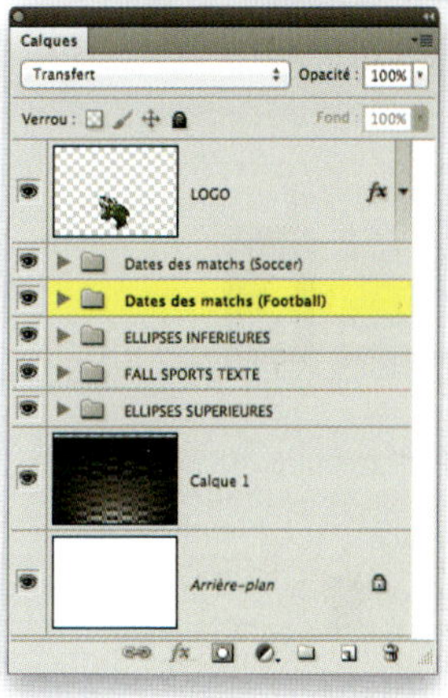

Ajouter les joueurs au montage

Comme je l'ai indiqué au début de ce projet, l'insertion des joueurs est probablement l'opération la plus simple à réaliser dans ce montage. Quelques sélections, et le tour est joué. Pourtant, les athlètes qui figurent dans ce travail ont été photographiés pendant un match. Par conséquent, l'arrière-plan sur lequel ils apparaissent n'est pas uniforme. Vous allez mesurer une fois encore toute la puissance de la boîte de dialogue Améliorer le contour.

Étape 1

Ouvrez la première photo d'un joueur. Avec l'outil Sélection rapide (**W**), sélectionnez le plus de détails possible. Zoomez sur les zones les plus délicates afin de vous limiter aux contours du sujet. Pour cela, n'hésitez pas à réduire la taille de l'outil. L'arrière-plan n'étant pas uni, une grande précision s'impose ici. Ne vous préoccupez pas des pieds, dans la mesure où ils ne seront pas visibles dans le montage.

Étape 2

Dans la barre d'options, cliquez sur le bouton Améliorer le contour. Cochez l'option Rayon dynamique et assignez au Rayon une valeur de 6 pixels. La sélection et son amélioration sont facilitées par le fait que le sujet n'a pas de cheveux ou de contours détaillés à extraire. Ensuite, dans le menu local Sortie vers, choisissez Mode de fusion. Cliquez sur OK pour valider vos réglages.

Étape 3

Ouvrez l'image d'arrière-plan créé au précédent exercice. Activez l'outil Déplacement (**V**) et glissez-déposez le footballeur dans la composition. Ensuite, positionnez son calque entre le groupe *FALL SPORTS TEXTE* et le groupe *ELLIPSES SUPÉRIEURES*, comme ci-contre.

Étape 4

La photo est certainement trop grande. Activez la fonction Transformation manuelle en appuyant sur **Cmd+T** (**Ctrl+T**). Appuyez sur **Cmd+0** (**Ctrl+0**) pour accéder aux poignées de redimensionnement. Appuyez sur **Maj** et glissez vers l'intérieur une des poignées d'angle pour réduire la taille du joueur tout en préservant ses proportions.

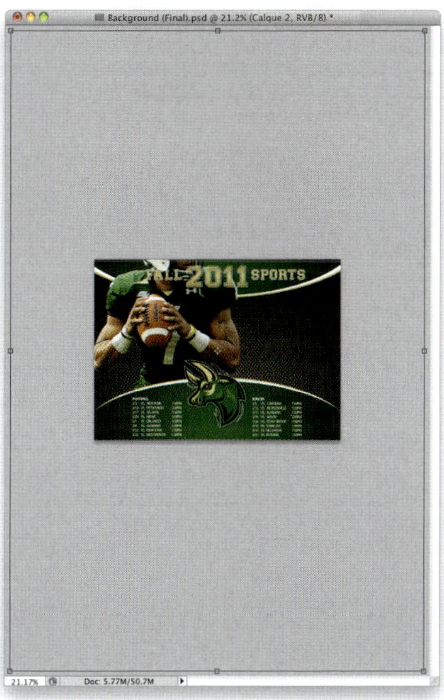

Étape 5

Effectuez la même opération pour les autres joueurs. Organisez leur calque comme ci-contre en faisant en sorte que leur visage soit tourné vers le centre de la composition. Si vous rencontrez un problème de frange, appliquez la technique de suppression expliquée au Chapitre 1. Essayez de bien superposer les joueurs. Par exemple, n'hésitez pas à masquer certaines parties de leur corps par celles du corps d'autres athlètes pour donner davantage de profondeur à votre montage. Faites interagir des joueurs avec l'arrière-plan. Ainsi, si vous placez le footballeur au-dessus des calques de texte, sa main couvre le mot FALL, donnant du dynamisme à l'image. Dans le même ordre d'idées, vous pouvez positionner les deux joueurs de football derrière les footballeurs américains. En les faisant converger dans la même direction et en leur appliquant une taille identique, vous donnez l'impression qu'ils participent à la même action. Testez différentes compositions en modifiant l'ordre des calques du panneau Calques.

Astuce : Télécharger les fichiers sélectionnés

Pour éviter de sélectionner et d'extraire les joueurs, des fichiers prêts à l'emploi sont disponibles sur le site d'accompagnement de ce livre. Vous n'aurez plus qu'à glisser-déposer leurs calques dans le montage, puis à les redimensionner.

Étape 6

Regardez le footballeur de gauche. Son visage est un peu dans l'ombre. Pour corriger ce problème, activez son calque dans le panneau Calques. Cliquez sur l'icône Ajouter un calque de réglage et, dans le menu local qui s'affiche, choisissez Niveaux. Fixez Fixez la valeur des tons foncés à 12, des tons moyens à 1,19 et des tons clairs à 209. Ensuite, faites un clic droit sur le calque de réglage et, dans le menu contextuel, exécutez la commande Créer un masque d'écrêtage pour limiter l'effet au joueur.

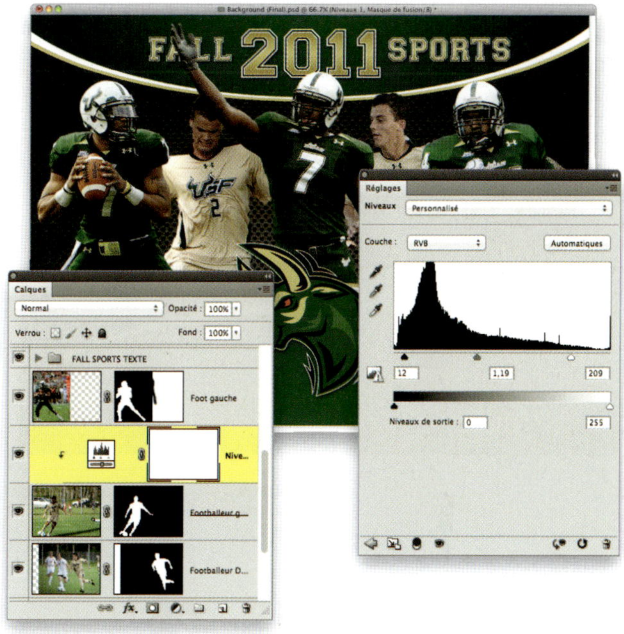

Étape 7

Après cette intervention, vous constatez que le côté gauche du joueur est trop clair. Pour corriger cela, activez la vignette du masque de fusion du calque de réglage. Ensuite, appuyez sur **Cmd+I** (**Ctrl+I**) pour l'inverser, c'est-à-dire le rendre noir et ainsi annuler son effet. Appuyez sur **B** pour activer l'outil Pinceau. Faites du blanc la couleur de premier plan et définissez une Épaisseur moyenne au contour progressif. Appliquez l'outil sur le côté droit du joueur. Son éclairage est maintenant uniforme.

Étape 8

Les trois joueurs situés au premier plan doivent projeter une ombre sur les autres. L'éclairage principal venant de la gauche, les ombres respecteront cette logique en se projetant vers la droite. Commencez avec l'athlète situé sur le bord gauche du cadre. Appuyez sur la touche **Cmd** (**Ctrl**) et cliquez sur l'icône Créer un calque du panneau Calques. Un calque vide apparaît sous le calque du joueur. Pour sélectionner ce joueur, appuyez sur **Cmd** (**Ctrl**) et cliquez sur la vignette de son masque de fusion. Comme vous avez décalé son calque vers la gauche, la sélection contient le côté vide du calque. Pour l'éliminer, activez le Rectangle de sélection (**M**). Ensuite, appuyez sur **Option** (**Alt**) et tracez un cadre autour de cette zone afin de la retirer de la sélection.

Étape 9

Activez le calque vide. La sélection étant en place, cliquez sur Édition > Remplir. Dans le menu local Avec, choisissez Noir et cliquez sur OK. Désélectionnez en appuyant sur **Cmd+D** (**Ctrl+D**). Ensuite, cliquez sur Filtre > Atténuation > Flou gaussien. Fixez le paramètre Rayon à 8 et cliquez sur OK. Pour simuler une ombre, fixez l'Opacité du calque à 45 %. La lumière du soleil vient du haut et de la gauche. *De facto*, les ombres sont projetées vers le bas et la droite. Exécutez la fonction Transformation manuelle, et faites glisser l'ombre dans cette direction tout en modifiant son angle. Activez l'outil Gomme (**E**) et effacez les parties de l'ombre qui tombent sur l'arrière-plan. Répétez cette opération avec le joueur situé au centre.

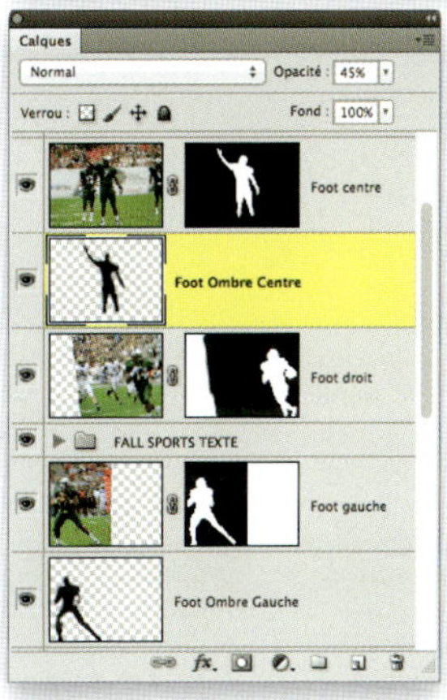

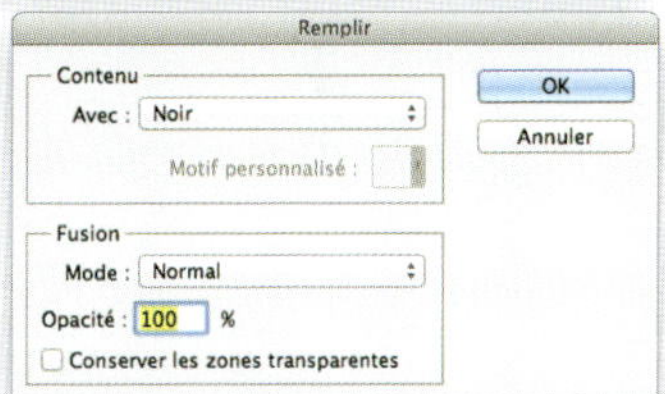

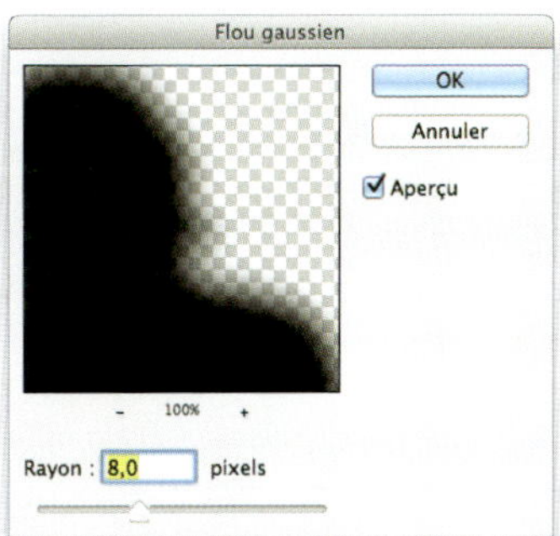

Étape 10

Vous remarquez que les athlètes sont éclairés de haut en bas par la lumière du soleil. De ce fait, la partie inférieure de leur corps contient des zones claires, ce qui ne manque pas d'attirer l'attention du spectateur. Vous devez intervenir sur la zone cerclée en rouge ci-contre pour attirer le regard vers la partie supérieure de l'image.

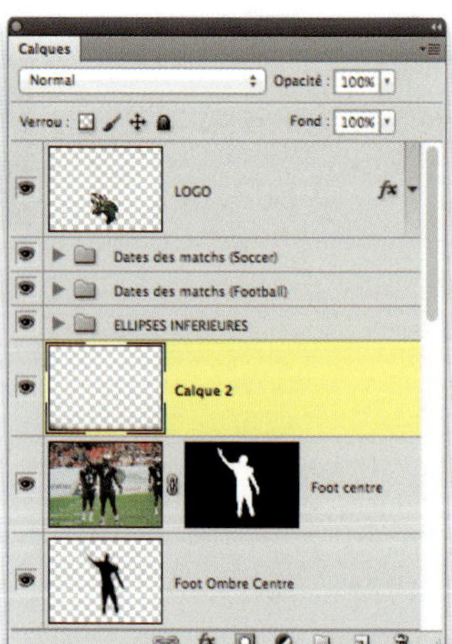

Étape 11

Cliquez sur le calque de l'athlète situé au centre du montage. Ensuite, cliquez sur l'icône Créer un calque du panneau Calques. Un calque vide apparaît sous le groupe *ELLIPSES INFÉRIEURES*.

Étape 12

Appuyez sur **D** pour faire du noir la couleur de premier plan. Appuyez sur **G** pour activer l'outil Dégradé. Dans la barre d'options, cliquez sur la petite flèche donnant accès au Sélecteur de dégradé et choisissez le type de dégradé Premier plan > Transparent. Ensuite, activez le mode de dégradé Linéaire (première icône en partant de la gauche). Placez l'outil Dégradé au centre de l'ellipse inférieure et tracez un dégradé vers le haut, de manière à assombrir les membres inférieurs des sportifs. Si le résultat ne vous convient pas, appuyez sur **Cmd+Z** (**Ctrl+Z**) pour annuler l'opération, et recommencez. Veillez à ne pas dépasser les hanches des athlètes. Comme le dégradé est situé sous le calque des ellipses inférieures, il prend une forme de demi-cercle.

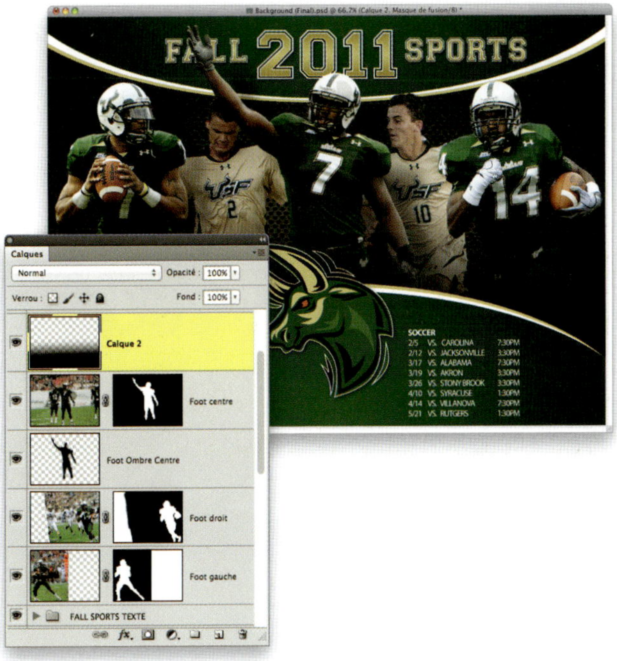

Étape 13

Le footballeur situé à gauche est très sombre. Commencez par récupérer sa sélection en veillant à en retirer le côté droit, comme vous l'avez fait à l'étape 8. Ensuite, activez le calque du dégradé. Appuyez sur **Option** (**Alt**) et cliquez sur l'icône Ajouter un masque de fusion du panneau Calques. Le dégradé est alors masqué sur ce joueur. Activez l'outil Pinceau et définissez le blanc comme couleur de premier plan. Appliquez-le sur les contours des cuisses.

Image finale

#14
TERRENCE
MITCHELL

Montage avec une seule photo

13

Ce type de montage permet de composer une image en utilisant plusieurs fois la même photo. Il est particulièrement prisé en sport et en publicité de produits manufacturés, mais peut s'appliquer à des portraits standard. Le principe consiste à dupliquer votre photo d'origine, agrandir la copie et la fondre dans un arrière-plan. Ainsi, peu de personnes remarquent que vous avez utilisé deux fois la même image.

Composition d'une seule image

Simplicité est le maître mot de ce montage. Dès que vous avez créé un bel arrière-plan, il ne vous reste plus qu'à trouver une photo. Une utilisation artistique des calques, des modes de fusion, des styles de calque et du texte permettra d'obtenir un montage spectaculaire et esthétique.

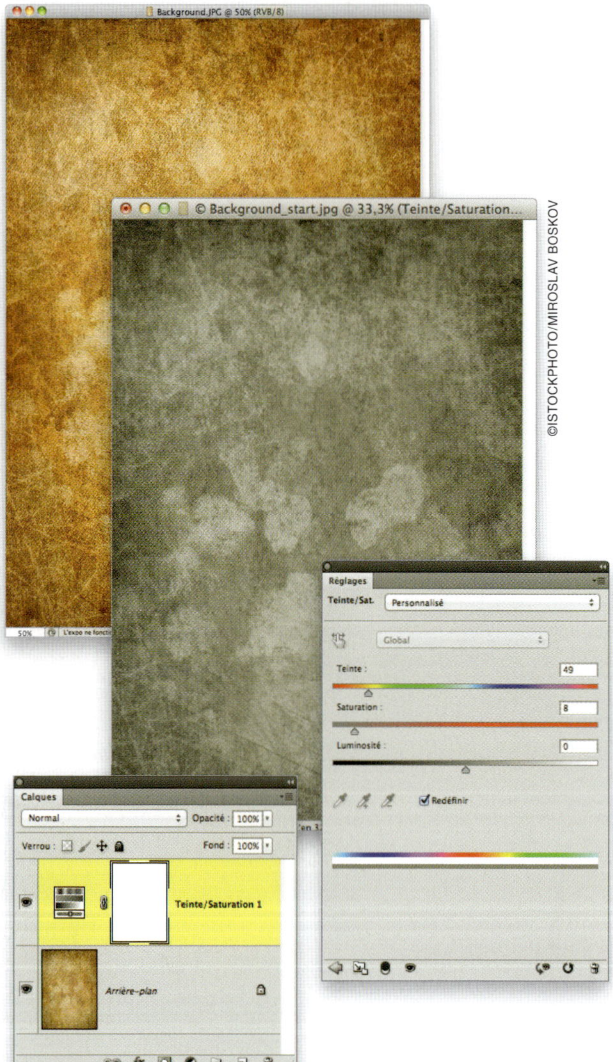

©ISTOCKPHOTO/MIROSLAV BOSKOV

Étape 1

Ouvrez la photo d'arrière-plan qui consiste ici en une texture téléchargée sur le site iStockphoto (**www.istockphoto.com**). Vous la trouverez en tapant « background texture » dans le moteur de recherche du site. Pour vos futurs montages, je vous conseille de constituer une bibliothèque personnelle de textures en photographiant les murs et les sols des lieux que vous visitez.

Étape 2

En bas du panneau Calques, cliquez sur l'icône Créer un calque de réglage. Dans le menu local qui apparaît, choisissez Teinte/Saturation. Dans le panneau Réglages, cochez l'option Redéfinir, puis fixez la Teinte à 49 et la Saturation à 8. (Vous ajusterez ces valeurs à l'arrière-plan utilisé.) Dans ce projet, il est nécessaire que les couleurs de l'arrière-plan correspondent à celles de la tenue estompée du joueur de football américain qui sera inséré dans le montage.

Étape 3

Ouvrez la photo du joueur. Appuyez sur **W** pour activer l'outil Sélection rapide et appliquez-le sur le joueur en vert situé au premier plan. Comme le décor n'est pas uniforme, définissez une sélection au plus près des contours du sujet à extraire. Pour cela, zoomez sur le casque et la main tenant le ballon. Je rappelle que pour retirer de la sélection une zone accidentellement sélectionnée, vous devez appuyer sur **Option** (**Alt**) afin de basculer l'outil en mode Soustraction. Ensuite, glissez-le sur les zones concernées.

Étape 4

Cliquez sur le bouton Améliorer le contour de la barre d'options. Si vous avez précisément sélectionné le joueur, l'amélioration du contour requerra peu de réglages. En effet, le sujet n'a ni cheveux, ni détails précis à sélectionner. Par conséquent, ne cochez pas la case Rayon dynamique et contentez-vous de fixer la valeur du paramètre Rayon à 5. Ensuite, dans le menu local Sortie vers, choisissez Masque de fusion. Appliquez vos réglages par un clic sur le bouton OK.

Étape 5

Appuyez sur **V** pour activer l'outil Déplacement, puis glissez-déposez le calque du joueur sur l'arrière-plan. L'image est trop grande pour son nouveau décor. Pour corriger cela, cliquez sur Édition > Transformation manuelle. Cette fois, intervenez directement dans la barre d'options en portant la valeur des paramètres L (Largeur) et H (hauteur) à 80 %. Validez ces valeurs en appuyant sur la touche **Retour** (**Entrée**). Enfin, positionnez le joueur au centre de l'arrière-plan.

Étape 6

Appuyez sur **Cmd+J** (**Ctrl+J**) pour dupliquer le calque du footballeur. Ensuite, activez le *Calque 1* (original) et choisissez Édition > Transformation manuelle. Dans la barre d'options, cliquez sur l'icône du maillon pour conserver les proportions. Fixez le paramètre L sur 200 %. La Hauteur s'ajuste proportionnellement. Ensuite, avec l'outil Déplacement, décalez cette copie agrandie vers le bas et la gauche, comme ci-contre.

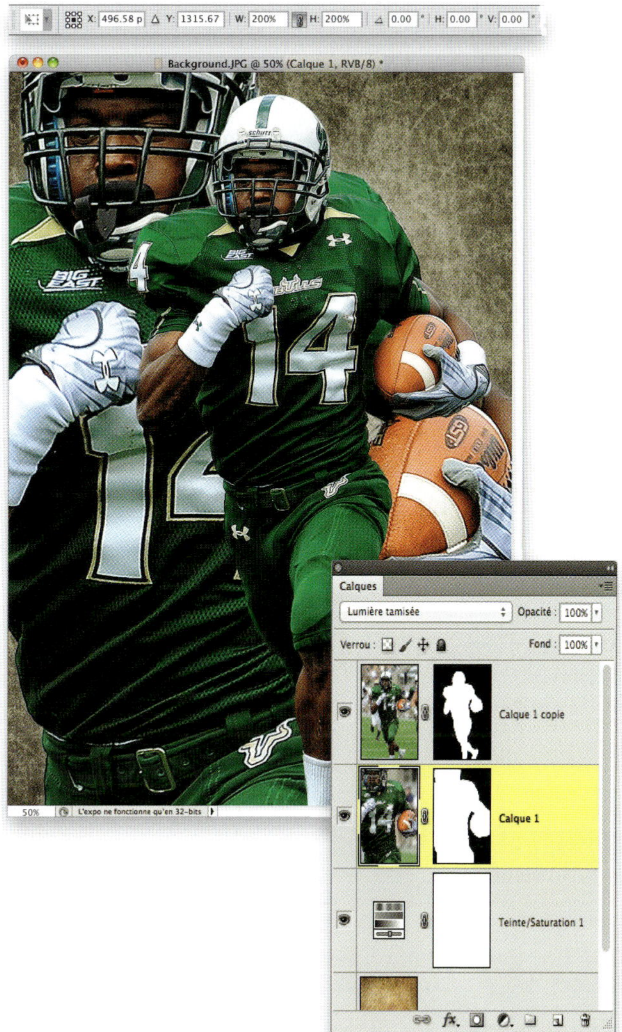

Étape 7

La version agrandie de l'image du joueur joue un rôle secondaire dans le montage. Pour l'estomper, appliquez-lui le mode de fusion Lumière tamisée. L'image s'incruste dans la texture du décor. Le mode de fusion choisi dépend de l'arrière-plan et de l'image incrustée. Parfois, les modes Incrustation, Produit, Superposition et Lumière crue donnent un meilleur résultat en fonction de la luminosité et de la couleur du décor.

Étape 8

Le footballeur est si estompé dans l'arrière-plan que nous perdons de nombreux détails. Pour remédier à cela, dupliquez le calque en appuyant sur **Cmd+J**, ce qui améliore considérablement le montage. Mais maintenant, les couleurs du sportif sont trop saturées et détournent l'attention du sujet principal. Commencez par cliquer sur Image > Réglages > Désaturation pour supprimer les informations chromatiques. Ensuite, fixez l'Opacité du calque entre 30 et 40 %.

Étape 9

Cliquez sur l'icône Créer un calque de réglage du panneau Calques. Dans le menu local qui apparaît, choisissez Teinte/Saturation. Dans le panneau Réglages, fixez la Saturation à –30 et la Luminosité à 40. Ensuite, cliquez sur Calque > Créer un masque d'écrêtage pour limiter l'effet au calque désaturé. L'aspect de votre montage peut différer du mien selon l'arrière-plan et le sportif que vous utilisez. Tous les calques de réglage appliqués ici permettent de modifier les valeurs de l'ensemble des paramètres à votre convenance. Vous varierez, selon vos besoins et vos goûts, la luminosité et la saturation des calques de réglage Teinte/Saturation, afin d'obtenir une incrustation plus ou moins claire et/ou colorée.

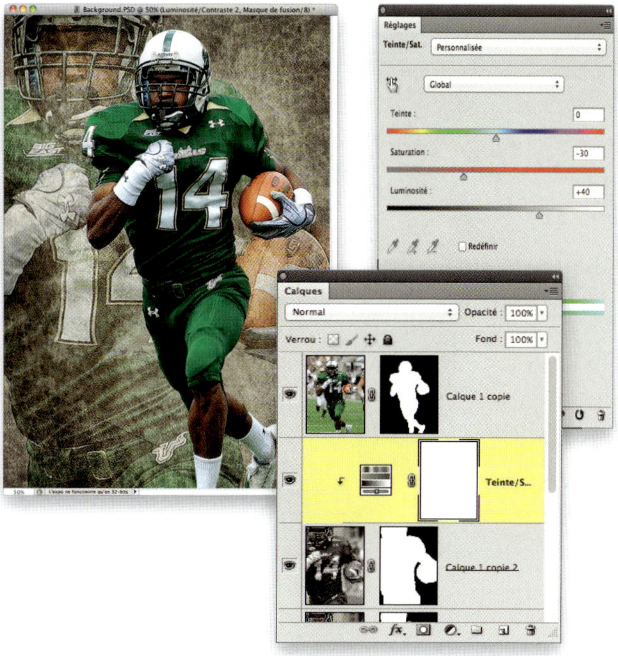

Étape 10

Appliquez la touche finale. Tout d'abord, ajoutez du texte. Pour cela, cliquez sur le calque situé en haut du panneau Calques, puis appuyez sur **T** pour activer l'outil Texte horizontal. Appuyez sur **D**, puis sur **X** pour faire du blanc la couleur de premier plan. Utilisez la police de caractères Futura (ou Arial) Condensed Extra Bold, fixez sa taille à 118 points, puis tapez le nom du joueur dans le coin inférieur gauche du montage. Repositionnez-le comme ci-contre.

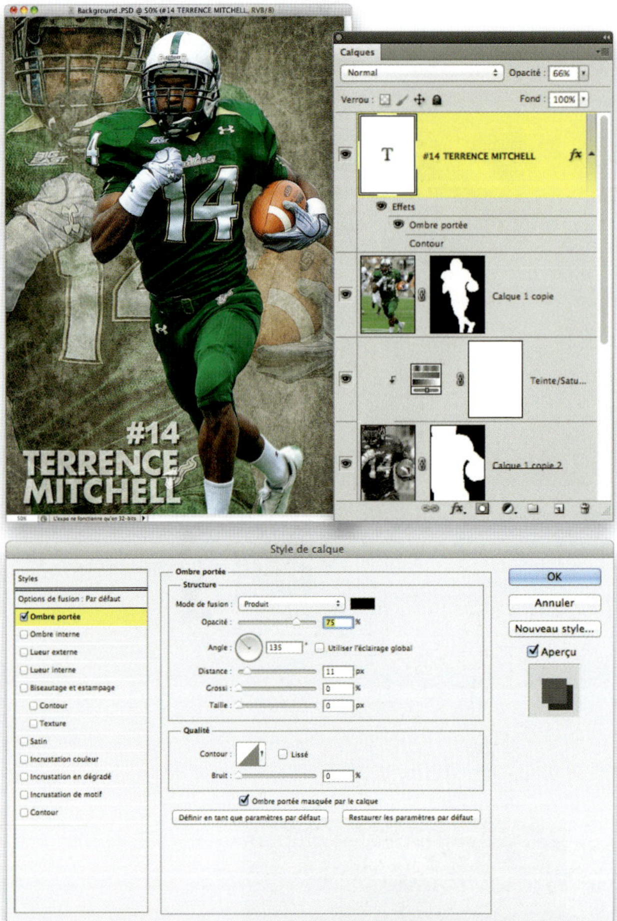

Étape 11

Cliquez sur l'icône Ajouter un style de calque du panneau Calques et optez pour Ombre portée. Définissez une ombre subtile qui détachera le texte de l'arrière-plan. Fixez son angle à 135°, la Distance à 11 et la Taille à 0. Cliquez sur OK. Ensuite, réduisez légèrement l'Opacité du calque de texte.

Étape 12

Enfin, assombrissez les contours de l'image. Commencez par fusionner les calques sans aplatir l'image en exécutant le raccourci clavier **Cmd+Option+Maj+E** (**Ctrl+Alt+Maj+E**). Un calque composite apparaît en haut du panneau Calques. Activez l'outil Densité + (**Maj+O**) et dans la barre d'options, fixez le paramètre Gamme sur Tons moyens et l'Exposition sur 15 %. Utilisez un grand pinceau au contour progressif et appliquez-le dans les angles de l'image. Vous définissez un effet de vignettage dont l'intensité dépend du nombre de coups de pinceau. Cette retouche permet de focaliser l'attention au centre de l'image. Le pinceau permet de localiser le vignettage, c'est-à-dire de choisir précisément les zones qui seront ou non assombries.

Je vous propose maintenant de découvrir d'autres options artistiques appliquées à ce même projet.

Composition d'une seule image (option 1)

La première option consiste à ajouter un effet de lueur sur la plus petite version du joueur. C'est une vieille astuce qui permet de dissimuler les bords crénelés ou les franges qui détériorent le contour du sujet. Bien que notre sélection ne présente pas ce type de problème, la lueur ajoute une profondeur à l'image.

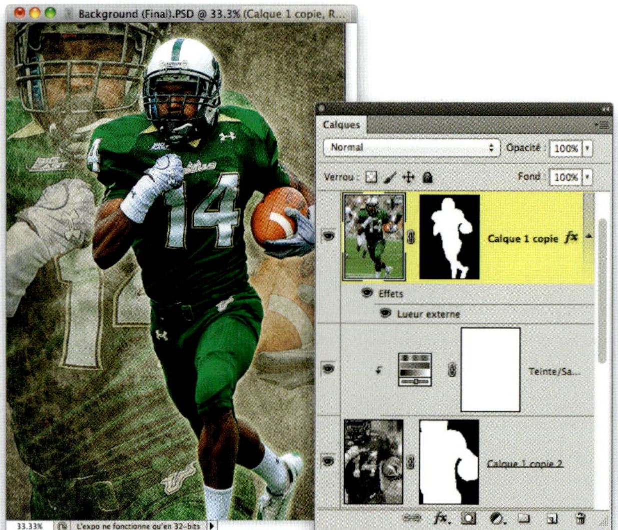

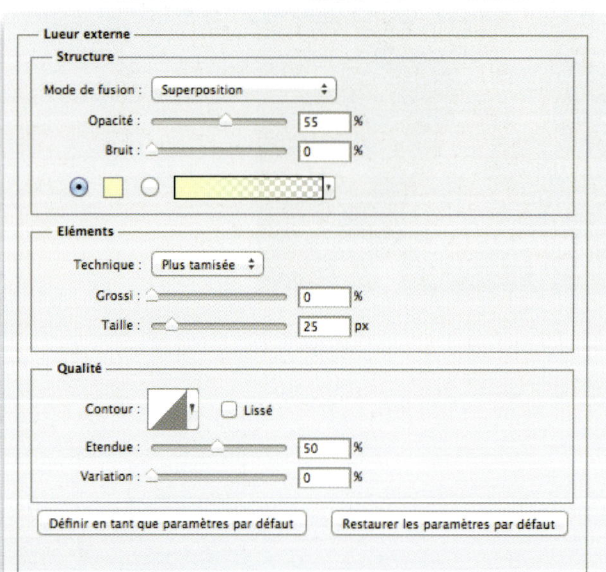

Étape 1

Supprimez ou désactivez le calque composite créé au précédent didacticiel pour l'effet de vignettage. Ensuite, cliquez sur le calque de la plus petite version du footballeur. Enfin, cliquez sur l'icône Ajouter un style de calque du panneau Calques et optez pour Lueur externe. Conservez la couleur par défaut, puis fixez la Taille aux environs de 25 et réduisez l'Opacité entre 50 et 60 %.

Étape 2

Vous pouvez aussi cliquer sur l'indicateur de couleur jaune et définir une teinte noire. Dans ce cas, ouvrez le menu local Mode de fusion et choisissez Produit. Augmentez la Taille et réduisez l'Opacité. Cela ajoute un contour sombre. Les deux teintes donnent d'excellents résultats en fonction de l'arrière-plan de votre montage. Plus le décor est foncé, plus la lueur doit être claire et inversement.

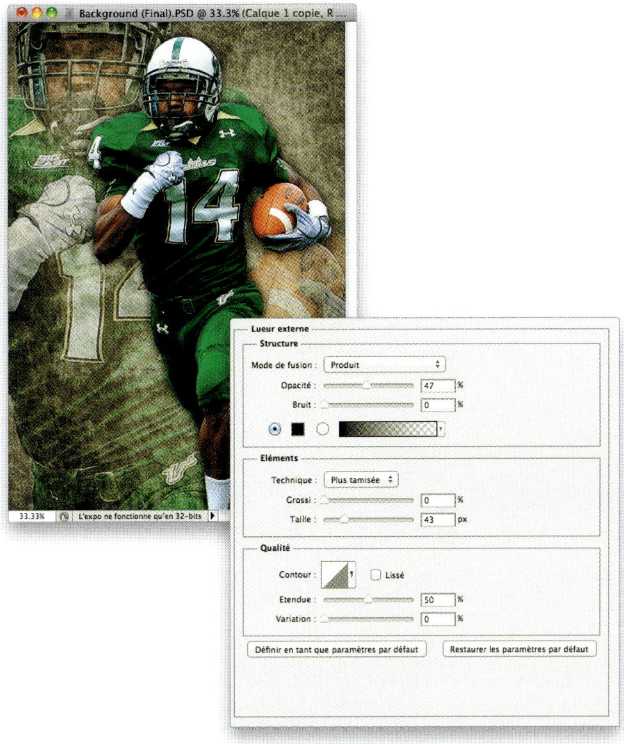

Étape 3

Si vous effectuez un zoom avant sur les contours du joueur, vous remarquez la présence d'une frange, car il repose devant un arrière-plan coloré. Toutefois, une lueur sombre externe fait ressortir le sujet de l'arrière-plan. Pour éliminer la frange, copiez le sujet sur son propre calque. Commencez par récupérer la sélection en appuyant sur **Cmd** (**Ctrl**) et en cliquant sur la vignette du masque de fusion. Ensuite, cliquez sur la vignette du calque lui-même et appuyez sur **Cmd+J** (**Ctrl+J**).

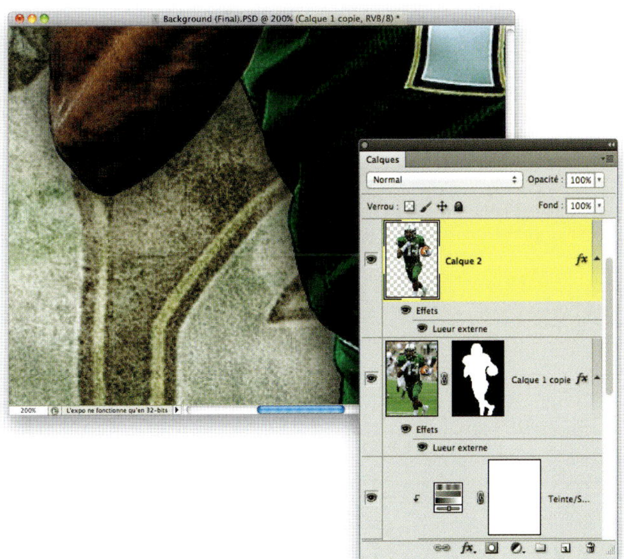

Étape 4

Cliquez sur l'icône de visibilité du calque contenant le masque de fusion, puis choisissez Calque > Cache > Supprimer la frange. Dans la boîte de dialogue qui s'affiche, définissez une Largeur de 1 pixel et cliquez sur OK.

Composition d'une seule image (option 2)

Voici une nouvelle option artistique qui consiste à appliquer une autre texture ou un motif sur une partie de l'arrière-plan.

Étape 1

Ouvrez l'image contenant les hexagones. Activez l'outil Déplacement (**V**) et glissez-déposez le motif dans le montage. Ensuite, dans le panneau Calques, placez les hexagones entre le footballeur et le calque de réglage Teinte/Saturation.

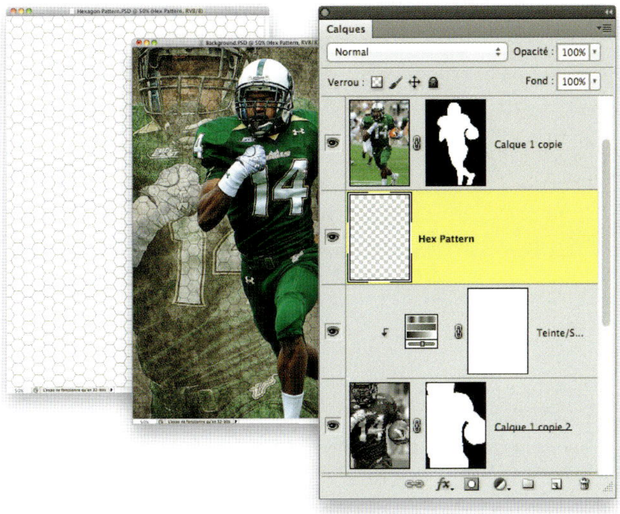

Étape 2

Convertissez le motif noir en blanc en appuyant sur **Cmd+I** (**Ctrl+I**). Ensuite, appliquez au calque le mode de fusion Incrustation pour fonder cette texture dans l'arrière-plan.

Étape 3

Le mode de fusion Incrustation permet d'appliquer la texture de manière aléatoire. Cliquez sur l'icône Ajouter un masque de fusion du panneau calques. Ensuite, appuyez sur B pour activer l'outil Pinceau et faites du noir la couleur de premier plan. Appliquez une forme de grande taille au contour progressif, de manière à éliminer la texture dans la partie droite du montage, comme ci-contre.

Image finale

MONTER DIFFÉRENTES POSES D'UN MÊME SUJET 14

RAFAEL CONCEPCION

Un jour où je travaillais, dans mon bureau, à la rédaction de ce livre, mon ami RC Concepcion réalisait des prises de vues dans le studio situé à proximité du hall. C'est alors que le destin joua en ma faveur, lorsque je décidai d'interrompre mon ami dans son travail. Je découvris que RC photographiait un danseur très talentueux, nommé Ricky Jaime, dont il me montra quelques photos sur son ordinateur. Ce gars était incroyable. Il semblait flotter dans les airs. Les quelques images soumises à mon appréciation m'ont immédiatement fait comprendre qu'elles seraient idéales pour ce chapitre. RC répondit favorablement à ma demande. Le principe de ce didacticiel est simple : composer différentes poses d'une même personne pour obtenir un montage spectaculaire. Ce principe est également idéal quand vous ne parvenez pas à choisir entre plusieurs images d'un même sujet.

Les préparatifs

Dans certaines circonstances, la précision et, donc, la perfection des prises de vues relèguent Photoshop au rang de simple outil de montage. Ce didacticiel est le parfait exemple d'une utilisation de Photoshop en tant que pure interface d'assemblage de photographies.

Étape 1

Vous devez disposer d'un sujet intéressant, sympathique, drôle, joli ou singulier, et peut-être même réunissant toutes ces qualités. Les photos de ce danseur sont parfaites, parce qu'elles contiennent beaucoup de mouvements, ce qui permettra d'obtenir un montage dynamique. Bien entendu, vous pouvez obtenir un ensemble de photographies tout aussi intéressant avec un adepte des arts martiaux, un footballeur, ou même un enfant.

Étape 2

L'illustration ci-contre montre quelques photos d'un enfant placé sur un même arrière-plan. Remarquez sa position et les lettres qu'il tient à la main. À la fin de ce montage, je vous montrerai deux manières d'utiliser ces images dans un montage.

Étape 3

Les réglages de la lumière sont identiques à toutes les dispositions d'éclairage que nous avons présentées dans ce livre : un bol de beauté placé devant le sujet est utilisé comme lumière principale, et deux boîtes à lumière étroites équipées de grilles sont placées sur les côtés. L'arme absolue de ce dispositif est une petite source d'éclairage pointant vers le mur du fond, de manière à blanchir totalement l'arrière-plan. Ainsi, aucun autre décor ne sera substitué à celui-ci dans Photoshop. Vous gagnez alors un temps précieux dans l'opération de montage.

Étape 4

Juste une petite précision : vous n'êtes pas obligé de photographier systématiquement votre sujet devant un fond blanc. Le montage sera tout aussi facile à réaliser si l'arrière-plan est noir, comme ci-contre.

RAFAEL CONCEPCION

Étape 5

Enfin, il est important que le sujet se tienne au même emplacement d'une photo à l'autre. Pour cela, il suffit de placer un morceau d'adhésif au sol (cerclé en rouge ci-contre). Il est impératif de préserver la perspective en évitant de s'approcher ou de s'éloigner du sujet. Si une photo s'avère légèrement plus grande qu'un autre, vous pouvez corriger ce problème avec la fonction Transformation manuelle de Photoshop. Toutefois, l'idée maîtresse de ce projet est de recourir le moins possible à Photoshop en dehors de ce qui relève du montage à proprement parler.

Créer le montage

Une fois la session de prise de vue terminée, la création du montage à partir des meilleurs clichés est un véritable jeu d'enfant. Pourquoi ? Parce que vous n'êtes pas contraint par des sélections précises, des arrière-plans complexes ou des éclairages aléatoires. La plus grosse partie du travail a été réalisée en amont de Photoshop.

Étape 1

Vous devez regrouper toutes les images du danseur dans un seul document Photoshop. Pour cela, cliquez sur Fichier > Scripts > Chargement des fichiers dans une pile. Cliquez ensuite sur le bouton Parcourir de la boîte de dialogue Charger les calques. Dans la boîte de dialogue Ouvrir, naviguez jusqu'au dossier contenant les images à assembler. Cliquez sur le premier fichier de la liste. Ensuite, maintenez la touche **Maj** enfoncée et cliquez sur le dernier. L'ensemble des fichiers est sélectionné.

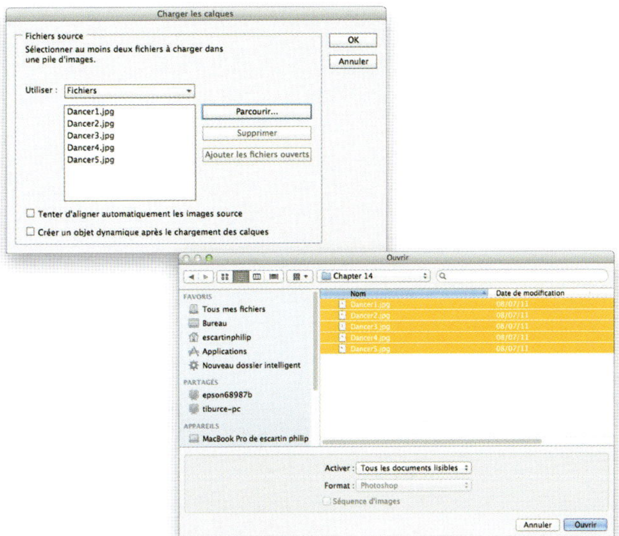

Étape 2

Cliquez sur le bouton Ouvrir. Dans la boîte de dialogue Charger les calques, cliquez sur OK. L'opération d'assemblage des photos commence. Une fois qu'elle est terminée, vous disposez d'un nouveau document contenant chaque image sur un calque.

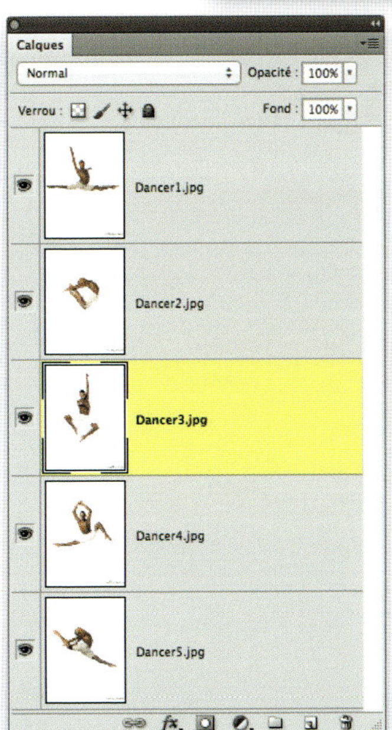

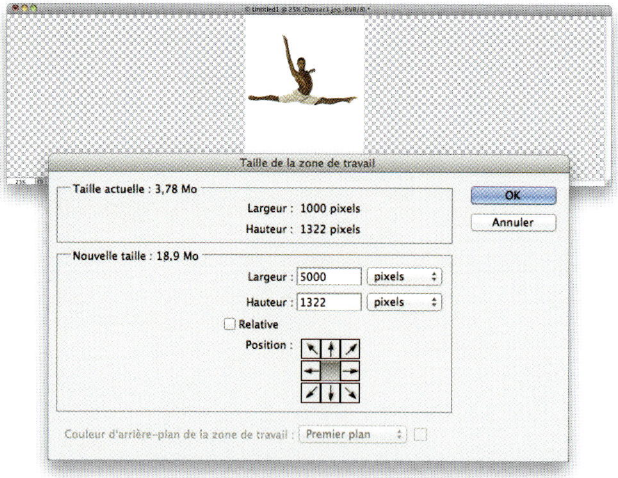

Étape 3

Pour disposer les images, augmentez les dimensions du document *via* Image > Taille de la zone de travail. Dans le menu local Largeur, choisissez pixels comme unité de mesure. Vous devez ajouter un espace vide suffisant à la mise en place de cinq photos. Ici, la largeur d'une image est de 1 000 pixels. En la multipliant par 5, vous obtenez 5 000 pixels, valeur que vous devez taper dans le champ Largeur de la boîte de dialogue Taille de la zone de travail. Cliquez sur OK.

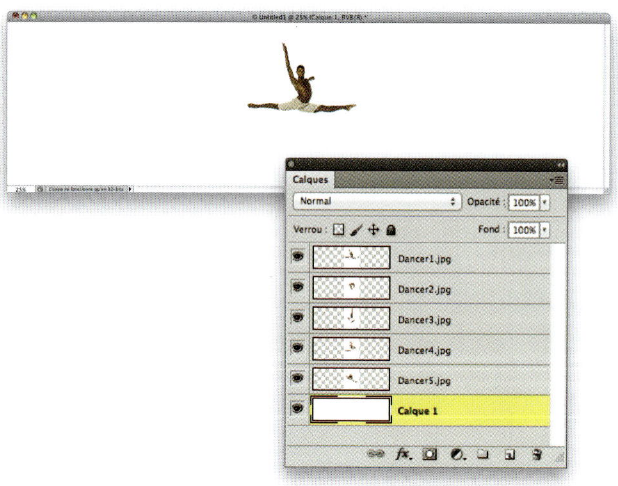

Étape 4

La majeure partie du document est transparente. Pour la remplir de blanc, commencez par cliquer sur l'icône Créer un calque du panneau Calques. Glissez-déplacez ce calque vide tout en bas de la pile des calques. Ensuite, cliquez sur Édition > Remplir. Dans le menu local Avec de la boîte de dialogue qui s'affiche, choisissez Blanc et cliquez sur OK. Voilà ! L'arrière-plan du document est blanc.

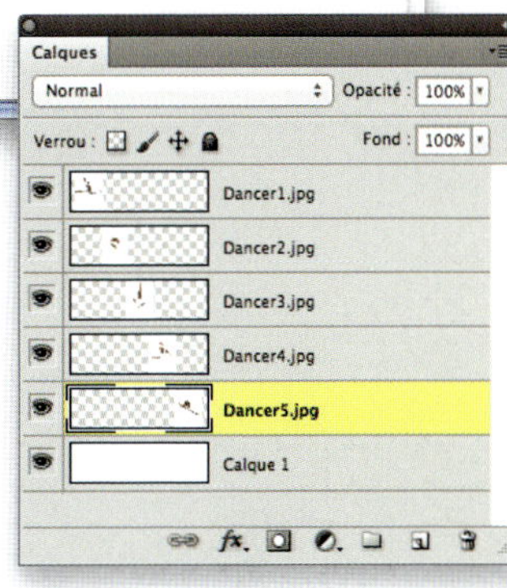

Étape 5

Activez l'outil Déplacement (**V**) et disposez le contenu de chaque calque selon la répartition ci-dessus.

Info

Pour déplacer les calques de manière rectiligne et ainsi préserver leur alignement, maintenez la touche **Maj** enfoncée tout en glissant le contenu à sa nouvelle position dans le montage.

Les noms des fichiers correspondent à l'organisation horizontale de gauche à droite des photos. Ainsi, le fichier *Dancer1.jpg* doit être placé sur le côté gauche du document. Positionnez les autres fichiers à droite les uns des autres. Ainsi, le fichier *Dancer5.jpg* se situera sur le bord droit de la fenêtre du document. Comme l'arrière-plan de chaque calque est blanc, les calques peuvent se chevaucher, mais veillez à ne pas masquer certaines parties des membres du danseur. Lorsque vous effectuez ce type de montage, analysez bien chaque image pour identifier celle présentant le meilleur point focal. Vous la placerez systématiquement au centre du montage. Les autres positionnements relèvent d'une certaine appréciation artistique. Testez différentes dispositions avant de trouver celle qui donne la meilleure dynamique au montage. Ici, j'ai fait en sorte que les angles du corps d'une pose complètent ceux de la pose suivante, et ainsi de suite.

Étape 6

L'harmonie du montage dépend d'un alignement parfait des têtes du danseur. Pour l'obtenir, cliquez sur Affichage > Nouveau repère. Dans la section Orientation, activez l'option Horizontale, tapez 10 cm dans le champ Position et cliquez sur OK pour créer le repère. Une ligne horizontale cyan apparaît sur la zone de travail. Activez l'outil Déplacement (**V**) et glissez cette ligne au niveau du sommet du crâne du danseur situé au centre de l'image. Ensuite, alignez le haut de chaque tête sur ce repère, comme ci-contre.

Astuce : Effacer les repères

Dès que vous n'avez plus besoin des repères, ouvrez le menu Affichage et cliquez sur Effacer les repères pour les faire disparaître de la zone de travail.

Étape 7

Le montage nécessite un recadrage. Pour cela, activez l'outil éponyme en appuyant sur **C**, puis tracez un cadre éliminant des pixels dans la partie inférieure et la partie droite de l'image, comme ci-contre. J'estime que la composition aurait plus d'intérêt si l'on rapprochait les différentes poses les unes des autres, donnant ainsi l'impression qu'elles appartiennent au même cadrage.

Étape 8

Commencez par le bord gauche du montage. Dans le panneau Calques, activez le calque *Dancer1.jpg*. Ensuite, activez l'outil Déplacement, maintenez la touche **Maj** enfoncée et faites glisser le contenu du calque vers la droite. Vous constatez alors que le bord droit du calque de ce danseur chevauche (et masque) le bord gauche du calque suivant.

Étape 9

Ce problème est facile à corriger avec un masque de fusion. Le calque *Dancer1.jpg* étant toujours actif, cliquez sur l'icône Ajouter un masque de fusion du panneau Calques. Appuyez sur **D**, puis sur **X** pour faire du noir la couleur de premier plan. Activez l'outil Pinceau (**B**) et définissez une petite Épaisseur au contour progressif. Appliquez l'outil sur le bord droit du calque pour en masquer les pixels blancs et, ainsi, libérer ceux du calque *Dancer2.jpg*. Comme les différentes parties des corps ne se chevauchent pas directement, la procédure de masquage est facile à réaliser.

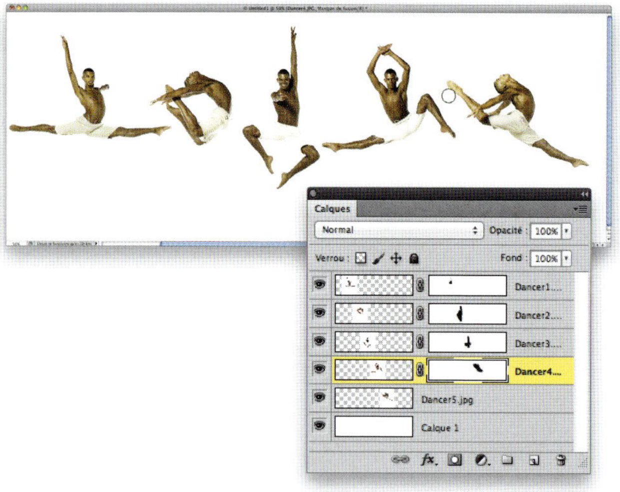

Étape 10

Répétez cette opération avec les autres calques du montage. Rapprochez-les et masquez les zones qui se chevauchent. L'image finale devrait ressembler à celle représentée ci-contre. Les cinq photos sont juxtaposées les unes aux autres, montrant les différentes poses du danseur exerçant son art.

Étape 11

Une autre disposition consiste en poses qui se chevauchent. Les photos de ce danseur ne se prêtent pas à ce type de disposition, dans la mesure où l'intégralité du corps est importante. Malgré cela, exercez-vous à superposer les images. Commencez par déplacer vers la droite le calque *Dancer1.jpg* jusqu'à ce qu'il masque une partie du calque *Dancer2.jpg* avec son arrière-plan blanc, comme ci-contre.

Étape 12

Le calque *Dancer1.jpg* étant toujours sélectionné, activez l'outil Sélection rapide (**W**) et sélectionnez le danseur. Cliquez sur le bouton Améliorer le contour de la barre d'options. Dans la boîte de dialogue qui s'affiche, choisissez l'affichage Sur noir pour mieux apprécier la précision de la sélection. Ensuite, fixez la valeur du paramètre Rayon à 5,0 pixels. Dans le menu local Sortie vers, optez pour Masque de fusion et cliquez sur OK. Cette fois, l'arrière-plan blanc de cette pose du danseur disparaît, permettant à son pied de chevaucher sans problème la jambe de la pose *Dancer2.jpg*. Ce type de montage peut donner d'excellents résultats, bien qu'il nuise ici à la mise en valeur du corps du danseur.

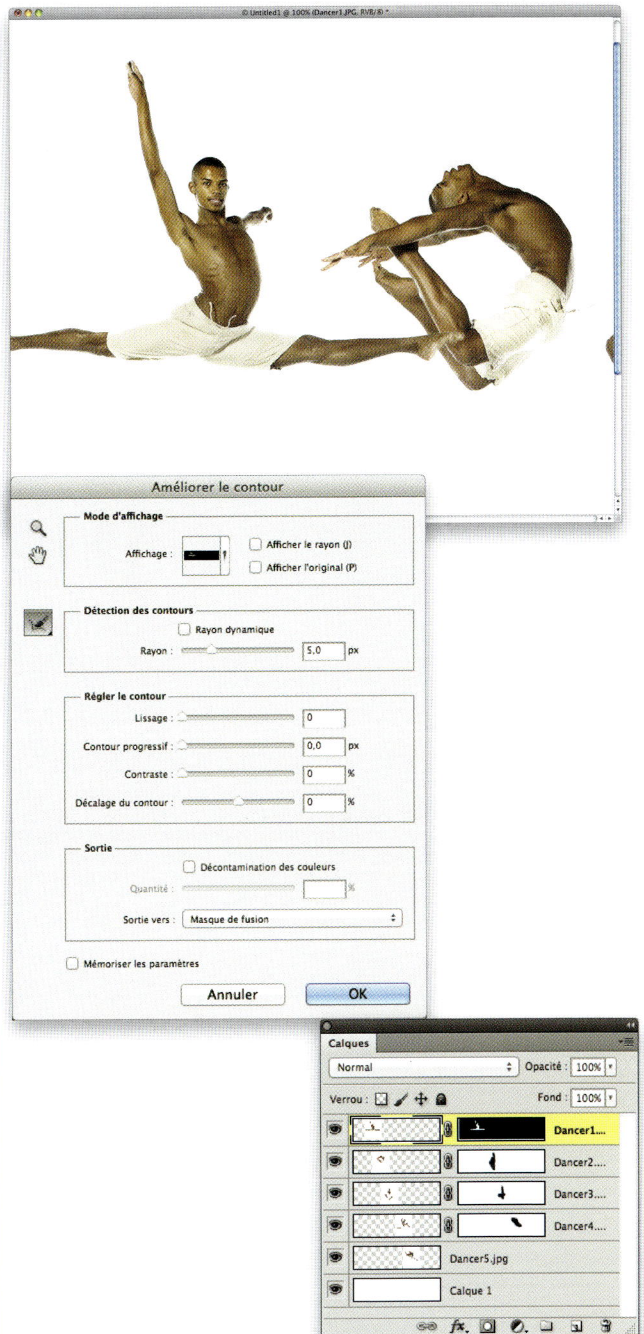

Variante 1

Voici une variante pour tous ceux qui peuvent plus facilement photographier un enfant qu'un danseur. Les photos ci-dessus ont été prises en studio avec une configuration d'éclairage équivalente à celle utilisée pour le danseur. Vous constatez qu'il est tout aussi intéressant de réaliser ce genre de montage avec des photos moins originales. Les parents et les enfants adorent ces compositions d'images.

Variante 2

Avec un peu de préparation et quelques accessoires, vous pouvez réaliser un montage intéressant, amusant et émouvant. La configuration du studio est identique à celle de la précédente variante. Ici, j'ai créé deux montages mettant respectivement en vedette les mots DAD et MOM, à quelques jours de la fête des pères et des mères. Bien entendu, rien ne vous empêche d'illustrer le nom de l'enfant photographié.

Image finale

AJOUTER DES ÉLÉMENTS GRAPHIQUES

15

L'idée de ce montage m'est venue en voyant une publicité pour Mountain Dew. Elle montrait un stakeboarder sautant divers obstacles. Mais le véritable intérêt de ce film résidait dans des formes graphiques qui suivaient ce sportif de l'extrême, soulignant ainsi ses trajectoires et sa direction. Il me fallait maintenant réussir à mélanger le contenu réel d'une photo avec des formes qui, bien entendu, n'existaient pas à l'état naturel.

Augmenter la surface de l'arrière-plan

Pour donner l'illusion que des formes graphiques suivaient le skateboarder, il fallait travailler avec une image au format panoramique. Comme ce n'était pas la dimension d'origine de mon image, seul le redimensionnement de l'arrière-plan permettait une telle simulation.

Étape 1

Ouvrez la photo d'arrière-plan. Ici, la palissade devant laquelle se tient le skateboarder joue un rôle majeur dans le montage final.

Étape 2

Appuyez sur **M** pour activer l'outil Rectangle de sélection. Ensuite, tracez une sélection partant de l'angle supérieur gauche de l'image pour se terminer légèrement avant le coude du skateboarder, comme ci-contre. Enfin, appuyez sur **Cmd+J** (**Ctrl+J**) pour copier cette zone sur son propre calque.

Étape 3

Activez l'outil Déplacement (**V**). Maintenez la touche **Maj** enfoncée et glissez le contenu du nouveau calque vers le bord gauche de l'image, jusqu'à ce que vous ne voyiez plus qu'une toute petite partie du bras. (La touche **Maj** permet un déplacement rectiligne sans aucun risque de décalage de l'élément vers le haut ou le bas.)

Étape 4

Suite à ce déplacement, la plus grande partie de cette copie de la palissade est invisible. Pour la récupérer rapidement, cliquez sur Image > Tout faire apparaître. Photoshop élargit la zone de travail de manière à afficher tous les éléments de l'image.

Étape 5

Vous devez commencer par régler le problème de perspective posé par le trottoir. Pour cela, cliquez sur Édition > Transformation > Inclinaison. Glissez vers la droite la poignée située en haut et au centre du cadre de transformation, jusqu'à ce que les traits de jonction soient parallèles à ceux de la partie droite du trottoir. Une fois l'alignement réalisé, appuyez sur **Retour** (**Entrée**) pour valider la transformation.

Étape 6

Cliquez sur l'icône Ajouter un masque de fusion située en bas du panneau Calques. Activez l'outil Pinceau (**B**) et choisissez le noir comme couleur de premier plan. Ensuite, définissez une Épaisseur de taille moyenne au contour progressif et appliquez l'outil sur le bras du skateur, puis sur le raccord visible au niveau du bord droit de la palissade. (Vous pouvez réduire l'Opacité du pinceau pour masquer progressivement ces différentes parties de l'image.)

Étape 7

Vous devez étendre un peu plus le trottoir. Appuyez sur **Cmd+J** (**Ctrl+J**) pour dupliquer le calque que vous venez de retoucher. Ensuite, activez l'outil Déplacement et glissez cette copie à l'extrême gauche de la zone de travail en veillant à créer un trottoir sans raccord visible. Pour le moment, ne vous préoccupez pas de l'apparence du mur.

Étape 8

Fusionnez les calques sans aplatir l'image en exécutant le raccourci clavier **Cmd+Option+Maj+E** (**Ctrl+Alt+Maj+E**). Appuyez sur **J** pour activer l'outil Correcteur localisé. Dans sa barre d'options, activez le bouton radio Contenu pris en compte. Avec une forme de petite dimension, appliquez le correcteur sur les ombres portées présentes sur les deux copies du trottoir. Zoomez de manière à éviter toute propagation de la correction à l'extérieur du trottoir. Inutile d'obtenir une retouche parfaite, car cette zone de l'image sera assombrie ultérieurement. Une fois la retouche terminée, cliquez sur Fichier > Enregistrer pour sauvegarder l'image au format PSD.

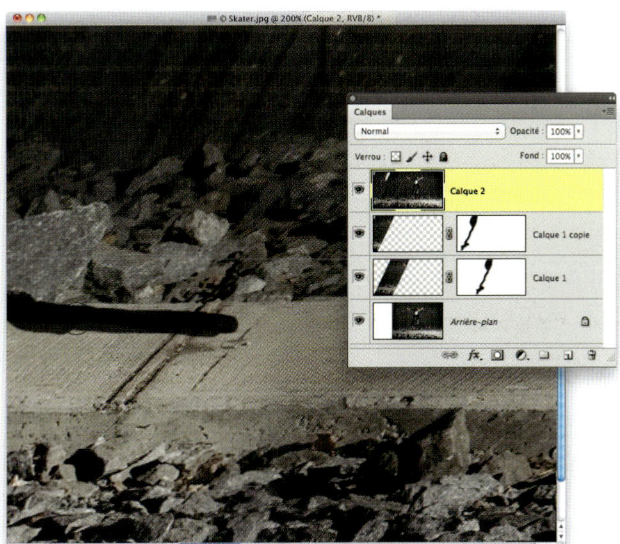

Créer le montage

L'idée principale de ce montage est d'insérer des formes qui ondulent derrière le skateboarder. Le souci posé par cette composition tient au fait que l'arrière-plan contient le sujet derrière lequel doivent s'afficher les éléments graphiques. Il est donc impératif de sélectionner soigneusement le skateur et de remplacer la texture située derrière lui, facilitant ainsi l'insertion des formes et des illustrations. (Une vidéo expliquant comment ajouter des formes avec l'outil Plume est disponible sur le site d'accompagnement de ce livre.)

Étape 1

Ouvrez l'arrière-plan étendu du précédent didacticiel. Si vous prenez ce projet en cours, téléchargez une version complète de l'image sur le site d'accompagnement de ce livre. Sinon, cliquez sur Calque > Aplatir l'image pour ne disposer que d'un calque d'arrière-plan.

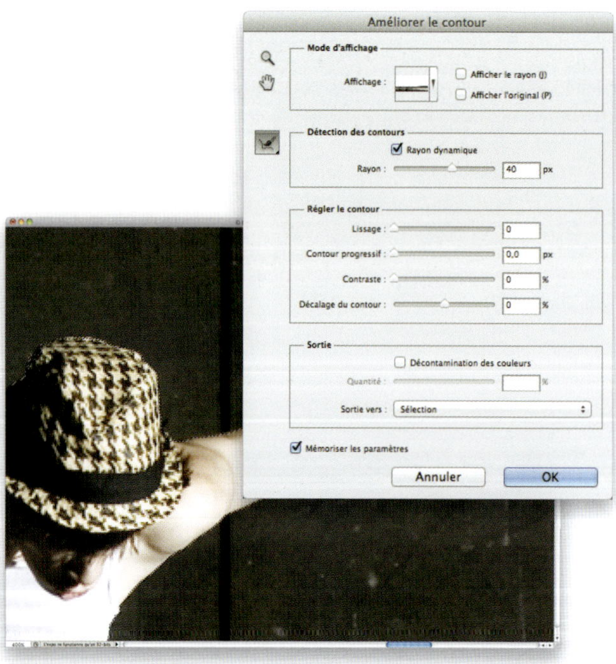

Étape 2

Appliquez l'outil Sélection rapide (**W**) sur le skateboarder et sur sa planche à roulettes. Zoomez sur les détails pour réaliser une sélection aussi précise que possible. Appuyez sur **Option** (**Alt**) afin de basculer l'outil en mode Soustraction pour éliminer des zones sélectionnées par erreur. Une fois la sélection réalisée, cliquez sur le bouton Améliorer le contour de la barre d'options. Fixez la valeur du paramètre Rayon sur 5 pixels et cochez l'option Rayon dynamique. Dans le menu local Sortie vers, choisissez Sélection. Ainsi, le skateboarder ne sera pas extrait de l'arrière-plan *via* un masque de fusion.

Étape 3

Maintenant que la sélection est en place, ajoutez l'arrière-plan texturé. Pour cela, cliquez sur Sélection > Intervertir afin de coller l'arrière-plan partout sauf sur le skateboarder.

Étape 4

Ouvrez l'image de l'arrière-plan texturé. Des sites de collections d'images comme iStockphoto (**www. istockphoto.com**) sont des sources d'éléments graphiques et de textures inépuisables. Une fois encore, je vous conseille de vous constituer une bibliothèque de textures en photographiant des murs, des sols et des ciels dès que l'occasion se présente. Une fois le fichier ouvert, cliquez sur Sélection > Tout sélectionner, puis sur Édition > Copier.

Étape 5

Revenez sur l'image du skateboarder et cliquez sur Édition > Collage spécial > Coller dedans. Cette action colle la texture dans la sélection en définissant un masque de fusion qui protège le sujet principal. Pour agrandir le contenu de ce calque, activez la fonction Transformation manuelle *via* **Cmd+T** (**Ctrl+T**). Maintenez la touche **Maj** enfoncée et glissez une des poignées d'angle à l'extérieur de la zone de travail pour que l'arrière-plan remplisse l'espace supérieur de l'image. Validez la transformation en appuyant sur la touche **Retour** (**Entrée**).

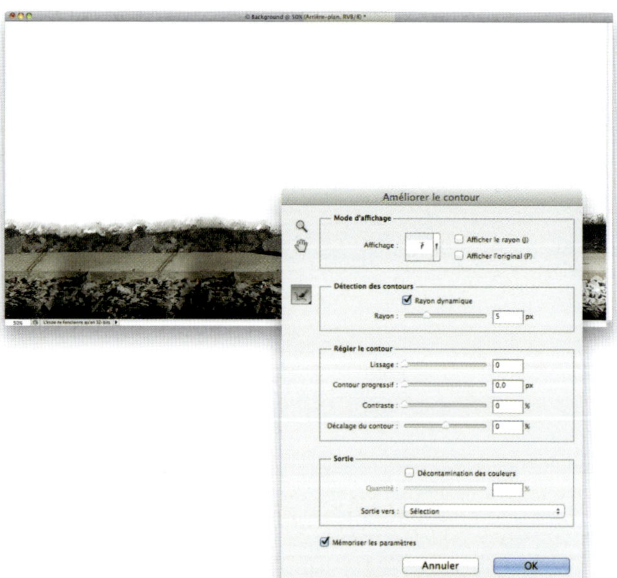

Étape 6

Le seul problème posé par la texture est qu'elle couvre en partie le trottoir et les pierres. Cliquez sur l'icône de visibilité (œil) du calque de l'arrière-plan texturé. Ensuite, cliquez sur le calque *Arrière-plan* du panneau Calques pour l'activer. Avec l'outil Sélection rapide, sélectionnez le trottoir ainsi que les pierres situées au premier et à l'arrière-plan. Une fois ce travail terminé, cliquez sur le bouton Améliorer le contour de la barre d'options. Cochez la case Rayon dynamique et fixez la valeur du paramètre Rayon à 40 pixels. Dans le menu local Affichage, choisissez Sur blanc. Enfin, dans le menu local Sortie vers, choisissez Sélection et cliquez sur OK.

Étape 7

Vous devez modifier le masque de fusion du calque d'arrière-plan texturé. Cliquez sur le carré vide situé à droite du calque pour réactiver sa visibilité. Ensuite, cliquez sur la vignette du masque de fusion. Choisissez Édition > Remplir. Dans le menu local Avec, optez pour Noir et cliquez sur OK pour remplir la sélection. Cette action masque les pixels du fond texturé, affichant alors ceux du trottoir et des pierres. Appuyez sur **Cmd+D** (**Ctrl+D**) pour désélectionner cette zone.

Étape 8

Le moment est venu d'ajouter des éléments graphiques à l'arrière-plan. Ouvrez le fichier PSD de la tache de peinture. Activez l'outil Déplacement (**V**) et glissez-déposez le calque de la tache dans le montage. Elle apparaît sur le skateboarder. Appliquez à la tache le mode de fusion Incrustation pour l'intégrer dans la texture. Si nécessaire, appuyez sur **Cmd+T** (**Ctrl+T**) pour la redimensionner.

Étape 9

Bien entendu, la tache couvre aussi le sujet. Pour remédier à ce problème, maintenez la touche **Option** (**Alt**) enfoncée et glissez-déposez la vignette du masque de fusion sur le calque de la tache. La copie du masque ainsi créée dissimule la tache sur le corps du skateboarder.

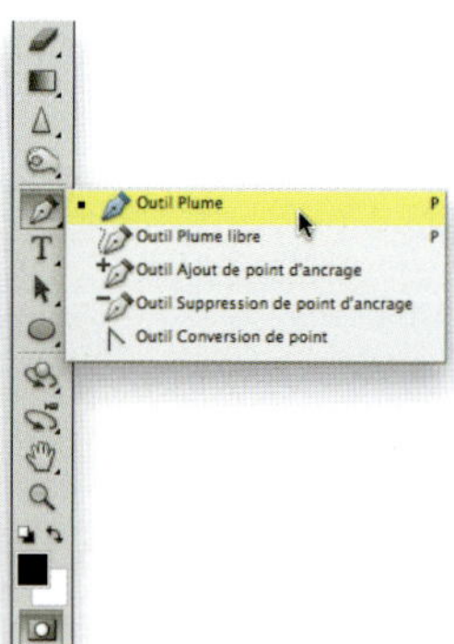

Étape 10

Tracez des lignes en appuyant sur la touche **P** pour activer l'outil Plume. Appuyez sur **D**, puis sur **X** pour faire du blanc la couleur de premier plan. Ensuite, dans la barre d'options, cliquez sur l'icône Calque de forme (la première en partant de la gauche).

Étape 11

Cliquez sur le bord gauche de l'image. Ensuite, cliquez un peu plus à droite et vers le haut sans relâcher le bouton de la souris. Tirez vers la droite la poignée qui apparaît et faites glisser le pointeur de la souris vers le bas pour incurver cette première forme vers le haut. Ensuite, cliquez au-dessus du genou du skateboarder et tirez la nouvelle poignée qui apparaît pour courber la forme vers le bas, comme ci-contre. Vous créez une sorte de ligne ondulée. L'outil Plume est le plus désarmant, car le plus complexe de tous les outils de sélection de Photoshop. Vous risquez d'être déconcerté par sa manipulation si vous l'employez pour la première fois. Pour mieux vous former à cet outil, consultez la vidéo que j'ai mise en ligne sur le site d'accompagnement de ce livre. Il est important d'apprendre à l'utiliser, parce qu'il représente un des outils de sélection les plus puissants.

Étape 12

Appuyez sur **Option** (**Alt**) et cliquez sur le dernier point d'ancrage, puis juste en-dessous pour poursuivre ce tracé vers le bas. Ensuite, répétez cette opération en revenant vers le point de départ de votre tracé que vous fermez en cliquant sur le point d'origine.

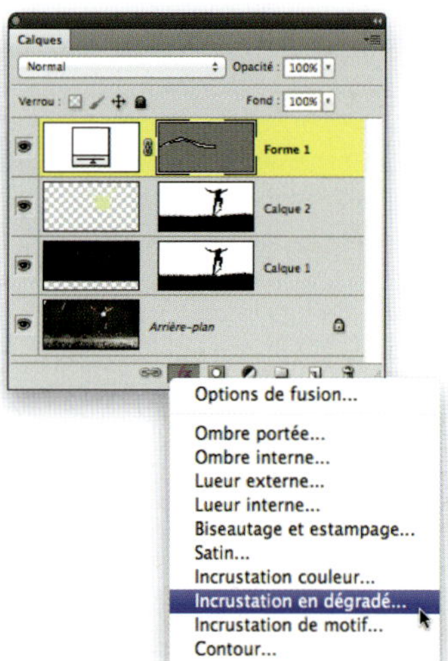

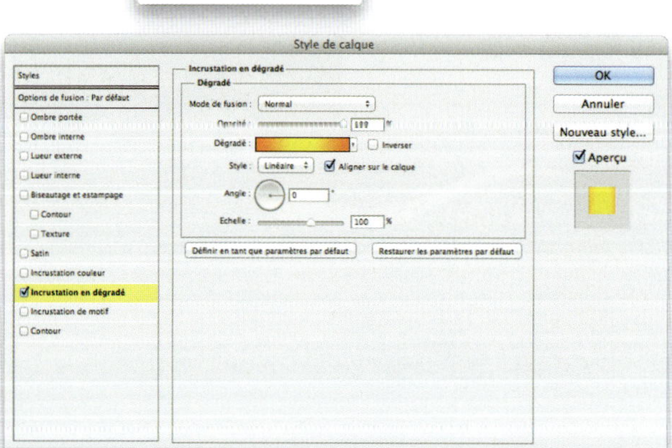

Étape 13

Le calque de forme se remplit avec la couleur de premier plan, en l'occurrence le blanc. Pour appliquer une autre couleur, cliquez sur l'icône Ajouter un style de calque du panneau Calques. Dans le menu local qui apparaît, choisissez Incrustation en dégradé. Dans la boîte de dialogue Éditeur de dégradé, cliquez sur l'aperçu du dégradé. Choisissez alors le dégradé Orange, jaune, orange. Fixez l'Angle sur 0° et validez par un clic sur OK.

Étape 14

Après quelques étapes, plusieurs formes apparaissent derrière le skateboarder. Si vous ne maîtrisez pas l'outil Plume, ouvrez le fichier *Shapes.psd* : il contient un calque d'éléments graphiques que vous pouvez intégrer au montage. Malgré cela, je vous conseille de regarder le didacticiel vidéo publié sur le site d'accompagnement de ce livre, car il est important que vous appreniez à maîtriser cet outil.

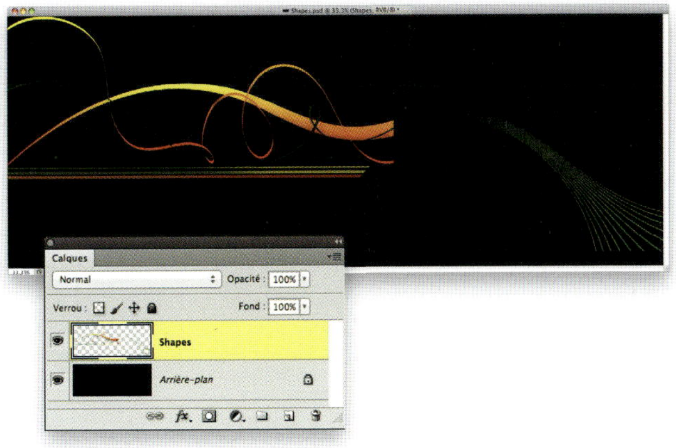

Étape 15

Avec l'outil Déplacement, glissez-déposez le calque des éléments graphiques sur le montage. Cliquez sur l'icône Ajouter un masque de fusion du panneau Calques.

Étape 16

Appuyez sur **G** pour activer l'outil Dégradé. Ensuite, cliquez sur la petite flèche située à droite de l'aperçu du dégradé pour afficher le sélecteur de dégradé. Cliquez sur la troisième icône en partant de la gauche, qui correspond au dégradé Noir, blanc. Activez la vignette du masque de fusion, puis tracez un dégradé de la gauche vers la droite, de telle sorte que les formes deviennent de plus en plus claires à mesure qu'elles se rapprochent du skateur. Ensuite, appuyez sur **B** pour activer l'outil Pinceau et appuyez sur **X** pour faire du noir la couleur de premier plan. Définissez une petite épaisseur et appliquez le pinceau sur les parties du skateur couvertes par les formes.

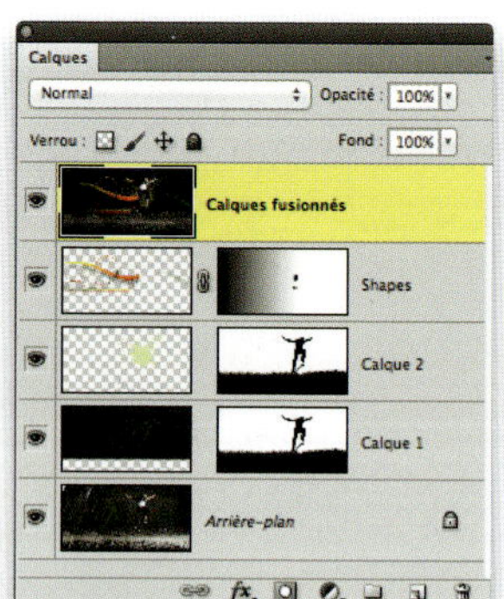

Étape 17

Une fois toutes les formes créées, cliquez sur la vignette du calque situé en haut du panneau Calques et exécutez le raccourci clavier **Cmd+Option+Maj+E** (**Ctrl+Alt+Maj+E**) pour fusionner les calques sans aplatir l'image. Vous pouvez alors finaliser le montage.

Étape 18

Au précédent didacticiel, vous avez copié et collé des parties du trottoir afin d'élargir le décor. Comme cette scène est peu éclairée, vous allez assombrir la partie inférieure de l'image. Appuyez plusieurs fois sur **Maj+O** pour activer l'outil Densité +. Dans le menu local Gamme de la barre d'options, choisissez Tons moyens et fixez l'Exposition à 10 %. (Ce paramètre est analogue à l'Opacité. Ainsi, plus vous appliquez l'outil et plus vous en intensifiez l'effet.)

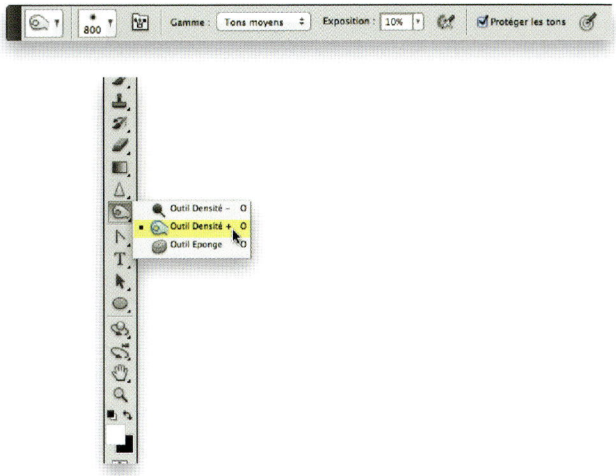

Étape 19

Faites du noir la couleur de premier plan. Ensuite, avec un pinceau de grande taille, modifiez la densité de la partie inférieure de l'image. Plus vous appliquez l'outil sur une zone et plus elle s'assombrit. Densifiez davantage les côtés inférieurs droit et gauche, et faites en sorte que la zone du skateboarder soit plus claire que les autres.

Étape 20

J'ai l'habitude de terminer un montage en renforçant sa netteté et son intensité. Vous pouvez y procéder avec le filtre Passe-haut de Photoshop comme cela est expliqué au Chapitre 8, sachant toutefois que la meilleure technique repose dans l'application du préréglage Tonal Contrast du plug-in Color Efex Pro 3. Dans la partie supérieure de la fenêtre du plug-in, fixez à 30 la valeur des paramètres Highlight Contrast, Midtone Contrast et Shadow Contrast. Enfin, assignez au paramètre Saturation la valeur 20. Cliquez sur OK pour appliquer le filtre.

Étape 21

La totalité de l'image est plus nette avec un peu de grain et de contraste qui font ressortir les éléments du montage. Réduisez l'Opacité du calque et/ou ajoutez un masque de fusion si l'effet semble trop intense. Ci-contre, vous constatez que j'ai fixé l'Opacité à 80 % et peint en noir sur les zones du masque de fusion correspondant à des parties de l'image trop granuleuses.

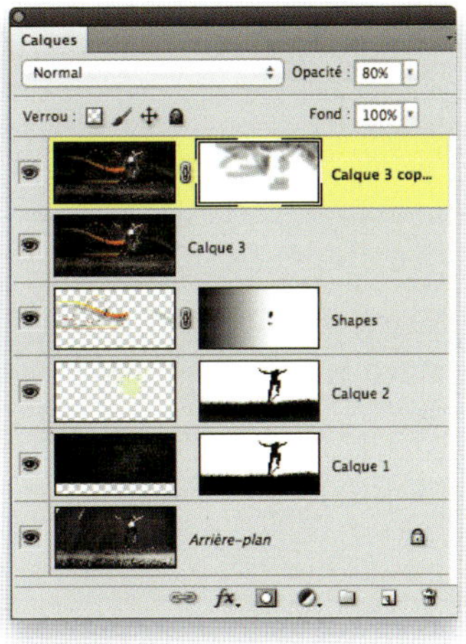

Image finale

TECHNIQUE DE MONTAGE AVANCÉE

16

Le titre de ce chapitre induit que nous allons réaliser un montage qui pousse plus loin toutes les techniques étudiées jusqu'à maintenant. Par conséquent, je vous conseille de suivre la procédure de quelques didacticiels avant de vous pencher sur celui-ci. Jusqu'à présent, nous avons travaillé sur des montages qui mettaient en valeur des personnes, et dans lesquels les visages, les expressions et les ressemblances étaient le sujet principal de la photo. Maintenant, je vous propose de découvrir le montage publicitaire destiné à vendre un produit à des consommateurs potentiels.

Brainstorming autour d'un montage publicitaire

Il s'agit de la phase la plus complexe de ce genre de montage. En effet, la portée du message est si importante, et la séduction du prospect tellement fondamentale que les champs d'exploration sont quasi infinis. Pour ces diverses raisons, il me semble intéressant de montrer la genèse d'une publicité.

PETE COLLINS

L'idée de départ

En règle générale, cette idée vient du client. Parfois, il vous soumet un croquis ou bien vous explique de vive voix le message qu'il souhaite délivrer au consommateur. Ce projet consiste en une publicité pour un nouveau téléviseur (fictif) appelé *Extreme Green*. L'idée est de montrer une famille dans un environnement bucolique, idée qui peut sembler farfelue. Même si vous ne savez pas dessiner, essayez d'esquisser sur une feuille de papier l'idée générale du montage. Il sera alors plus facile d'envisager les techniques permettant sa réalisation. Le dessin sera soumis à l'appréciation des différents intervenants dans la publicité du produit ciblé, car le montage photo à vocation commerciale est le résultat d'un travail d'équipe.

Ébauche du montage

Je conseille de réaliser une ébauche de votre montage dans Photoshop pour : (1) montrer un projet plus avancé à votre client, et ainsi être certain que vous êtes sur la bonne voie ; (2) travailler avec des images temporaires, repoussant ainsi l'achat des droits d'utilisation de photos vendues sur des sites spécialisés. Voici ce que je vous suggère de faire pour réaliser ce second point : une fois que vous avez l'idée en tête, élaborez l'arrière-plan du montage. Ensuite, photographiez votre lieu de vie et son environnement, ou bien utilisez des photos gratuites disponibles sur certains sites de collections d'images. Bien entendu, l'éclairage des différents éléments ne sera pas harmonieux, les ombres seront aléatoires, et les personnes ne poseront pas comme dans le montage définitif. Cependant, cela permet d'obtenir une vision plus juste du projet final. Enfin, ce type de prémontage favorise les échanges d'idées. Il en découle souvent une réorganisation des éléments, une modification des poses et des attitudes, une réinterprétation des couleurs, et ceci sans porter atteinte à un montage qui serait déjà très avancé.

©FOTOLIA AND ISTOCKPHOTO

Créer l'arrière-plan

En montage publicitaire, l'arrière-plan est rarement composé d'une seule photo, et il n'existe pas dans la réalité. Vous devez le créer de toutes pièces. Ainsi, après avoir vainement tenté de composer un décor à partir d'une seule image, je me suis aperçu que le travail devenait bien plus simple en recourant à plusieurs photos.

©FOTOLIA

Étape 1

Ouvrez la photo du ciel. Le premier plan n'est pas adapté au message publicitaire que nous souhaitons délivrer ; en revanche, les arbres situés à l'arrière-plan, le bleu du ciel et une partie des nuages sont tout à fait pertinents. Le décor doit inspirer la fin d'après-midi d'un dimanche ensoleillé, où rien ne doit paraître trop clair ou exagérément contrasté.

©FOTOLIA/NEXUSSEVEN

Étape 2

Ensuite, ouvrez la photo de la pelouse. Activez l'outil Déplacement (**V**) et glissez-déposez-la sur l'image des nuages. Choisissez Édition > Transformation manuelle et glissez vers le bas la poignée de redimensionnement centrale pour aligner la partie supérieure de la pelouse sur l'horizon. Appuyez sur **Retour** (**Entrée**) pour valider la transformation.

Astuce

Ce montage comptera de nombreux calques. Par conséquent, renommez-les immédiatement avec un nom aussi court que possible et suffisamment descriptif pour identifier leur contenu. Pour cela, il suffit de double-cliquer sur le nom du calque, qui passe alors en surbrillance. Vous n'avez plus qu'à taper sa nouvelle dénomination.

Étape 3

Ouvrez la première image de l'arbre. Comme elle provient d'une collection d'images, il repose sur un arrière-plan blanc. De ce fait, inutile d'employer l'outil Sélection rapide et la fonction Améliorer le contour. La sélection sera aussi rapide que précise *via* Sélection > Plage de couleurs. Avec l'outil Pipette de la boîte de dialogue qui s'affiche, cliquez dans le fond blanc de l'image. Ensuite, fixez la valeur du paramètre Tolérance à 135 afin d'atténuer les contours de l'arbre. Cliquez sur OK pour effectuer la sélection.

Étape 4

L'opération a sélectionné le fond blanc. Pour extraire l'arbre, inversez la sélection *via* Sélection > Intervertir. Ensuite, appuyez sur **Cmd+J** (**Ctrl+J**) pour copier l'arbre sur son propre calque transparent. Maintenant, glissez-déposez dans le montage le calque de l'arbre extrait de son arrière-plan. Invoquez la fonction Transformation manuelle. Maintenez la touche **Maj** enfoncée et glissez une poignée d'angle vers l'intérieur pour réduire proportionnellement la taille de l'arbre. Validez la transformation en appuyant sur la touche **Retour** (**Entrée**). Ensuite, positionnez l'arbre sur le bord gauche de l'image, comme ci-contre. Activez l'outil Gomme (**E**) et définissez une petite forme au contour progressif. Effacez l'ombre visible à la base de l'arbre, car vous allez en ajouter une autre.

Étape 5

Pour créer l'ombre, ajoutez un calque sous celui de l'arbre. Appuyez sur **Maj+M** jusqu'à activer l'outil Ellipse de sélection. Tracez un petit ovale au pied de l'arbre et remplissez-le de noir. Ensuite, désélectionnez cette zone et cliquez sur Filtre > Atténuation > Flou gaussien. Fixez le Rayon à 15 pixels et appliquez l'effet par un clic sur le bouton OK.

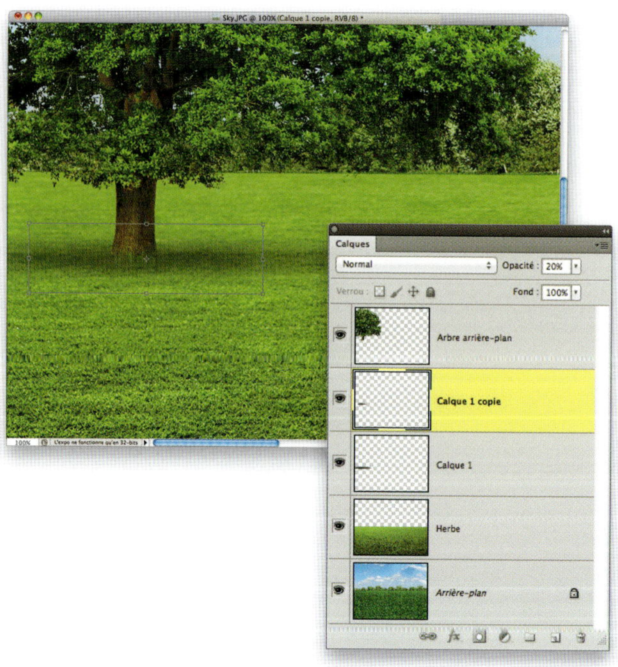

Étape 6

Fixez l'Opacité du calque à 30 %. Ensuite, appuyez sur **Cmd+J** (**Ctrl+J**) pour dupliquer l'ombre. Invoquez de nouveau la fonction Transformation manuelle et glissez légèrement les poignées centrales supérieures, inférieures et latérales vers l'intérieur pour réduire la taille de l'ombre. En effet, l'ombre est plus dense vers le tronc. Cette fois, fixez l'Opacité à 20 %.

Étape 7

Les éléments situés au premier plan sont plus saturés que ceux fixés à l'arrière-plan. Par conséquent, les couleurs de l'arbre doivent être plus intenses. Dans le panneau Calques, activez le calque de l'arbre. Ensuite, cliquez sur l'icône Créer un calque de réglage et choisissez Vibrance. Fixez ce paramètre à +100. Ensuite, ajoutez un calque de réglage Teinte/Saturation et fixez la Saturation à 10 et la Luminosité à 7. Pour limiter l'impact de ces réglages à l'arbre, appuyez sur la touche **Cmd** (**Ctrl**) et activez les deux calques de réglage. Ensuite, exécutez la commande Calque > Créer un masque d'écrêtage.

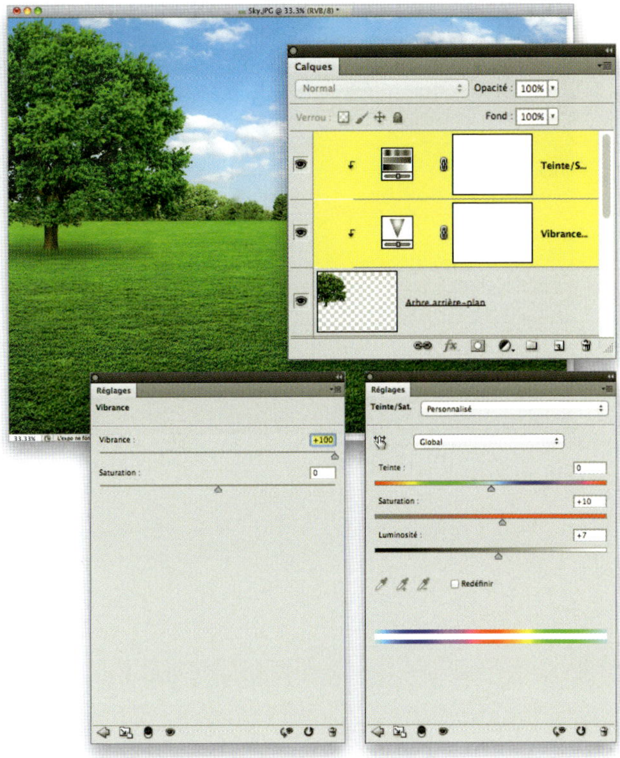

Étape 8

Pour bien organiser le contenu du panneau Calques, cliquez sur le calque de réglage situé en haut de la pile des calques. Appuyez sur la touche **Maj** et cliquez sur le calque de l'arbre. Ensuite, choisissez Calque > Associer les calques. Renommez le groupe ainsi créé. Mémorisez le raccourci clavier de création d'un groupe **Cmd+G** (**Ctrl+G**), car vous l'utiliserez souvent dans ce chapitre.

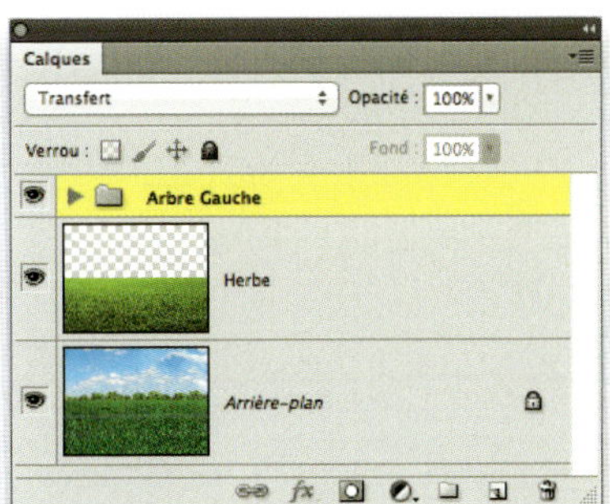

©ISTOCKPHOTO/ELENA ELISSEEVA

Étape 9

Enfin, ouvrez la photo d'un second arbre et utilisez la fonction Plage de couleurs pour le sélectionner. Ensuite, glissez-déposez sur le montage le calque de l'arbre extrait du fond blanc, puis placez-le en haut du panneau Calques. Avec la fonction Transformation manuelle, maintenez la touche **Maj** enfoncée, et agrandissez l'arbre proportionnellement en glissant une poignée d'angle. Validez en appuyant sur **Retour** (**Entrée**). Ensuite, ajoutez un masque de fusion et définissez un pinceau de petite taille au contour progressif. Avec la couleur noire, éliminez l'herbe située au pied de l'arbre.

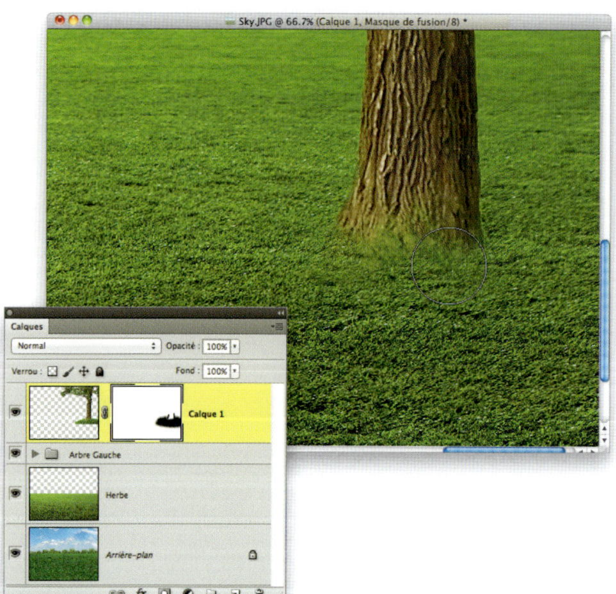

Créer le montage

Le montage commence à révéler sa nature et à induire une certaine orientation de la composition dès que vous mettez en place, de manière approximative, un certain nombre d'éléments.

Étape 1

Comme nous étudions ici des techniques avancées de montage, je suppose que vous avez acquis les bases de la sélection et de l'extraction dans les précédents didacticiels. Par conséquent, focalisez votre attention sur le choix et la mise en place de l'élément principal du montage, c'est-à-dire le couple assis sur le canapé. Utilisez la photo où la femme semble interpeler son mari qui s'ennuie en manipulant la télécommande de son téléviseur. Sélectionnez le couple et le canapé avec l'outil Sélection rapide et la fonction Améliorer le contour. Ensuite, placez le couple dans le montage.

Info

Toutes les images sélectionnées que j'utilise pour ce montage sont disponibles sur le site d'accompagnement du livre. Téléchargez-les si les opérations de montage vous intéressent plus que les sélections.

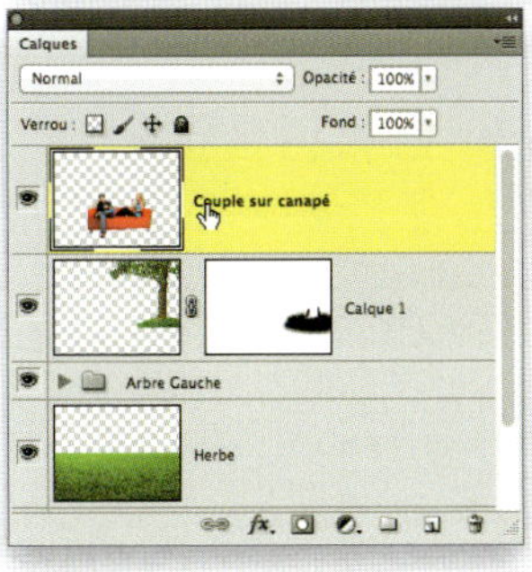

Étape 2

Créez un calque vide sous le calque du couple afin d'ajouter une ombre. Avec le Rectangle de sélection (**M**), créez une sélection rectangulaire sous le canapé et remplissez-la de noir, comme ci-contre. Désélectionnez cette zone et cliquez sur Filtre > Atténuation > Flou gaussien. Fixez la valeur du paramètre Rayon à 25 pixels pour estomper les bords de l'ombre. Ensuite, fixez l'Opacité du calque à 80 %.

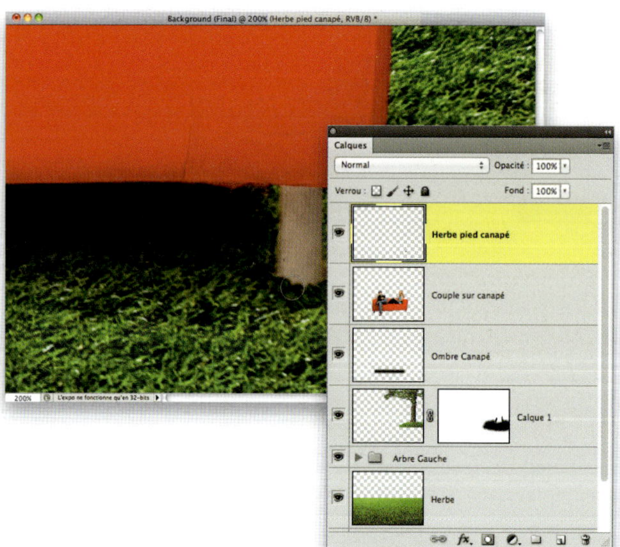

Étape 3

Créez un calque vide au-dessus du couple pour ajouter de l'herbe sur les pieds du canapé. Activez le Tampon de duplication en appuyant sur (**S**). Dans le menu local Échantillon de la barre d'options, choisissez Tous les calques. Appuyez sur **Option** (**Alt**) et cliquez sur la partie de l'herbe que vous désirez échantillonner. Ensuite, appliquez l'outil de manière à couvrir la base du pied avec de l'herbe.

Étape 4

Répétez l'étape 3 pour ajouter de l'herbe au pied droit de l'homme (côté gauche de l'image). Pensez à renommer vos calques pour bien identifier le travail que vous avez accompli sur chacun d'eux. Il est également judicieux d'associer ces calques dans un groupe nommé Canapé.

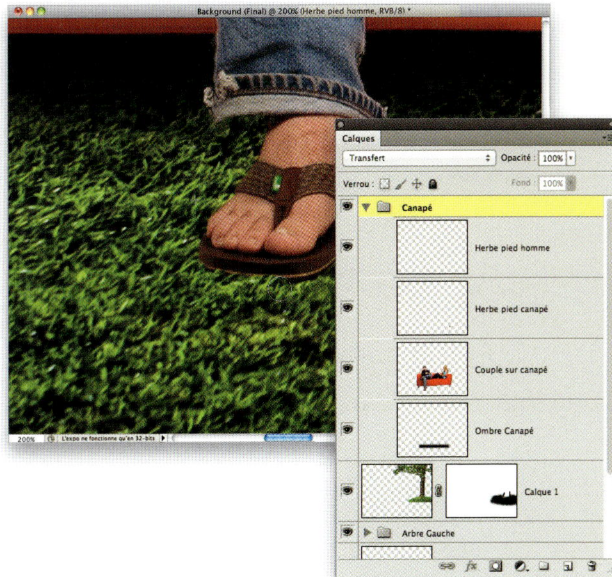

Étape 5

Créez un autre calque vide au-dessus de celui contenant l'herbe appliquée au pied. Activez l'outil Pinceau (**B**), définissez le noir comme couleur de premier plan et fixez l'Opacité de l'outil à 25 %. Déterminez une petite Épaisseur au contour progressif et appliquez le pinceau au niveau du pied de l'homme posé sur l'herbe.

Étape 6

Ouvrez la photo du garçon que vous placerez dans l'arbre. Il doit donner l'impression d'être suspendu par les genoux à une branche. Par conséquent, ne vous préoccupez pas des mains des deux hommes qui le tiennent, car elles seront masquées dans le montage. Avec la fonction Transformation manuelle, redimensionnez le garçon et placez-le dans l'arbre. La sélection du jeune garçon a été affinée par la fonction Améliorer le contour et un masque de fusion. La commande Supprimer la frange a permis d'éliminer les contours de l'arrière-plan qui restaient visibles autour de l'enfant. Consultez le Chapitre 1 pour vous rafraîchir la mémoire sur ces différentes notions.

Étape 7

Créez un calque vide au-dessus du garçon et appliquez le Tampon de duplication pour cloner des feuilles et des branches sur ses jambes. Appuyez sur **Option** (**Alt**) et échantillonnez des éléments de l'arbre situés à proximité de ses genoux. Ne laissez apparaître qu'une petite partie de la jambe gauche pour donner l'impression qu'il se trouve bel et bien suspendu à une branche. Créez un groupe dans lequel vous placerez les calques de cet enfant.

Étape 8

Ouvrez la photo du garçon armé d'un fusil à eau. J'ai pris cette photo en sachant que l'enfant serait en partie caché derrière le tronc que j'ai simulé avec un réflecteur blanc, et qui projette une ombre sur sa jambe exactement comme le ferait un arbre. Sélectionnez l'enfant et placez-le dans le montage. Redimensionnez-le à l'aide de la fonction Transformation manuelle.

Étape 9

Répétez les étapes 3 et 5, et appliquez les outils Tampon de duplication et Pinceau pour ajouter de l'herbe et une ombre aux pieds du garçon. Dans le panneau Calques, sélectionnez les calques de ce garçon et appuyez sur **Cmd+G** (**Ctrl+G**) pour les associer dans un groupe.

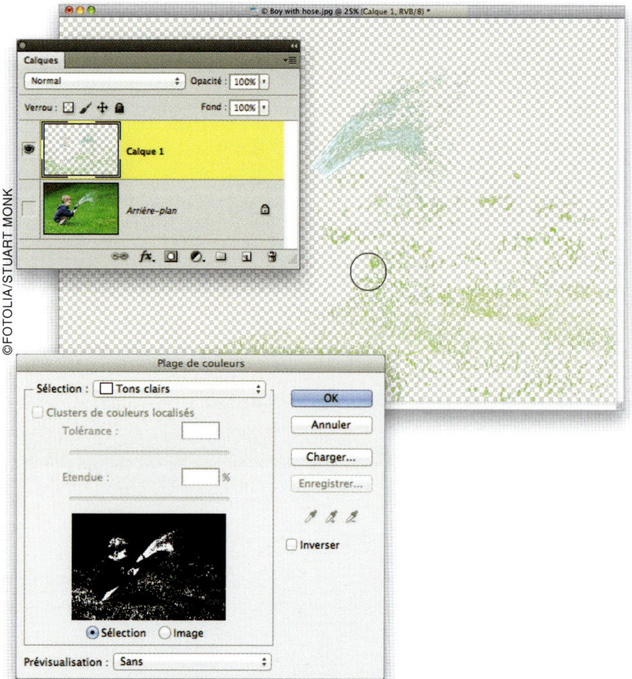

©FOTOLIA/STUART MONK

Étape 10

Pour donner davantage de réalisme au jeu des enfants, le fusil à eau doit projeter de l'eau. Ouvrez la photo du petit garçon tenant un tuyau d'arrosage. Cliquez sur Sélection > Plage de couleurs. Dans la boîte de dialogue qui s'affiche, ouvrez le menu local Sélection et choisissez Tons clairs pour limiter la sélection aux zones les plus lumineuses de l'image, en l'occurrence l'eau sortant du tuyau. Cliquez Cliquez sur OK. Appuyez sur **Cmd+J** (**Ctrl+J**) pour placer le contenu de la sélection sur son propre calque. Masquez le contenu du calque *Arrière-plan* en cliquant sur son icône de visibilité (œil). Activez l'outil Gomme (**E**) pour effacer les couleurs du calque à l'exception de l'eau.

Étape 11

Activez l'outil Déplacement et glissez-déposez ce calque dans le montage. Réduisez sa taille avec la fonction Transformation manuelle. Ensuite, faites un clic droit dans le cadre de transformation et, dans le menu contextuel qui s'affiche, exécutez la commande Symétrie axe horizontal. Appuyez sur **Retour** (**Entrée**) pour valider la transformation. L'eau contient quelques traces de vert. Mais, dans la mesure où la plus grosse partie du liquide reposera sur le ciel bleu, contentez-vous de changer sa couleur. Pour cela, appuyez sur **Cmd+U** (**Ctrl+U**) pour ouvrir la boîte de dialogue Teinte/Saturation. Modifiez les valeurs des paramètres Saturation, Teinte et Luminosité pour harmoniser la couleur de l'eau avec celle de l'arrière-plan.

Étape 12

Ouvrez maintenant le cadre contenant la photo du couple. Glissez-déposez-la dans le montage et placez son calque juste au-dessus du calque de l'arbre situé à droite de l'image. (Le cadre doit apparaître derrière le jet d'eau.) Réduisez la taille de la photo du couple en utilisant la fonction Transformation manuelle. Ensuite, placez le pointeur de la souris à proximité d'un angle du cadre de transformation. Quand il prend la forme d'une double flèche incurvée, cliquez et faites pivoter légèrement le cadre dans le sens antihoraire. Validez la transformation en appuyant sur **Retour** (**Entrée**).

Étape 13

Masquez le contenu du groupe des calques de l'enfant au fusil à eau. Créez un calque vide sous le calque du cadre. Activez l'outil Pinceau et utilisez le noir comme couleur de premier plan. Fixez l'Opacité de cet outil à 40 %. Ensuite, définissez une petite Épaisseur au contour progressif et créez l'ombre du cadre projetée sur le tronc d'arbre. Incurvez l'ombre pour qu'elle s'ajuste à la forme du tronc. Enfin, réduisez l'Opacité du calque pour obtenir une ombre réaliste.

Étape 14

Toutes les familles possèdent un chien, n'est-ce pas ? Par conséquent, ouvrez la photo de cet animal et extrayez-le de son arrière-plan. Placez-le dans la composition et réduisez sa taille avec la fonction Transformation manuelle. Activez l'outil Goutte d'eau et, dans sa barre d'options, fixez l'Intensité à 25 %. Appliquez l'outil sur les contours du chien pour éliminer les effets de crénelage. Ensuite, créez un calque vide sous celui du chien et peignez une ombre portée. Associez ces deux calques dans un groupe que vous nommerez *Chien*. Enfin, réactivez le groupe de l'enfant au fusil à eau.

Étape 15

Répétez l'étape 14 avec la photo du tamia. Créez un groupe contenant le calque de l'animal et de son ombre, que vous placerez au-dessus du groupe du canapé. L'ajout de ce petit mammifère peut vous sembler étrange, mais n'oubliez pas que le salon de cette famille est installé en pleine nature. Publicité oblige !

Étape 16

Ouvrez la photo des papillons et extrayez-les de l'arrière-plan blanc. Glissez-déposez-les dans le montage. J'adore celui qui est posé sur l'épaule de l'homme, car il souligne son air blasé. Si vous utilisez plusieurs occurrences d'un même papillon, modifiez leur couleur avec la boîte de dialogue Teinte/Saturation (**Cmd+U [Ctrl+U]**) pour que l'illusion soit parfaite.

©FOTOLIA/SVETLANA LARINA

Étape 17

Apportez la touche finale en modifiant la densité et en agissant sur les tons foncés du montage. Exécutez le raccourci clavier **Cmd+Option+Maj+E** (**Ctrl+Alt+Maj+E**) pour fusionner les calques sans aplatir l'image. Maintenant, prenez soin d'analyser les détails de la composition en portant votre attention sur l'éclairage des différentes personnes. Les deux jeunes garçons sont éclairés par une lumière relativement dure provenant de la droite, comme le montrent leurs vêtements et leurs cheveux.

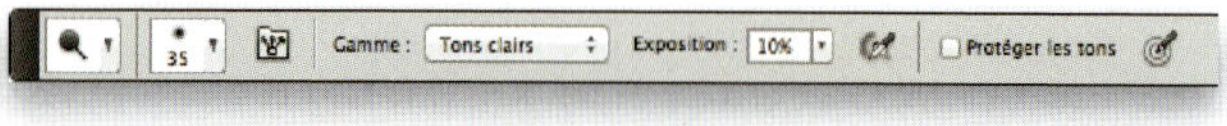

Étape 18

Bien que la femme tourne le dos à la source d'éclairage, le côté droit de son corps présente des zones claires, préservant ainsi le réalisme de la lumière. En revanche, le côté gauche (à droite) du visage de l'homme est moins clair que celui des autres membres de la famille. Pour y remédier, activez l'outil Densité – (**O**) et, dans le menu local Gamme de sa barre d'options, choisissez Tons clairs. Pour contrôler l'intensité de la retouche, fixez la valeur du paramètre Exposition à 10 % et décochez l'option Protéger les tons. Appliquez l'outil sur le côté droit du visage en définissant une petite Épaisseur de forme au contour progressif. Répétez cette opération sur les cheveux, l'épaule et l'arrière du bras de la femme.

Astuce

Appuyez sur la touche **Cmd** (**Ctrl**) et cliquez sur la vignette du calque du couple assis sur le canapé. L'élément se retrouve sélectionné. Vous pouvez alors appliquer les outils de densification sans craindre d'altérer l'arrière-plan.

Étape 19

Basculez vers l'outil Densité + (**Maj+O**). Dans le menu local Gamme de la barre d'options, choisissez Tons moyens. Fixez l'Exposition à 10 % et définissez une forme au contour adouci, avec laquelle vous assombrirez les zones dont les tons foncés doivent être renforcés, comme le sol au pied de l'arbre et la partie de l'image située devant le canapé. N'oubliez pas que les tons foncés et les tons clairs sont très difficiles à harmoniser dans un montage comme celui-ci. Vous ne devez jamais perdre de vue le réalisme de la scène. Dans ce domaine, les ombres jouent un rôle prépondérant. Essayez également d'identifier les éléments mal positionnés et pensez toujours à la direction de la lumière. Fondez votre analyse sur l'observation d'objets situés autour de vous pour comprendre la logique du placement des ombres, comme celle du canapé, et de leur diffusion sur le sol ou d'autres objets. Pensez toujours à créer des ombres en réduisant l'Exposition (ou l'Opacité) du pinceau afin d'en contrôler l'intensité. Pour toutes ces raisons, il est impératif de créer les ombres sur leur propre calque afin d'y apporter tous les ajustements nécessaires sans porter atteinte aux autres éléments du montage.

Étape 20

Vous devez maintenant harmoniser la couleur. Pour cela, appliquez la technique du claque flouté que nous avons étudiée au Chapitre 10. Commencez par appuyer sur **Cmd+Option+Maj+E** (**Ctrl+Alt+Maj+E**) pour fusionner les calques sans aplatir l'image. Ensuite, cliquez sur Filtre > Atténuation > Moyenne. La La totalité de l'image est remplie par la moyenne de toutes les couleurs qu'elle contient. Appliquez alors au calque le mode de fusion Couleur et fixez son Opacité à 20 %. De ces réglages résulte une légère teinte qui uniformise les tons de tous les éléments composites.

Étape 21

Enfin, appuyez sur **Cmd+Option+Maj+E** (**Ctrl+Alt+Maj+E**) pour fusionner les calques. Vous pouvez appliquer le filtre Passe-haut pour ajouter de la netteté et du contraste, comme nous l'avons expliqué à la fin du Chapitre 8, ou bien utiliser ma technique préférée, qui repose sur le préréglage Tonal Contrast du plug-in Color Efex Pro Complete de Nik Software. Pour ce montage, j'ai conservé les paramètres par défaut puis, avec un masque de fusion, j'ai éliminé l'effet sur les visages et les bras du couple, ainsi que sur les nuages. Je rétablis dans ces zones un contraste plus subtil.

Le slogan publicitaire et la marque du téléviseur fictif ont été ajoutés au montage final illustré à la page suivante.

Image finale

Autres ressources dédiées au montage photo

J'espère que ce livre vous a donné envie de rechercher d'autres informations et sources d'inspiration pour réaliser de superbes montages, dont je tiens à partager mes préférés dans cette dernière section.

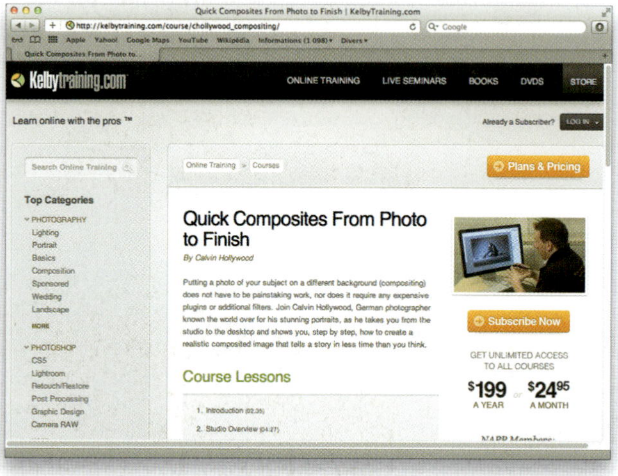

KELBY TRAINING

(**www.kelbytraining.com**)
Les cours du retoucheur et photographe Allemand Calvin Hollywood sont désormais dispensés en ligne à l'adresse ci-dessus. Vous pouvez aussi entrer en contact avec Calvin à **www.calvinhollywood-blog.com**. Il réalise des montages absolument époustouflants. Le site Kelby Training montre également les travaux de Corey Barker et Jim DiVitale, ainsi que des vidéos de Douglas Sonders et Justin Paguia.

JOEL GRIMES (www.joelgrimes.com)

J'ai mentionné Joel Grimes à plusieurs reprises dans ce livre. Joel est un pionnier du montage photo fondé sur des portraits. Depuis l'automne 2011, il anime des formations sur le site Kelby Training. Il enseigne à la Photoshop World Conference & Expo (**www.photoshopworld.com**), et je vous conseille de visiter son site web et de découvrir ses didacticiels vidéo.

DAVE HILL
(www.davehillphoto.com)

Il y a quelques années, Dave Hill a imposé son remarquable style dans le domaine de la postproduction des images numériques. Il est le créateur des meilleurs montages commerciaux du moment que vous pouvez admirer sur son site incontournable.

TIM TADDER
(www.timtadder.com)

Tim Tadder est un photographe spécialisé dans la publicité et auteur de montages impressionnants mettant en scène une ou plusieurs personnes.

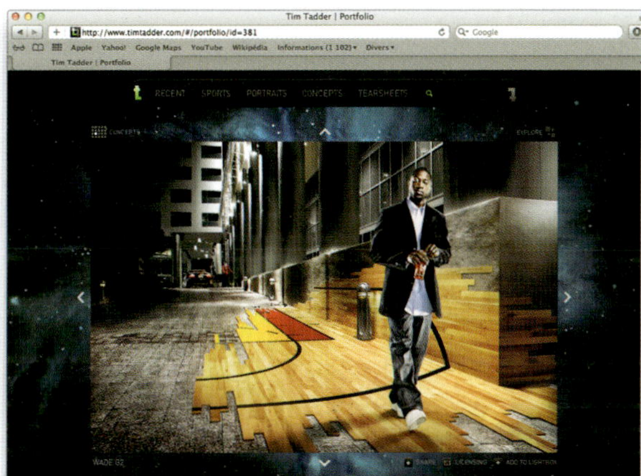

ERIC DOGGETT
(www.doggettstudios.com)

Eric est un photographe publicitaire qui vit à Austin, au Texas. Il crée des montages d'une rare intelligence et d'une incroyable créativité. J'espérais de lui un didacticiel expliquant comment réaliser le montage des membres d'un groupe de musique. Malheureusement, il venait d'intégrer ce projet sur son blog, que je vous conseille de consulter à l'adresse **www.doggettstudios.com/blog/**.

JAMES QUANTZ, JR. (www.quantzphoto.com)

J'ai découvert les travaux de James Quantz dans l'image de la semaine des membres de la NAPP. J'adore l'interface de son site et de son blog ainsi que l'ensemble des informations et des animations qu'il publie à propos de la création de ses montages.

GARY LAND (www.garylandphotography.com)

Gary Land est un photographe publicitaire travaillant pour les sociétés Nike, Reebok, Adidas et Coca Cola. Il développe un style très personnel et son site web contient un certain nombre de photos sur les coulisses de ses prises de vues.

DOUGLAS SONDERS (www.sondersphotography.com)

Douglas est un photographe professionnel spécialiste des prises de vue en extérieur, dans lesquelles il intègre un certain nombre d'éléments composites. À consulter d'urgence !

JUSTIN PAGUIA (www.justinpaguia.com)

Justin est un retoucheur qui travaille régulièrement avec Douglas Sonders et de nombreux autres photographes. L'intérêt de son site web est de montrer les photos originales et leur version retouchée. Cela permet d'évaluer l'ampleur et la qualité du travail réalisé.

CHRIS BORGMAN (www.chrisborgman.com)

J'ai découvert le site web de Chris Borgman environ un mois avant l'impression de ce livre. À l'instar du site de James Quantz, vous y trouverez un remarquable portfolio. Mais ce que j'apprécie le plus chez Chris est la publication de nombreuses photos avant et après traitement numérique. Vous découvrirez également des vidéos montrant la progression de ses montages.

SEVENTHSTREET (www.seventhstreetstudio.com)

Leur portfolio contient un superbe mélange d'images composites, de rendus 3D et de tous types d'éléments photographiques. Cette société réalise de nombreux travaux publicitaires, et je suis certain que vous avez déjà vu leurs montages dans des magazines consacrés à Photoshop ou au design. La publication des images utilisées pour certaines compositions vous apprendra beaucoup de choses sur le montage photo.

MOTOR IMAGE WORKS (www.motorimageworks.com)

Ce site est incontournable pour tous les passionnés d'automobile. Vous y verrez de superbes mises en scène mêlant images réelles et virtuelles. Un excellent travail !

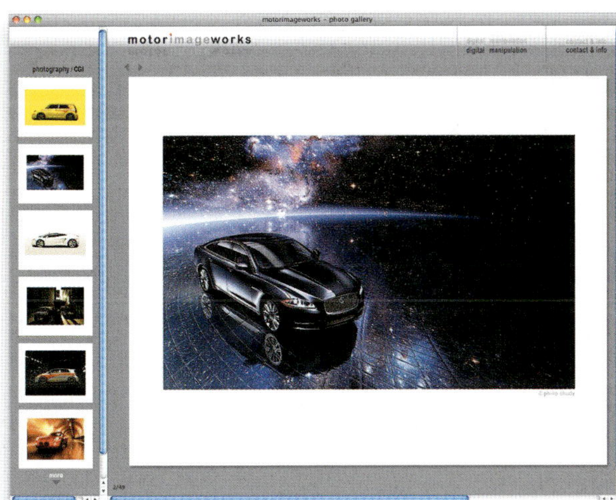

INDEX